中国海洋旅游与资源环境承载力协调发展研究

段佩利　尹　鹏　著

中国财经出版传媒集团

经济科学出版社
Economic Science Press

图书在版编目（CIP）数据

中国海洋旅游与资源环境承载力协调发展研究/段佩利，尹鹏著． -- 北京：经济科学出版社，2022. 6
ISBN 978 - 7 - 5218 - 3797 - 1

Ⅰ. ①中… Ⅱ. ①段…②尹… Ⅲ. ①海洋－旅游业发展－研究－中国②海洋－旅游资源－环境承载力－研究－中国 Ⅳ. ①F592. 3

中国版本图书馆 CIP 数据核字（2022）第 113023 号

责任编辑：于 源 冯 蓉
责任校对：王苗苗
责任印制：范 艳

中国海洋旅游与资源环境承载力协调发展研究
Zhongguo haiyang lüyou yu ziyuan huanjing
chengzaili xietiao fazhan yanjiu
段佩利 尹 鹏 著
经济科学出版社出版、发行 新华书店经销
社址：北京市海淀区阜成路甲 28 号 邮编：100142
总编部电话：010 - 88191217 发行部电话：010 - 88191522
网址：www. esp. com. cn
电子邮箱：esp@ esp. com. cn
天猫网店：经济科学出版社旗舰店
网址：http：//jjkxcbs. tmall. com
北京季蜂印刷有限公司印装
710 × 1000 16 开 15.5 印张 200000 字
2022 年 6 月第 1 版 2022 年 6 月第 1 次印刷
ISBN 978 - 7 - 5218 - 3797 - 1 定价：62. 00 元
（图书出现印装问题，本社负责调换。电话：010 - 88191510）
（版权所有 侵权必究 打击盗版 举报热线：010 - 88191661
QQ：2242791300 营销中心电话：010 - 88191537
电子邮箱：dbts@ esp. com. cn）

　　本书受教育部人文社会科学研究青年基金项目：绿色发展视阈下城市群城镇化效率测度及提升路径研究——以山东半岛城市群为例（19YJCZH229）、烟台市哲学社会科学规划项目：烟台市海洋旅游与生态环境非协调性耦合识别及融合共生路径研究（2020YTSK－102）项目资助。

前　言

众所周知，我们生活在海洋空间占主导的地球，海洋面积占地球表面积的71%，是地球最大的生物栖息与生存空间，是地球最后一座生物宝库。海洋不仅带给我们鱼盐之利和舟楫之便，也是高质量发展和可持续发展的战略要地，是人类未来发展的蓝色空间。海洋中的生物资源、水域资源、矿产资源、油气资源、风能资源等哺育了一代又一代人，海洋空间的科学探索和有效利用必将对经济发展与社会进步产生巨大作用。开发海洋既可以解决因人口增加而产生的粮食问题与淡水需求，也可以满足人类生产与生活对于矿产和能源的需求。人类历史与全球经验表明，国家生存、发展及强盛与海洋密不可分。长期以来，人类从未停止对于海洋空间的探索，对海洋的开发利用历史已有几千年，从陆地走向海洋，从近海走向深海。进入21世纪以来，随着全球人地关系矛盾的加剧，尤其是全球气候变化与海洋资源枯竭，促使世界大国和新兴大国将目光纷纷投向海洋，并不断更新海洋强国战略，全面发展海洋事业，海洋发展成为国民经济建设与国际合作的生力军。

海洋旅游作为海洋产业的重要组成部分，是以度假为核心的旅游类型，是发展海洋经济、建设海洋强国的重要内容，是满足人民群众美好生活需要的重要抓手，在推动沿海地区经济社会高质量发展方面发挥着越来越重要的作用。根据世界旅游组织相关测算，全球海洋旅游在旅游业中的经济贡献占比约2/3，成为推动世界旅游业发展的重要力量。为顺应全球海洋旅游发展新趋势，中国对于海洋旅游的重视程度不断提升，海洋旅游活动开始由传统的游海水、吃海鲜、玩海面向多元化、系统化、立体化的方向转变，海洋旅游产业成为旅游产业部门中一个日益增长的重要分支部门以及区域经济社会发展的重要引擎和支撑。自2012年开始，中国海洋旅游产业进入了大发展阶段。2021年4月29日，《"十四五"文化和旅游发展规划》指出，发展海洋及滨海旅游，建设海洋特色旅游目的地，丰富优质旅游产品体系。同年12月22日，《国务院关于印发"十四五"旅游业发展规划的通知》指出，推进海洋旅游业态产品发展，提高海洋文化旅游开发水平，推动无居民海岛旅游利用，完善邮轮游艇旅游发展，有序推进邮轮旅游基础设施建设，推进上海、天津、深圳等地的邮轮旅游发展，推动三亚建设国际邮轮母港等。

然而，快速发展的海洋旅游在促进经济增长、实现社会进步、推动文化繁荣的同时，其大规模与高强度的无序开发也会对资源环境产生不同程度的消耗，影响着沿海地区相对脆弱的自然生态环境，导致物种减少、海水污染、海洋酸化、珊瑚礁退化、海岸侵蚀、污染与生态退化等问题频发，资源环境"超载"现象频现。目前，随着海洋旅游用海活动的日益增加，以及旅游者对优质海洋生态产品和高品质海洋环境需求的不断提高，对于海洋环境污染治理的愿景也越来越迫切，推动海洋旅游与资源环境承载力的全面协调成为海洋生态环境稳中趋好以及实现海洋旅游高质量发展所迫切需要解决的一个现实问题。

基于此，本书以中国沿海地区53个地级城市为研究区域，基于国内外相关研究成果，结合区域实际，通过构建海洋旅游与资源环境承载力评价指标体系，运用定量与定性研究方法，在开展中国海洋旅游与资源环境承载力综合评价基础上，全面梳理海洋旅游与资源环境承载力的协调发展特征，并深入探究海洋旅游与资源环境承载力协调发展的障碍因素，据此，最后提出中国海洋旅游与资源环境承载力协调发展的实现路径，旨在为区域战略政策的制定实施提供参考借鉴。

目 录

第一章

绪　　论

一、研究背景与意义

（一）研究背景与问题的提出

1. 海洋经济是区域经济社会高质量发展新的增长点

海洋自古以来就是人类文明不可分割的一部分，是国家安全的战略屏障，是高水平对外开放的重要载体，是高质量发展的战略要地，也是参与全球竞争与合作的关键领域。人类历史与全球经验表明，国家的生存、发展、强盛与海洋始终密不可分。早在 2000 多年前，古罗马哲学家西塞罗就说过"谁控制了海洋，谁就控制了世界"。美国军事理论家马汉在"海权论"三部曲《海权对历史的影响 1660－1783》《海权对法国革命和法帝国的影响：1793－1812》《海权与 1812 年战争的联系》中指出，"海上主导权对于主导国家乃至世界命运有着决定性的作用"。近代地理大发现（又称"大航海时代"）以来，西方列强的全球海外拓展和"依海兴国"行动，促成其领军甚至主导世界的强国历史地位，追溯世界大国的崛起之路可以发现，从古希腊、古罗马到葡萄牙、西班牙、荷兰再到英国、日本和美国，那些积极向海洋拓展的国家，均发展成为发达国家。由此可见，世界大国的崛起之路，就是走向海洋之路。

随着 21 世纪以来全球人地关系矛盾的加剧以及人类对海洋开发与探索的不断深入，海洋成为人类活动最重要的空间，海洋在国家经济发展、生态建设和主权维护中的作用愈发显著。

中国是海洋大国，地处太平洋西岸，拥有漫长的大陆海岸线和海岛海岸线、宽广的主权海域和浩瀚的专属经济区，分布着数量种多且大小不一的岛屿和多种滨海湿地类型。在中国所管辖的海域面积内蕴藏着丰富的海洋生物资源、海洋油气资源、海水资源、海洋能源、海洋旅游资源、海洋固体矿物资源等，各种海洋资源开发活动形成了不同的海洋产业，包括传统海洋产业、新兴海洋产业和未来海洋产业（即：海洋捕捞业、海洋交通运输业、海洋制盐业、海水增养殖业、海洋油气产业、海洋药物和食品工业、深海采矿业、海水综合利用等），其中，根据《中国海洋石油集团有限公司 2020 年可持续发展报告》可知，2020 年中国海油国内原油同比增产占全国原油产量增幅的 80% 以上，海上油气生产成为重要的能源增长极。

发展海洋经济，建设海洋强国，是新时代中国经济建设和国际合作的生力军，关系到社会主义现代化建设全局和中华民族伟大复兴历史进程。"海洋经济"（marine economy）一词最早于 1978 年由著名经济学家于光远提出，倡导设立"海洋经济学"（marine economics）学科及其专门研究所，1980 年 7 月，第一次海洋经济研讨会召开之后，海洋经济一词广泛出现在各种专业论文中，20 世纪 90 年代以来，随着海洋经济开发活动的不断深入以及西方经济学思想、方法的引进，海洋经济概念呈现多元化特征，进入 21 世纪以来，海洋经济概念逐步显示出从陆域经济体系的附庸到与其对立的新的经济体系，以及综合考虑海陆经济一体化因素的概念升级过程，与此同时，党中央、国务院开始高度重视海洋工作，形成了较为完善的海洋强国战略思想体系，制定了一系列海洋发展规划，提出了建设海洋强国、实施海洋开发、发展海洋产业、推进陆海统筹、建设海洋经济区与海洋公园等海洋发展战略，将沿海重点区域的海洋发展规划上升为国家战略，对海洋经济发展、海洋权益维护、海洋科技创新、海洋生态保护和海洋制度建设等作出科学指导，并且对提高海洋资源开发能力的认识也不断深入，其中：

2002 年 11 月，党的十六大报告提出实施海洋开发战略；2007 年 10 月，党的十七大报告提出发展海洋产业战略；2008 年 2 月，《国家海洋事业发展规划纲要》成为加快发展海洋事业，实现海洋强国战略目标的纲领性文件；2011 年 3 月，《中华人民共和国国民经济和社会发展第十二个五年规划纲要》提出坚持陆海统筹，制定和实施海洋发展战略，提高海洋开发、控制、综合管理能力，优化海洋经济空间布局，推进山东、浙江、广东等海洋经济发展试点，科学规划海洋经济发展；2012 年 3 月，国务院批准了《全国海洋功能区划（2011－2020 年)》，指出当前中国海洋经济发展进入了全面实施的新阶段；2012 年 11 月，党的十八大报告提出提高海洋资源开发能力，发展海洋经济，保护海洋生态环境，坚决维护国家海洋利益，建设海洋强国，自此以后，习近平总书记围绕海洋发展做出了一系列重要论述，确立了以海强国、依海富国、人海和谐的发展道路，采取了加强南海岛礁建设、海洋执法队伍整合海洋管理体制改革等具有划时代意义的重要举措，推动了中国海洋事业的跨越式发展。

2013 年 7 月，习近平总书记在中共中央政治局第八次集体学习时指出，建设海洋强国是中国特色社会主义事业的重要组成，要进一步关心海洋、认识海洋、经略海洋；同年，提出建设"21 世纪海上丝绸之路"倡议，指出大力发展海洋经济；2016 年 3 月，《中华人民共和国国民经济和社会发展第十三个五年规划纲要》以壮大海洋经济、加强海洋资源环境保护、维护海洋权益三节，全面部署"十三五"国家海洋发展工作，拓展蓝色经济空间；2017 年 5 月，《全国海洋经济发展"十三五"规划》提出根据不同地区和海域的自然资源禀赋、生态环境容量、产业基础和发展潜力，按照以陆促海、以海带陆、陆海统筹、人海和谐的原则，积极优化海洋经济总体布局，形成层次清晰、定位准确、特色鲜明的海洋经济空间开发格局，这是落实海洋强国战略部署的具体举措；同年10月，党的十九大报告进一步提出"坚持陆海统筹，加快建设海洋强国"；2018年6月，习近平总书记在青岛海洋科学与技术试点国家实验室考察时提出，必须进一步关心海洋，认识海洋，经略海洋，海洋经济发展前途无量；同年12月，国家发展和改革委员会和自然资源部联合下发关于建设海洋经济发展示范区的通知，批准山东日照、江苏连云港、浙江宁波、福建福州等14个海洋经济发展示范区[①]，提出要将这些示范区建成全国海洋经济重要增长极和海洋强国重要功能平台；2021年3月，《中华人民共和国国民经济和社会发展第十四个五年规划和2035年远景纲要》强调提出"坚持陆海统筹，加快建设海洋强国"；2021年12月31日，《海洋及相关产业分类》正式发布，并于2022年7月1日正式实施，该标准分类将海洋经济按照活动性质分为核心层、支持层和外围层，将海洋经济分为海洋产业、海洋公共管理服务、海洋科研教育、海洋上游产业和海洋下游产业5个产业类别，重点突出了海洋产业链的结构关系，将为海洋经济的调查、统计、评估与核算工作提供全面、科学的技术支撑。

经过多年的持续推进，中国海洋经济已逐渐发展成为具有全局意义的战略重点，表现在海洋经济规模持续扩大，海洋经济在国民经济中的重要性越来越高，海洋经济在地区经济中的份额保持稳定，传统海洋产业提质增效步伐加快，新兴海洋产业保持较快发展，海洋科技创新取得重大突破，海洋经济结构持续优化，海洋服务业的"稳定器"作用进一步增强，全民海洋意识显著增强，海洋生态文明建设深入推进，海洋事业发展取得历史性成就，海洋综合实力跃上新台阶，中国正加快由海洋大国向海洋强国转变。根据《中国海洋经济统计公报》统计可知，

---

① 14个海洋经济发展示范区分别为：山东威海海洋经济发展示范区、山东日照海洋经济发展示范区、江苏连云港海洋经济发展示范区、江苏盐城海洋经济发展示范区、浙江宁波海洋经济发展示范区、浙江温州海洋经济发展示范区、福建福州海洋经济发展示范区、福建厦门海洋经济发展示范区、广东深圳海洋经济发展示范区、广西北海海洋经济发展示范区、天津临港海洋经济发展示范区、上海崇明海洋经济发展示范区、广东湛江海洋经济发展示范区、海南陵水海洋经济发展示范区，详见《关于建设海洋经济发展示范区的通知》。

2005～2019 年，中国海洋生产总值由 16 978 亿元增至 89 415 亿元，海洋产业总产值占国内生产总值的比重由 4.00% 增至 9.00%。2020 年，由于受到新冠肺炎疫情的冲击和复杂国际环境的影响，中国海洋经济发展面临前所未有的挑战，海洋生产总值 80 010 亿元，比上年有所下降（见表 1-1）。

表 1-1　　　　　2005～2020 年中国海洋生产总值相关指标

年份	海洋产业总产值（亿元）	海洋第一产业增加值（亿元）	海洋第二产业增加值（亿元）	海洋第三产业增加值（亿元）	海洋产业总产值占 GDP 的比重（%）
2005	16 978	1 206	2 232	3 764	4.00
2006	18 408	—	—	—	4.00
2007	24 929	1 274	11 503	12 152	10.11
2008	29 662	1 608	14 026	14 028	9.87
2009	31 964	1 879	15 062	15 023	9.53
2010	38 439	2 067	18 114	18 258	9.70
2011	45 570	2 327	21 835	21 408	9.70
2012	50 087	2 683	22 982	24 422	9.60
2013	54 313	2 918	24 908	26 487	9.50
2014	59 936	3 226	27 049	29 661	9.40
2015	64 669	3 292	27 492	33 885	9.60
2016	70 507	3 566	28 488	38 453	9.50
2017	77 611	3 600	30 092	43 919	9.40
2018	83 415	3 640	30 858	48 916	9.30
2019	89 415	3 729	31 987	53 700	9.00
2020	80 010	3 896	26 741	49 373	7.88

资料来源：2005～2020 年《中国海洋经济统计公报》。

在全国海洋经济发展浪潮下，中国沿海主要省市纷纷出台"十四五"海洋经济发展专项规划（见表1-2），旨在进一步推动区域海洋经济高质量发展，以此更好发挥海洋经济在国民经济中的驱动作用。

表1-2　　中国沿海省份"十四五"海洋经济发展相关规划概况

规划名称	基本原则	发展定位
《辽宁省"十四五"海洋经济发展规划》	陆海统筹、协调发展；市场主导、创新驱动；生态优先、人海和谐；筑链强基、提质增效；开放合作、共享发展	东北地区全面振兴"蓝色引擎"；中国重要的"蓝色粮仓"；全国领先的船舶与海工装备产业基地；东北亚海洋经济开放合作高地
《天津市海洋经济发展"十四五"规划》	陆海统筹、协调发展；生态优先、绿色发展；科技引领、创新发展；互利共赢、开放发展；以人为本、共享发展	海洋强国建设支撑引领区；北方国际航运核心区；国家海洋高新技术产业集聚区；国家海洋文化交流先行区；国家海洋绿色生态宜居示范区
《山东省"十四五"海洋经济发展规划》	坚持创新驱动；坚持高质量发展；坚持生态优先；坚持海陆统筹；坚持开放合作	具有世界先进水平的海洋科技创新高地；国家海洋经济竞争力核心区；国家海洋生态文明示范区；国家海洋开放合作先导区
《江苏省"十四五"海洋经济发展规划》	坚持科技创新引领；坚持陆海统筹发展；坚持生态绿色优先；坚持开放联动赋能；坚持海洋惠民为本	具有国际竞争力的海洋先进制造业基地；全国领先的海洋产业创新高地；具有高度聚合力的海洋开放合作高地；全国海洋经济绿色发展先行区；美丽滨海生态休闲旅游目的地
《上海市海洋"十四五"规划》	陆海统筹、区域联动；生态优先、绿色发展；以人为本、安全韧性	全球海洋中心城市
《浙江省海洋经济发展"十四五"规划》	人海和谐、合作共赢；系统谋划、一体推进	具有重大国际影响力的临港产业集群；海洋科技创新策源地；世界海洋中心城市
《福建省"十四五"海洋强省建设专项规划》	陆海统筹、湾港联动；科技兴海、创新驱动；绿色发展、人海和谐；对外开放、合作共赢；深化改革、全民共享	海洋科技创新基地；具有国际竞争力的现代海洋产业基地；中国科技兴海重要示范区；全国一流的现代化枢纽港、物流服务基地、大宗商品储运加工基地、港口营运集团
《广东省海洋经济发展"十四五"规划》	坚持生态优先、绿色发展；坚持陆海统筹、区域协调；坚持创新驱动、科技引领；坚持开放融通、合作共赢	代表中国参与全球海洋经济竞争的核心区；国际海洋科技创新集聚区；海洋生态文明建设示范区；海洋经济合作引领区；海洋治理体系与治理能力现代化先行区

规划名称	基本原则	发展定位
《广西海洋经济发展"十四五"规划》	陆海统筹、协同发展；产业集聚、融合发展；科技引领、创新发展；开放合作、共享发展；生态优先、绿色发展	北部湾国际门户港；北部湾滨海旅游度假区；海洋生态文明示范区；北部湾海洋装备制造基地；中国南部海域蓝色粮仓基地
《海南省海洋经济发展"十四五"规划（2021－2025年）》	陆海统筹、合理布局；创新驱动、科技引领；绿色发展、生态优先；统筹协调、协同发力；突出特色、重点突破；开放合作、互利共赢	海洋生态文明建设示范区；特色鲜明的海洋经济发展示范区；21世纪海上丝绸之路重要战略支点与重要开放门户；辐射能力强大的南海资源开发服务保障基地

资料来源：各沿海省份人民政府官方网站、发展和改革委员会官方网站、自然资源厅官方网站以及海洋局官方网站等。

2. 海洋旅游是海洋经济发展的主体和引擎

发展海洋经济，建设海洋强国，需要一种柔性国家战略，即需要大力发展海洋旅游。海洋旅游作为海洋产业的重要组成部分，是发展海洋经济、建设海洋强国的重要内容，是满足人民群众美好生活需要的重要抓手，其发展状况直接影响沿海地区的经济发展水平与国家海洋发展战略布局。从世界范围看，海洋旅游在旅游活动中占据越来越重要的位置，并将成为最主要的休闲度假方式，2017年国际海岛旅游大会数据显示，在全球11.8亿国际旅游人次过夜游客中，有超过2亿人次选择海洋旅游，在西班牙、澳大利亚、希腊等国，海洋旅游已经成为国民经济的支柱产业，在热带和亚热带许多岛国如马尔代夫、毛里求斯等，海洋旅游已经成为最主要收入来源，甚至占到国民经济总比重的一半以上。根据世界旅游组织测算，海洋旅游在全球旅游业的经济贡献接近2/3。虽然近三年全球旅游业增速减缓，但海洋旅游增速依然很快，在20%左右。

1949年新中国成立到1978年改革开放之前的这段时间，中国海洋旅游主要发挥外事接待功能。1978年的改革开放标志着中国海洋旅游的真正起步，但由于当时的国民需求尚未达到度假阶段，仍以观光为主，进入 21 世纪尤其是 2012 年党的十八大以来，中国海洋旅游进入大发展阶段，江苏、辽宁、广东、山东、广西、福建、海南、浙江、天津等主要沿海省份尤为重视海洋旅游业①的发展，均推出了一系列与海洋旅游发展相关的战略举措，以此来推动实现海洋旅游高质量发展，其中：

江苏省海洋旅游发展的相关战略举措。2012 年 10 月印发《江苏省海洋功能区划（2011－2020）》，指出江苏省沿海地区旅游资源十分丰富，其中连云港以山海景观和古代文明为最大特色，盐城以湿地生态和红色旅游为最大特色，南通以江风海韵和近代第一城为最大特色，针对用海矛盾突出的问题以及游客对海洋环境要求的不断提高，未来要依据海洋功能区划及各项法律法规，坚持保护生态环境为前提的原则，统筹安排沿海旅游休闲娱乐用海，形成各具特色的开发保护模式；2013 年 3 月印发《江苏省海岛保护规划（2011－2020）》，指出江苏省作为中国海岛数量相对较少的沿海省份，要科学制定海岛分类目标，做好海岛的建设管理，优化海岛开发布局，合理配置海岛资源，将平岛、达山岛等 9 岛定位为旅游娱乐用岛，并将其整合串联，建设成一个大型海洋公园；2017 年 6 月评审通过《江苏省海洋旅游发展规划（2017－2030）》，指出要进一步突出江苏省海洋旅游生态优势，打造一批具有国际知名度的海滨湿地生态旅游目的地，将江苏省海域及滨海地带培育成中国东部新兴的生态旅游胜地；2021 年 12 月印发《江苏沿海地区发展规划（2021－2025 年）》，指出以连云港蓝湾百里、南通缤纷百里和盐城生态百里为重点，建设世界级滨海生态旅游廊道，推动邮轮旅游、海洋文化旅游、滨海度假等海洋旅游产品开发，建设海滨旅游度假区，打造国际滨海旅游目的地。

① 1992 年，海洋产业范围中有滨海国际旅游；2001 年，海洋产业范围中的滨海国际旅游修改为沿海旅游业；2006 年，《海洋及相关产业分类》中，正式命名为滨海旅游业，并定义为沿海地区开展的海洋观光游览、休闲娱乐、度假住宿和体育运动等活动；2014 年，《海洋及相关产业分类》（调查用）中定义海洋旅游业为依托海洋资源，开展的观光游览、休闲娱乐、度假住宿和体育运动等活动。

辽宁省海洋旅游发展的相关战略举措。2009 年 7 月印发《辽宁沿海经济带发展规划》，指出加强优势旅游资源开发，进一步加强滨海旅游景区建设，打造精品旅游线路，整合资源，密切与环渤海地区的旅游合作；2013 年 11 月印发《辽宁省海岛保护规划（2012 – 2020 年）》，指出规划 162 个海岛为旅游娱乐用岛，以大连沿海旅游带为依托，积极开展海岛旅游带的开发；2017 年 8 月印发《辽宁省海洋主体功能区规划》，强调要积极培育海岛旅游、海洋主题公园等新兴旅游业态，重点发展海上运动休闲旅游和休闲渔业等项目；2021 年 9 月印发《辽宁沿海经济带高质量发展规划》，指出这是 2009 年 7 月印发的《辽宁沿海经济带发展规划》的续篇，旨在打造辽宁沿海经济带开发开放的"升级版"，强调增强新兴产业竞争力，依托独特资源优势，加快发展旅游休闲等新增长点，增强大连"浪漫海湾名城"品质旅游、丹东边境旅游、锦州"笔架天桥"旅游、营口河海温泉旅游、盘锦"红海滩"湿地旅游和葫芦岛"葫芦古镇"旅游等品牌影响力，积极推进大连建设东北亚国际邮轮旅游中心，支持大连参与中资方便旗邮轮公海游试点，建设邮轮旅游岸上国际配送中心，在此基础上，建立滨海旅游合作机制，推进旅游一体化协同发展。

广东省海洋旅游发展的相关战略举措。2012 年 7 月发布《广东省滨海旅游发展规划（2011 – 2020 年）》，指出要突出滨海地区特色，明确滨海地区旅游战略定位，实施品质提升、旅游惠民、国际化、可持续、空间引导、协调发展战略，创新旅游发展机制；2015 年 12 月发布《广东省人民政府关于促进旅游业改革发展的实施意见》，指出要深度开发滨海旅游资源，适度开发海上旅游休闲项目，建设一批大型滨海旅游休闲度假区，从邮轮游艇、休闲度假、海岛旅游和海洋观光等方面进行全方位立体开发；2018 年 3 月，交通运输厅印发《广东滨海旅游公路规划》，计划打造一条能够串联全省 14 个沿海城市的旅游公路；2018 年 9 月印发《广东省沿海经济带综合发展规划（2017 – 2030 年）》，指出依托丰富的旅游资源重点发展旅游休闲，建设旅游功能岸线，拓展公众亲海空间，对于海洋休闲娱乐区、沙滩浴场等公共区域岸线，未经批准不得改变用途；同年 11 月印发《广东省海岛旅游发展总体规划（2017－2030 年）》，指出发展海岛旅游是保护海洋、利用海洋综合能力的展现，是解决海洋领域发展不平衡不充分的重要途径，强调要坚持生态优先，提升海岛旅游资源保护水平，加快海岛旅游资源整合利用，积极探索海岛旅游创新与政策先行先试；2019 年 4 月批复《横琴国际休闲旅游岛建设方案》，指出探索国际休闲旅游岛的开发新模式，逐步将横琴建设成国际品质、生态优先等的国际休闲旅游岛；2021 年 4 月印发《广东省 2021 年重点建设项目计划》，计划投资 600 亿元建设湛江鼎龙湾国际海洋度假区、投资 500 亿元建设珠海长隆国际海洋度假区（二期）、投资 500 亿元建设茂名华侨城集团南海旅游岛综合开发项目、投资 300 亿元建设江门融创中国控股有限公司台山海宴滨海文旅项目……可见滨海文旅项目正在成为广东省重点建设项目中"最靓的仔"。

山东省海洋旅游发展的相关战略举措。2017 年 8 月印发《山东省海洋主体功能区规划》，指出重点发展休闲海钓、渔业观光体验、旅游赶海等产业类型，其中，优化开发区域将打造国际著名的滨海旅游度假和海洋体育文化目的地，重点开发区域要加快建设滨海生态旅游度假区，重点海洋生态功能区域要因地制宜适度发展滨海生态旅游业；2018 年 6 月印发《山东海洋强省建设行动方案》，指出要以全域旅游示范区建设为契机，打造一批海洋特色精品线路和景区，推动创建国家级旅游度假区，提升全域旅游智慧化服务水平，建设国际知名的"仙境海岸"滨海旅游目的地；同年 10 月印发《大力推进全域旅游高质量发展实施方案》，提出要立足优势，培育海洋旅游聚集带，深入贯彻滨海旅游业态建设，打造多元休闲业态和新型旅游产品，助力经略海洋战略；2019 年 2 月印发《山东省海洋生态环境保护规划（2018—2020 年）》，针对重要滨海旅游区、一般滨海旅游区和旅游休闲娱乐区的海水水质、沉积物和生物体质量等环境保护要求进行了详细分类与阐释，并相应提出建设的主要任务和保障措施；2021 年 9 月，国际海岸休闲高质量发展论坛在烟台举办，旨在探讨海岸休闲发展的新思路、新动能和新路径。

广西壮族自治区海洋旅游发展的相关战略举措。2020年9月印发《广西加快发展向海经济推动海洋强区建设三年行动计划（2020—2022年)》，指出统筹创新江海、山海和边海旅游线路，培育北部湾休闲度假游、海上丝路邮轮游等特色精品旅游线路，建设广西边海国家风景道，培育向海文旅新业态，充分发挥"海丝"文化影响力，重点培塑海上丝绸之路旅游文化品牌；2021年10月发布《关于支持北海市建设国际滨海旅游度假胜地的意见》，指出按照融入"一带一路"建设、建成文化旅游强区、发展向海经济的总体思路，从重大项目建设、基础设施完善、服务水平提升、海上丝路文化弘扬、品牌扶持、新业态培育、市场主体壮大和投融资渠道拓宽等11个方面提出具体措施；2021年12月印发《广西向海经济发展战略规划（2021–2035年）》，指出滨海旅游业是广西四大优势海洋产业之一，在新冠肺炎疫情和国际政治经济局势等的巨大冲击下，要做大做强沿海经济带滨海旅游业，促进滨海地区与边境地区旅游业联动发展，通过建设北海邮轮母港与北部湾国际滨海度假胜地等，升级发展海洋旅游业。

福建省海洋旅游发展的相关战略举措。2012年10月印发《福建省海洋功能区划（2011—2020年）》，指出福建省海域面积广阔，海岛和海湾数量众多，海洋资源十分丰富，要坚持在保护中发展、发展中保护的原则，实现规划用海、生态用海、依法用海等，规范海洋开发利用秩序，显著增强海洋可持续发展能力；2012年11月印发《福建省海岛保护规划（2011–2020年）》，指出海岛作为第二海洋经济带，必须本着可持续发展的理念，改善海岛人居环境，探索海岛发展新模式，按照海岛功能和有无居民开展分类保护与分区开发；2015年4月印发《福建省省级旅游专项资金管理办法》，针对加强闽台交流合作，构建"环海峡旅游圈"等项目制定资金支持与管理办法；2018年6月22~24日在平潭澳前台湾小镇会展中心举行平潭国际海洋旅游与休闲运动博览会，游艇、帆船、VR、AR等海洋休闲和运动项目逐一亮相，同时在博览会上举办了海洋旅游业与商业融合发展论坛等多场论坛活动，逐步发展成为展示中国乃至世界海洋经济发展前沿成果的重要窗口和推动国内外海洋产业交流合作的重要平台；2021年5月印发《加快建设"海上福建"推进海洋经济高质量发展三年行动方案（2021－2023年）》，指出要将打造国际滨海旅游目的地作为海洋经济高质量发展的重点任务之一，强调积极发展邮轮产业，建设休闲度假旅游岛，培育海洋旅游精品，加快发展海洋渔业，实现海洋旅游高质量发展，从而提升海洋经济与文旅经济的整体竞争力。

海南省海洋旅游发展的相关战略举措。2021年6月印发《海南省海洋经济发展"十四五"规划（2021－2025年）》，指出要重点提升滨海度假产品质量，构建海洋旅游产业体系，积极推进近海生态休闲旅游，有序推进海岛游，推挤海洋旅游从滨海向海上、海岛延伸，培育壮大邮轮旅游规模，推动邮轮经济全产业链发展，提升游艇旅游国际化水平；同年7月，《海南省"十四五"旅游文化广电体育发展规划》指出要立足于海南自贸港的建设，围绕国际旅游消费中心建设目标，构建国际知名的康养天堂、购物天堂、度假天堂和会展天堂，打造形成儋州海花岛旅游度假区、琼海博鳌东屿岛旅游度假区等40个重点旅游度假区，推动旅游业高质量发展项目策划以及旅游文体融合发展规划等的编制，将海洋旅游产品和业态的培育作为重点内容列入规划当中，强调通过升级滨海度假产品质量、积极推进近海休闲旅游、探索发展远海观光旅游等系列举措提升海洋旅游发展质量。

浙江省海洋旅游发展的相关战略举措。2011年2月印发《浙江海洋经济发展示范区规划》，指出浙江省滨海旅游资源丰富，海洋文化特色鲜明，滨海旅游产业发展迅速，在滨海旅游领域形成了一批全国领先、世界一流的企业和产业集群，未来要以滨海城市为依托，着力建设各具特色的海洋旅游岛，开发邮轮、探险、游艇等高端旅游产品等；2016年12月印发《浙江省旅游业发展"十三五"规划》，指出重点建设一批高品质的特色海洋海岛旅游区，重点发展邮轮、游艇、人造海滩、特色度假岛四大高端产品，结合美丽黄金海岸带修复整治工程，开发慢生活休闲体验、滨海运动休闲、养生疗养、海上低空游览、海洋主题公园等新型产品，充分发挥宁波港口城市的综合优势和舟山群岛新区的政策优势，着力谋求海洋旅游的新突破，打造浙江旅游的海上门户；2021 年 6 月印发《浙江省海洋经济发展"十四五"规划》，指出要深入实施文化基因解码工程，培育形成一个千亿级滨海文旅休闲业集群，打造一批高水平的海洋考古文化旅游目的地，合理控制海岛旅游游客流量，打造"诗画浙江·海上花园"旅游品牌，创新海洋旅游产品体系，全方位建成全国最佳海岛型旅游目的地、中国海洋海岛旅游强省和国际海鲜美食旅游目的地；同年 12 月印发《浙江省海洋旅游发展行动计划（2021－2025）》，提出要坚持数字引领创新发展、陆海一体协调发展、人海和谐绿色发展、内外联动开放发展、依海富民共享发展的基本原则，将浙江省建成人海和谐共生、产业活力迸发、人民幸福美满的海洋旅游强省。

天津市海洋旅游发展的相关战略举措。2020 年 6 月，为了推进文旅融合，丰富亲海旅游项目，打造海洋旅游文化新地标，滨海新区对泰达航母主题公园、东疆湾沙滩等景区的游玩项目进行了升级，其中东疆湾沙滩景区还增加了渔舟唱晚、海誓山盟等多个网红打卡地；2021 年 5 月，滨海新区为了促进新区文化旅游消费，助力美丽滨城建设，文化和旅游局发布了以"红色文旅 海韵滨城"为主题的 2021 年微旅游线路，其中包括海洋文化科普游、碧水金潭休闲游、北塘出海体验游、中心渔港出海游和邮轮母港近海游等的亲海休闲主题游，国家海洋博物馆、天津泰达航母主题公园、天津海昌极地海洋公园、中远海运船务码头、东疆湾沙滩景区和天津国际邮轮母港等均参与了旅游推介；2021 年 9 月，天津海洋文虎旅游产业（人才）联盟成立大会暨战略发展交流会在中新天津生态城举办，旨在以涉海文旅企业为主体、以社会科研院所和高校为依托，共同推动区域海洋文化旅游产业的高质量发展；2022 年 2 月，天津市政府工作报告指出，建设海洋文明体验中心和国家海洋休闲运动中心，建设亲海生活岸线，深化"蓝色海湾"工作。

伴随着1992年首批国家级旅游度假区①的批准、2003年《全国海洋经济发展规划纲要》的编制、2009年"滨海度假"国家旅游线路的制定、2010年海南国际旅游岛的建设、2011年浙江舟山群岛新区的设立、2012年海洋强国战略的提出、2013年"中国海洋旅游年"的认定以及2017年《全国海洋经济发展"十三五"规划》和2021年《"十四五"海洋经济发展规划》全力支持邮轮游艇和海洋公园新业态发展等一系列政策举措的出台，在中国32 000多公里的海岸线上，北起大陆海岸线最北端的辽宁丹东，南至大陆海岸线最西南端的广西防城港，海洋旅游开发成为新的浪潮，环渤海、长三角、海峡西岸、珠三角和海南岛五大滨海地区形成具有不同特色的海洋旅游带，大连、青岛、北戴河、普陀山、舟山、厦门、三亚等沿海城市正以独特的魅力，成为海内外游客青睐的旅游城市，辽宁大连长山群岛、福建太姥山、广西北海涠洲岛、河北秦皇岛菩提岛、江苏连云港云台山、山东蓬莱区、上海奉贤区海湾旅游区、天津滨海航母主题公园和浙江温岭市等成为国内十佳海洋旅游目的地，北海银滩旅游度假区、凤凰岛旅游度假区、三亚市亚龙湾旅游度假区、蓬莱旅游度假区、日照山海天等海洋类度假区陆续成为国家级旅游度假区，蓬莱、瀛洲、方丈成为家喻户晓的三座海上神山，三沙市热带海域广阔，珊瑚岛礁景观瑰丽，海水清净明澈，海洋生物种类繁多，海岛渔家风情独具特色，海水透明的超过马尔代夫，成为中国唯一的热带海洋旅游胜地，秦皇岛沙雕海洋乐园、珠海海上温泉旅游乐园、青岛水晶城、恒大海上威尼斯水城等大型海洋类投资项目相继开工建设，海洋主题公园（如大连圣亚海洋公园）、滨海旅游综合体（如台

① 1992年，国务院批复了12家国家旅游度假区，包括海南三亚亚龙湾AAAA级国家旅游度假区、辽宁大连金石滩国家旅游度假区、上海余山国家旅游度假区、江苏苏州太湖国家旅游度假区、江苏无锡太湖国家旅游度假区、浙江杭州之江国家旅游度假区、福建武夷山国家旅游度假区、福建涠洲岛国家旅游度假区、山东青岛石老人国家旅游度假区、广东广州南湖国家旅游度假区、广西北海银滩国家旅游度假区、云南昆明滇池国家旅游度假区，其中滨海类旅游度假区有5家。

州游艇小镇)、海洋主题酒店(如三亚亚特兰蒂斯)、特色风情渔村(如舟山嵊泗东海渔村)等各种海洋旅游新业态纷纷涌现,可见中国海洋旅游呈现出了蓬勃发展的良好态势,同时也预示着中国正迎来大规模、全方位的海洋旅游开发新阶段。

根据《中国海洋经济统计公报》可知,2005~2019年,中国海洋旅游业保持平稳发展,海洋旅游业增加值呈现逐年递增(见图1-1),并且超越海洋渔业和海洋交通运输业,成为海洋经济中比重最大和最具成长性的产业(详见附表A)。在海洋旅游业发展过程中,旅游市场持续扩大,旅游消费稳步增长,旅游服务水平进一步提升,旅游发展模式呈现多元化和生态化,海洋旅游将成为中国旅游经济最大的增长点。然而,与中国海洋生产总值变化趋势相一致,由于受到新冠肺炎疫情的冲击,2020年中国海洋旅游业增加值呈现下降趋势,滨海景区关停,邮轮行业损失惨重,旅游市场主体压力倍增,海洋旅游人数锐减,但同时也促进了国内旅游消费省级、新业态发展潜力加速释放。

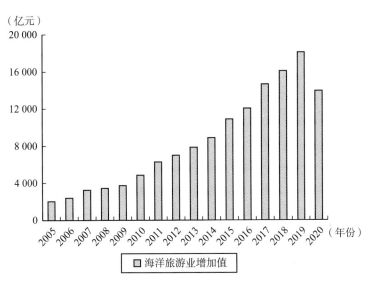

图1-1 2005~2020年中国海洋旅游业增加值变化趋势

资料来源:2005~2020年《中国海洋经济统计公报》。

3. 海洋旅游的生态化转型是海洋经济高质量发展的必然要求

中国是海洋大国，管辖海域辽阔，海岸带和海洋资源丰富，保护海洋生态环境免受人类活动影响，促进滨海地区经济社会可持续发展是中国生态环境保护的重要内容，这其中，海洋旅游发展过程中的生态环境保护工作一直以来是党和国家关注的重点。

1999 年，《中国 21 世纪海洋议程》指出，海洋旅游业是增加海洋环境、资源压力的主要因素，观光旅游人员丢弃入海的各种废物是主要入海污染物之一，因此要研究和开发适合各种海洋旅游娱乐区使用的游客生活废物回收、无害化处理或再利用的装置，减少娱乐区的废物排放量和清扫量，制定海洋性旅游资源保护法规或修订有关法规条例，通过法律的形式将一切适合海洋性旅游和娱乐的岸线、海滩和海水浴场、沿海湿地进行有效保护；2010 年，《滨海旅游度假区环境评价指南》规定了滨海旅游度假区内水环境要素、气象要素、水温要素、景观要素、沙滩地质要素等的测定以及防晒指数、水质指数、海面状况指数、海底观光指数和游泳指数等环境评价指数的计算方法与等级划分；2011 年，《全国海洋功能区划》对中国未来十年管辖海域的环境保护和开发利用做出了全面部署与具体安排，指出旅游休闲娱乐区是重要的海洋功能分区，其开发建设要合理控制规模，优化空间布局，有序利用海岸线、海湾、海岛等重要旅游资源，保障现有城市生活用海和旅游休闲娱乐区用海，禁止非公益性设施占用公共旅游资源，避免旅游活动对海洋生态环境造成影响；2013 年，习近平总书记在海南考察时强调"绿水青山和碧海蓝天是建设国际旅游岛的最大本钱，必须倍加珍爱与精心呵护"；2015 年，《全国海洋主体功能区规划》将海洋空间划分为优化开发区、重点开发区、限制开发区和禁止开发区四类，进一步优化了海洋空间开发格局，实现了主体功能区战略在陆域和海域的全覆盖；2017 年，《全国海洋经济发展"十三五"规划》指出要推进以生态观光、度假养生、海洋科普为主的滨海生态旅游，加强滨海景观环境建设；2019 年，习近平总书记在中国海洋经济博览会贺信中指出，要提高海洋资源开发能力，重视海洋生态文明建设，发展蓝色伙伴关系，加强海洋环境污染防治，实现海洋资源有序利用，保护海洋生物多样性，这为新时代中国海洋事业发展进一步指明了方向；2022 年，《"十四五"海洋生态环境保护规划》指出坚持综合治理，提升公众亲海环境质量，强化美丽海湾引领示范，推进美丽海湾建设和长效监管；同年 1 月 10 ~ 11 日，以"和谐共生：携手构建人与自然生命共同体"为主题的全球滨海论坛在江苏盐城举办，指出中国滨海地区有着重要的自然资源和生态系统，在经济社会影响下，已经成为生物多样性锐减、生态系统脆弱、自然灾害频发的地带，滨海地区的生态保护已成为全球面临的共同挑战，未来需要坚持陆海统筹，贯彻新发展理念，加快推进沿海生态文明建设，构建陆海空间开发保护新格局，加强滨海生态保护的国际合作，推动共同保护行动。

在国家和区域一系列战略政策的驱动下，从渤海综合治理攻坚战阶段目标任务的圆满完成，到陆海统筹近岸海域污染防治的持续推进，再到"蓝色海湾"整治行动和海岸带保护修复工程的深入实施，中国海洋生态环境总体得到显著改善，局部海域的生态系统服务功能得以明显提升。但是，在巨大经济利益的驱使下，中国海洋旅游事业正面临巨大的挑战，海洋旅游开发过程中的生态环境污染与生态退化问题依然突出。主要表现在：海岸和近岸海域开发密度过高，强度过大，部分围填海区域利用粗放，局部地区开发布局与海洋资源环境承载力不相适应，破坏海洋生态，导致出现沙滩退化、海水污染、生活区污水处理不善、超范围用地等一系列问题，可供开发的海岸线后备资源不足，海洋生态服务功能退化，滨海湿地退化形势十分严峻，旅游产品生命周期逐渐缩短，海洋生态灾害频发，而当这种影响达到一定程度时就会超过资源环境承载能力，海洋旅游发展又必将受到资源环境的强烈约束。

例如，恒大海花岛（Ocean Flower Island）是恒大集团建设的一个大型人工旅游岛，因规划平面形态为海中盛开的三朵花，故取名海花岛。恒大集团在推动海南海花岛项目过程中，由于背离新发展理念，急功近利，开发建设过于粗暴，触碰违规围填海红线，破坏了填海区域原有的生态系统，造成大面积的珊瑚礁和白蝶贝被永久破坏，且濒临灭绝，导致该项目"鼓了钱袋，毁了生态"。综上，这些与人民群众对海洋生态环境的高品质需求以及美丽中国建设目标相比，仍有不小差距，需要进一步加强和推进海洋生态环境保护工作。因此，严控海洋旅游开发强度，规范海洋旅游开发方向，全面提升资源环境承载能力，实现两者的协调统一，是实现海洋经济可持续发展的必然选择。

基于此，本书以中国 53 个沿海城市①为实证研究区域，在系统梳理海洋旅游与资源环境承载力相关概念、相关理论以及国内外研究现状的基础上，科学构建海洋旅游与资源环境承载力评价指标体系，并进行综合测度，进而运用耦合协调度模型和障碍度模型，对海洋旅游与资源环境承载力的协调发展特征及其障碍因素进行诊断，最后根据实证研究结果，提出中国海洋旅游与资源环境承载力协调发展的实现路径，以此为海洋旅游的适度开发与区域战略政策的制定实施提供参考借鉴。

（二）研究意义

1. 理论研究意义

分析海洋旅游与资源环境承载力的协调发展问题，从理论上架构其两者协调发展的桥梁，丰富人海和谐共生研究体系，为区域可持续发展提供全新理念；探讨海洋旅游与资源环境承载力的障碍因素，可以完善多要素驱动机制研究框架，为全面认识海洋旅游与资源环境承载力协调发展提供理论依据，同时研究数据和结论可为相关研究和持续研究提供一些新的理论证据。

---

① 段佩利，刘曙光，尹鹏，等. 中国沿海城市开发强度与资源环境承载力时空耦合协调关系［J］. 经济地理，2018，38（5）：60－67.

2. 实践研究价值

中国沿海城市是海洋旅游与资源环境承载力矛盾凸显地区，通过对沿海城市海洋旅游与资源环境承载力开展协调发展特征研究，提出海洋旅游与资源环境承载力协调发展的实现路径，是推进沿海城市海洋旅游可持续发展的重要保障和关键所在；针对海洋旅游发展过程中出现的生态环境恶化、人地关系不相协调等问题，本书可为区域经济、社会和生态环境持续健康发展提供参考依据和可行路径。

二、研究内容与目标

（一）研究内容

本书在对国内外海洋旅游、资源环境承载力以及海洋旅游与资源环境承载力协调发展进行系统梳理的基础上，基于旅游地生命周期、旅游环境承载力、海洋生态文明、人海关系地域系统等理论，科学构建海洋旅游与资源环境承载力评价指标体系，运用乘法集成赋权与综合指数法测算中国沿海城市海洋旅游与资源环境承载力综合水平，运用耦合协调度模型测算中国沿海城市海洋旅游与资源环境承载力的耦合度和协调度，运用障碍度模型测算影响中国沿海城市海洋旅游与资源环境承载力协调发展的障碍指标和障碍子系统，最后，根据上述实证研究结果，基于以人为本原则、生态优先原则、协调发展原则等，从借鉴国外先进经验，提升海洋旅游发展品质，贯彻绿色发展理念，推动海洋旅游生态转型，加强国际交流合作，实现海洋生态全球治理，坚持区域协同发展，推进海洋旅游共建共享 4 个方面提出中国海洋旅游与资源环境承载力协调发展的实现路径，从科学制定海洋旅游发展规划，推进海洋旅游管理体制改革，完善海洋旅游生态保护法律，加大海洋旅游环境治理投入，推动海洋文化旅游融合发展 5 个方面提出中国海洋旅游与资源环境承载力协调发展的保障对策。

（二）研究目标

1. 理论研究目标

构建海洋旅游与资源环境承载力协调发展的理论分析框架。

2. 实证研究目标

（1）基于国内外研究现状，构建海洋旅游与资源环境承载力综合评价指标体系，进而揭示中国沿海城市海洋旅游与资源环境承载力水平。

（2）运用耦合协调度模型，探究中国沿海城市海洋旅游与资源环境承载力协调发展的主要特征。

（3）运用障碍度模型，识别中国沿海城市海洋旅游与资源环境承载力协调发展的主要障碍因素。

3. 应用研究目标

从海洋旅游与资源环境承载力协调发展层面出发，为沿海城市海洋旅游可持续发展与高质量发展提供科学指导和政策借鉴。

三、研究区域概况

中国沿海地区作为改革开放的先行地区和经济发展的黄金地带，开放程度高、创新能力强、交通运输便捷、吸纳外来人口多，是最具活力与潜力的增长点，也是中国经济社会发展与生态文明建设相互交融最具特色的区域之一。中国沿海地区包括 11 个省份（即辽宁省、河北省、天津市、山东省、江苏省、上海市、浙江省、福建省、广东省、广西壮族自治区、海南省）和 53 个地级市（即上海、天津 2 个直辖市，广州、深圳、青岛、大连、厦门、杭州、宁波 7 个副省级城市以及沧州、丹东等 44 个地级市）。根据《中国城市统计年鉴》统计可知，2019 年，中国 53 个沿海城市行政区域土地面积和总人口分别为 445 874 平方公里、

31 150.23 万人，分别占到全国行政区域土地总面积和总人口的
7.67%、22.25%，人均 GDP、第三产业占地区生产总值比重和人均社
会消费品零售额平均值分别为 89 495.72 元、50.54%、34 765.57 元，
明显高于全国平均水平（见表 1−3）。

表 1−3　　　　2019 年中国 53 个沿海城市主要经济社会指标

城市名称	行政区域土地面积（平方公里）	总人口（万人）	人均 GDP（元）	第三产业占 GDP 比重（%）	人均社会消费品零售额（元）
天津市	11 917	1 559.6	90 371	63.46	27 047
唐山市	14 198	793.4	86 667	39.85	26 401
秦皇岛市	7 802	314.6	97 214	54.31	18 603
沧州市	14 035	754.4	47 663	51.98	14 377
大连市	12 574	700.4	99 996	53.46	56 378
丹东市	15 290	238	32 256	56.09	13 164
锦州市	10 048	302.5	35 431	55.5	22 559
营口市	5 420	243.1	54 545	46.59	25 807
盘锦市	4 103	144	88 983	38.49	31 178
葫芦岛市	10 416	253.7	31 802	46.08	22 056
上海市	6 341	2 423.78	157 279	72.73	65 384
南通市	10 549	731	128 294	46.39	45 987
连云港市	7 615	452	69 523	45.03	25 726
盐城市	16 931	720	79 149	47.54	31 125
杭州市	16 596	980.6	152 465	66.17	63 100
宁波市	9 816	820.2	142 157	49.06	52 043
温州市	12 083	925	71 225	55.14	39 523
嘉兴市	4 223	472.6	112 751	43.89	44 489
绍兴市	8 279	503.5	114 561	48.46	46 724
舟山市	1 459	117.3	116 781	54.64	49 113
台州市	9 411	613.9	83 555	48.93	41 450

城市名称	行政区域土地面积（平方公里）	总人口（万人）	人均GDP（元）	第三产业占GDP比重（%）	人均社会消费品零售额（元）
福州市	12 251	774	120 879	53.61	54 250
厦门市	1 701	411	142 739	57.96	54 937
莆田市	4 131	290	89 342	42.15	56 054
泉州市	11 015	876	114 067	38.93	61 094
漳州市	12 888	506	92 075	41.03	35 303
宁德市	13 433	291	84 251	35.99	29 159
青岛市	11 282	950	124 282	60.89	53 964
东营市	8 243	219.35	134 022	37.56	40 380
烟台市	13 852	713.8	107 343	51.19	39 297
潍坊市	16 143	935.2	60 760	50.62	25 535
威海市	5 798	283.6	104 615	49.89	41 015
日照市	5 359	294.9	66 313	48.73	20 498
滨州市	9 660	392.3	62 639	48.27	18 110
广州市	7 434	1 831.2	156 427	71.62	52 160
深圳市	1 997	1 343.9	203 489	60.93	68 044
珠海市	1 736	233.2	175 533	53.84	42 723
汕头市	2 199	549.3	47 669	48.01	34 486
江门市	9 509	475.3	68 194	48.93	25 394
湛江市	13 263	698.2	41 720	46.48	24 596
茂名市	11 427	612.3	51 119	47.54	23 529
惠州市	11 347	597.2	86 043	43.16	32 226
汕尾市	4 865	268.9	35 958	48.6	16 447
阳江市	7 956	259.1	50 412	46.37	19 384
东莞市	2 460	1 045.5	112 507	43.16	30 414
中山市	1 784	438.7	92 709	48.91	35 011
潮州市	3 146	258.3	40 664	41.96	19 003
揭阳市	5 265	563.4	34 471	52.15	18 988

城市名称	行政区域土地面积（平方公里）	总人口（万人）	人均GDP（元）	第三产业占GDP比重（%）	人均社会消费品零售额（元）
北海市	3 989	170.1	76 955	40.84	16 706
防城港市	6 238	96.4	73 163	37.23	15 432
钦州市	12 187	332.4	40 922	46.07	12 072
海口市	2 289	277.3	72 218	79.23	29 713
三亚市	1 921	98.8	87 105	72.86	34 417

资料来源：2020年《中国城市统计年鉴》。

依托区域优势、资源优势和政策优势等，海洋旅游成为中国多数沿海城市经济发展的重要产业，大连、秦皇岛、烟台、威海、青岛、舟山等沿海城市既是避暑纳凉之胜地，也是国内外游客旅游观光的理想胜地，成为国内外知名的海洋旅游目的地（见表1-4）。

表1-4　　　　　　　　中国知名海滨旅游城市基本概况

城市名称	城市形象宣传语	海滨城市主要特征	知名海洋旅游景点
大连市	浪漫之都中国大连	别称"槟城"，是东北最大的港口城市和东北对外开放窗口，有"北方明珠""东北之窗"和"浪漫之都"之称，获得国际花园城市、国家环保模范城市和中国最佳旅游城市等荣誉，冬季看海冰的好去处	大连老虎滩海洋公园、圣亚海洋世界、金石滩风景名胜区、棒棰岛景区、将军石旅游景区等
秦皇岛市	秦皇雄风山海雅量	又称"港城"，处于环渤海经济圈中心地带，因秦始皇东巡至此派人入海求仙而得名，中国首批沿海开放城市之一，国家历史文化名城，有"天堂之城"的美誉	秦皇求仙入海处景区、沙雕海洋乐园、新澳海底世界、乐岛海洋公园、碧螺塔海上酒吧公园等

城市名称	城市形象宣传语	海滨城市主要特征	知名海洋旅游景点
烟台市	仙境海岸鲜美烟台	地处胶东半岛，与辽东半岛对峙，并与大连隔海相望，共同形成拱卫首都北京的海上门户，以生产黄金闻名海内外，有"黄金之乡"之称，海域面积广阔，海洋矿产资源丰富，海岸与海岛交相辉映，海光山色秀丽，名胜古迹众多，国家优秀旅游城市	烟台市蓬莱阁（三仙山·八仙过海）旅游区、烟台山景区、长岛海上景区、蓬莱海洋极地世界、养马岛旅游度假区、烟台金沙滩海滨公园、烟台海昌渔人码头旅游景区等
威海市	精致城市幸福威海	首批国家园林城市、国家卫生城市、国家环保模范城市、国家文明城市和国家优秀旅游城市，中国最具幸福感城市	威海刘公岛景区、乳山银滩旅游度假区、大乳山滨海旅游度假区、林海湾旅游区、威海小石岛旅游景区等
青岛市	海上都市欧亚风情	旧称"胶澳"，别称"琴岛"和"岛城"，地处中日韩自贸区前沿地带，国际性港口城市，是世界啤酒之城、帆船之都和电影之都，被誉为"东方瑞士"，"红瓦、绿树、碧海、蓝天"是其典型特征	青岛极地海洋世界、崂山风景区、青岛奥帆中心、中国人民解放军海军博物馆、唐岛湾景区、琅琊台风景区等
上海市	上海，精彩每一天	国家中心城市，国际金融、经济、贸易、科技创新中心，首批沿海开放城市，长江经济带龙头城市，亚洲领先节庆及活动目的地，中国大陆最受外国游客欢迎城市，世界特色魅力城市200强之一	上海海昌海洋公园、上海老码头景区、中国航海博物馆、上海长风公园·长风海洋世界景区、上海海洋水族馆、碧海金沙景区等
舟山市	海天佛国渔都港城	中国首个以群岛建制的地级城市，国家优秀旅游城市，海上花园城市，中国最大渔场，屈指可数的天然深水良港，素有"东海鱼仓"和"海鲜之都"称号	普陀山风景名胜区、普陀区朱家尖旅游景区、舟山桃花岛风景旅游区、嵊泗县花鸟岛景区、普陀白沙岛景区等
厦门市	海上花园温馨厦门	别称"鹭岛"，现代化国际性港口风景旅游城市，中国最早实施对外开放政策的四个经济特区之一，两岸贸易中心和区域金融服务中心，有着"东方夏威夷"之称	厦门鼓浪屿旅游区、厦门市胡里山炮台、厦门英雄三道战地观光园等
泉州市	古城泉州魅力无限	古称"刺桐"，是一座写满海洋记忆的港口城市，古代"海上丝绸之路"重要节点，首批24个历史文化名城之一、首届"东亚文化之都"，全国著名侨乡和台湾汉族同胞主要祖籍地	福建中国闽台缘博物馆、泉州台商投资区八仙过海欧乐堡等

续表

城市名称	城市形象宣传语	海滨城市主要特征	知名海洋旅游景点
珠海市	浪漫之都中国珠海	新型花园城市，珠江口西岸核心城市，珠三角海洋面积最大、海岸线最长、岛屿最多的城市，中国最早实施对外开放政策的四个经济特区之一，有"百岛之市""幸福之城""浪漫之城"等称号	珠海市东澳岛旅游度假区、珠海市外伶仃岛旅游度假区、珠海市东澳岛旅游度假区、珠海桂山岛风景区等
北海市	滨海人居生态北海	"朝沧梧而夕北海"。全国14个沿海开放城市之一，首批中国优秀旅游城市，国家历史文化名城，中国大西南连接东盟的最便捷出海口，古代海上丝绸之路重要始发港，拥有特色资源合浦南珠，"岭南最长骑楼"北海老街，自2005年开始连续入选中国十大宜居城市	北海银滩旅游度假区、北海涠洲岛国家地质公园鳄鱼山景区、北海海底世界、北海贝雕博物馆、涠洲岛石螺口景区等
海口市	椰风海韵南海明珠	别称"椰城"，国家"一带一路"支点城市，中国首个"世界健康城市"试点城市，国家优秀旅游城市，国家园林城市，是一座洋溢着热带海滨风光、岛屿都市风情的生态旅游城市，拥有得天独厚的旅游资源和国际一流的人居环境	海口假日海滩旅游区、海口白沙门公园等
三亚市	天涯芳草海角明珠	别称"鹿城"，又称"东方夏威夷"，是国内唯一一个可以同时领略热带雨林和海洋风光的城市，中国空气质量最好的城市，中国最长寿地区	天涯海角游览区、蜈支洲岛旅游区、南山文化旅游区、三亚西岛海洋文化旅游区、大小洞天旅游区、三亚大东海旅游区、亚龙湾海底世界等

资料来源：根据各地市人民政府以及文化和旅游局官方网站整理。

四、研究方法

（一）归纳和演绎推理法

基于中外文学术资源数据库，以海洋旅游和资源环境承载力为关键词检索文献，运用归纳和演绎推理法，厘清前期研究内容、目前存在问题和未来的增长点，对相关知识点进行点—线—面的联络与宏观把握，建立文献集，以满足后续研究需求。

（二）问卷调查与实地访谈法

对代表性城市的关键社会行动者开展问卷调查，了解其对海洋旅游与资源环境承载力的主观评价。制定调研计划，重点对热门旅游目的地、特色旅游目的地等进行实地调研，对当地文化和旅游局、发展和改革委员会、生态环境局、自然资源和规划局等主要负责人进行面谈，获取第一手资料。

（三）比较分析与系统分析

通过全面比较国内外关于海洋旅游与资源环境承载力研究成果，结合区域发展实际，构建海洋旅游与资源环境承载力评价体系；基于综合测度及特征分析、障碍因素实证结果，从借鉴国外先进经验、贯彻绿色发展理念、坚持区域协同发展、加强国际交流合作、制定旅游发展规划、推进管理体制改革、完善生态保护法律、加大环境治理投入以及推动文旅繁荣发展等方面针对性地提出海洋旅游与资源环境承载力协调发展的实现路径。

（四）文献计量法

这里，我们使用较为流行的文献计量方法对国外海洋旅游研究进行定量评估，从而更加有效的了解这一领域的发展现状和趋势。普里查德（Pritchard，1969）指出文献计量分析作为一种数学和统计方法，用于研究科学成果和确定特定领域的当前研究主题。本书中，文献计量分析主要关注文献产出，通过对文献标题、年份、国家、机构、作者和关键词等的统计分析，从宏观角度总结该领域的研究进展，有助于揭示讨论的热点话题，找出研究差距，并促进该领域的进一步发展，还能够帮助学者和研究人员了解同行研究，并找到潜在的合作者，以扩大调查范围。这里，我们使用 VOSviewer 文献计量软件构建一系列的共现网络。VOSviewer 由万艾克和沃尔特曼（Van Eck and Waltman，2010）开发的用于生成和可视化文献计量网络的软件。例如，这些网络可能由期刊、研究人员或个人出版物组成，它们可以基于共同引用、书目耦合或共同作者关系构建。VOSviewer 还可用于文本挖掘，这有助于构建和可视化从大量科学文献中提取的重要术语的共现网络。

（五）乘法集成赋权与综合指数法

引入乘法集成赋权与综合指数法测算中国沿海城市海洋旅游与资源环境承载力水平。其中，乘法集成赋权法包含主观与客观赋权信息，能够克服主客观赋权法的缺陷，评价结果更为合理。这里采用较多的熵值法和层次分析法（徐昱东，2019），计算公式为：

$$w_{ij-E} = \frac{p_{ij-E} - q_{ij-E}}{\sum\limits_{i=1}^{m} \sum\limits_{j=1}^{n} p_{ij-E} \times q_{ij-E}} \qquad w_{ij-U} = \frac{p_{ij-U} - q_{ij-U}}{\sum\limits_{i=1}^{m} \sum\limits_{j=1}^{n} p_{ij-U} \times q_{ij-U}}$$

式中：w_{ij-E}、w_{ij-U} 分别为海洋旅游、资源环境承载力乘法集成赋权权重，p_{ij-E}、p_{ij-U} 分别为海洋旅游、资源环境承载力利用熵值法计算出的权重，q_{ij-E}、q_{ij-U} 分别为海洋旅游、资源环境承载力利用层次分析法计算出的权重。

综合指数法用以对海洋旅游与资源环境承载力水平进行综合评价，计算公式为：

$$E = \sum e_{ij-E} w_{ij-E} \qquad U = \sum u_{ij-U} w_{ij-U}$$

式中：E、U 分别为海洋旅游与资源环境承载力水平得分，e_{ij-E}、u_{ij-U} 分别为海洋旅游与资源环境承载力各要素，w_{ij-E}、w_{ij-U} 分别为海洋旅游、资源环境承载力乘法集成赋权权重。

（六）百度指数

百度指数是一个与互联网用户行为有关的数据共享平台，由趋势研究、需求图谱、人群画像三部分组成。利用百度指数趋势研究功能，以所输关键词①为统计对象，可以科学有效地分析并计算出所搜索关键词在百度网站上搜索频率的总和，并能通过形象直观的曲线图和具体指数表现出来。需要注意的是，本书涉及的百度指数数据均为整体日均值，也就是自定义时间跨度内，该景区的一个或若干关键词的百度搜索指数的每日平均值；所谓"整体"，又因数据来源的不同，分为移动端指数和 PC 端指数，本书选用的是两者之和。

根据国家文化和旅游部以及各省级行政单位的文化和旅游厅（局）统计，中国沿海地区共有高等级旅游景区 1 685 个，海洋旅游景区 284 个，占比 16.85%，包括山川、海滩、海岛、公园、博物馆、度假区等多种类型。其中，天津东疆湾景区、曹妃甸湿地景区、新澳海底世界、沧州市渤海新区世博欢乐园等 171 个海洋旅游景区由于知名度较低、关注较少，在百度指数搜索中暂时没有百度指数统计数据，因此为了保持数据的准确性和异质性，本书选用国家海洋博物馆、山海关、蓬莱阁、奥帆中心等 113 个海洋旅游景区开展百度指数搜索，以此识别海洋旅游景区的网络关注度（详见附表 F）。

（七）耦合协调度模型

耦合度是描述系统或要素相互作用程度的度量指标，可以用来判别海洋旅游系统与资源环境承载力系统之间的交互耦合强度。然而，耦合

---

① 关键词选取是网络搜索结果的关键，本书采用直接选取关键词的方式，对比同一景区不同关键词百度指数数值，以数值最高的关键词为统计对象。例如，搜索普陀山风景名胜区的关键词，取"普陀山风景区""普陀山""普陀山风景名胜区""普陀山旅游攻略"四个关键词，"普陀山"关键词百度指数最高，故选取"普陀山"为该海洋旅游景区搜索关键词。

度无法表征两者的综合协调水平，在有些情况下难以真正反映整体"功效"与"协同"效应，可能产生两个系统发展水平较低、耦合度较高的情况。为避免这一问题，引入耦合协调度模型，系统分析海洋旅游系统与资源环境承载力系统之间彼此影响、相互作用、和谐一致的程度，全面测度两者交互耦合的协调程度，模型结构为：

$$D = \sqrt{C \times T}$$

$$C = \sqrt{\frac{MTD \times REBC}{(MTD + REBC)^2}}$$

$$T = \alpha MTD + \beta REBC$$

式中：D 为协调度，$D \in [0, 1]$，D 越大，协调度越高，D 越小，协调度越低，$D \in (0, 0.09]$ 极度失调型、$D \in (0.1, 0.19]$ 严重失调型、$D \in (0.2, 0.29]$ 中度失调型、$D \in (0.3, 0.39]$ 轻度失调型、$D \in (0.4, 0.49]$ 濒临失调型、$D \in (0.5, 0.59]$ 勉强协调型、$D \in (0.6, 0.69]$ 初级协调型、$D \in (0.7, 0.79]$ 中级协调型、$D \in (0.8, 0.89]$ 良好协调型、$D \in (0.9, 1]$ 优质协调型；C 为耦合度，$C \in (0, 0.3]$ 低水平耦合，$C \in (0.3, 0.5]$ 拮抗耦合，$C \in (0.5, 0.8]$ 磨合阶段，$C \in (0.8, 1]$ 高水平耦合；MTD 为海洋旅游指数，REBC 为资源环境承载力指数；T 为综合协调指数，反映海洋旅游和资源环境承载力对协调度的贡献，其中 α、β 为待定系数，考虑两者同等重要，取 $\alpha = \beta = 0.5$。

（八）障碍度模型

引入障碍度模型探究海洋旅游与资源环境承载力协调发展的主要障碍因子，以便更加有效地对两者协调发展的障碍因素进行病理性诊断，并提出具有针对性的提升策略，模型结构为：

$$M_j = \frac{v_{ij} \times w_j}{\sum\limits_{j=1}^{n} (v_{ij} \times w_j)} \qquad A_j = \sum\limits_{j=1}^{n} M_j$$

式中：M_j 为第 j 项指标对海洋旅游与资源环境承载力协调发展的障碍度；v_{ij} 为指标偏离度，表示第 i 个子系统下第 j 个单项指标标准化值与 100% 的差距；w_j 为指标权重；n 为指标个数；A_j 为子系统对两者协调发展的障碍度。

五、研究思路

第一，收集国内外关于海洋旅游、资源环境承载力以及海洋旅游与资源环境承载力关系研究的经典文献，探讨海洋旅游与资源环境承载力协调发展的科学内涵与价值取向等。

第二，建立海洋旅游与资源环境承载力评价指标体系与综合评价模型，收集与之相关的统计数据与问卷调查数据等，并进行整理与分析。

第三，构建海洋旅游与资源环境承载力协调发展的数理模型，分析中国沿海城市海洋旅游与资源环境承载力耦合协调的表现形式和基本特征。

第四，根据设计的分析模型和研究工具，判定中国沿海城市海洋旅游与资源环境承载力协调发展的障碍因素。

第五，根据上述实证研究结果，系统提出海洋旅游与资源环境承载力协调发展的实现路径和保障对策。

本书的技术路线如图 1 - 2 所示。

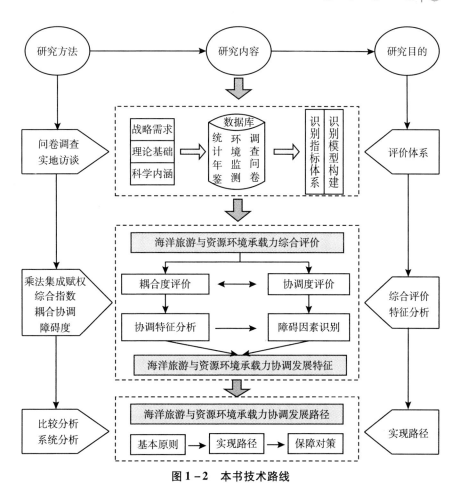

图 1-2　本书技术路线

第二章

海洋旅游与资源环境承载力
协调发展的理论基础

第一节　基本概念

一、海洋旅游概念内涵

总的来看，国内外海洋旅游理论研究明显滞后于海洋旅游实践活动，海洋旅游概念内涵的提出更多受到海洋旅游实践活动的影响而提出。自公元前3000年"海上民族"腓尼基人在地中海和爱琴海地区的商业旅行，到公元前8世纪古希腊、古罗马因宗教朝圣而兴起的宗教旅行，再到15世纪末以来哥伦布、达·伽马、麦哲伦、迪亚士的航海旅行，无不或多或少的蕴含着海洋旅游的深刻含义。20世纪60年代后期，海洋旅游从加勒比海地区兴起并逐步拓展到欧美和亚太地区，之后，随着人们对海洋认识的不断深化以及"返璞归真、回归自然"口号的提出，全球范围内出现前所未有的海洋旅游热，加勒比海、地中海、波罗的海等沿岸的海滨和沙滩成为极负盛名的旅游度假地。20世纪90年代之后，海洋旅游研究开始受到国内外学术界的广泛关注，学者们结合海洋旅游的内在属性与基本特征，对其概念内涵进行了一系列阐述，具体见表2-1。

表2-1　　　　　　　　　海洋旅游概念汇总

作者（年份）	海洋旅游的概念
马克·奥拉姆斯（Mark Orams，1999）	海洋旅游是以海洋环境为中心所从事的游憩活动，或者接待远离居住地而至海洋环境所引发的一系列活动
莫哈末·尼扎姆·峇斯仑（Mohd Nizam Basiron，1999）	海洋旅游是人们离开常住地前往海洋环境地区进行的旅游活动
刘毅（1999）	海洋旅游是以浏览海洋风光或沿海旅游景物为目的地的旅游活动
《海洋及相关产业分类》	滨海旅游业是指沿海地区开展的海洋观光游览、休闲娱乐、度假住宿和体育运动等活动
纳尔蒂（Nulty，2007）	海洋旅游是旅游业的一个部门，以游客为基础，在沿海水域、海岸线和直接腹地进行的休闲与度假活动
唐维（1999）	海洋旅游是利用海洋环境发展的旅游活动，或观赏海洋自然风光、游览各种人文景观，或休闲度假、避暑疗养，或听潮海浴、潜水冲浪，或品尝海鲜、了解风俗民情，或参与海上作业、遛船捕钓，或漂流探险、探究海洋秘密
李悦铮（2001）	海洋旅游是在一定社会经济条件下，以海洋为依托，以海水、阳光、沙滩为主要内容，为满足人们的精神和物质需求为目的而进行的海洋游览、娱乐、体育活动和疗养活动所产生的现象和关系的总和
董玉明（2003）	海洋旅游是在一定社会经济条件下，以海洋为依托，为满足人们精神和物质需求而进行的海洋游览、娱乐和度假等活动所产生的现象和关系的总和
张广海（2004）	海洋旅游与陆地旅游相对应，与滨海旅游概念相近，按照依托的海洋环境，分为海岸带旅游、海岛旅游、海上旅游和海底旅游，按照距离的远近，分为滨海旅游，近海旅游和远洋旅游
李隆华、俞树彪（2005）	海洋旅游从现象上看是以海洋为目的的旅游，从本质上是人类行走和休闲的欲望在地球上的最大伸张
周国忠（2006）	海洋旅游是在一定社会经济条件下，依托海洋自然环境和人文环境，以保护海洋生态环境为原则，所展开的以满足人们精神和物质需求为目的的海洋游览、娱乐、度假、体育、教育、探险等活动所产生的现象和关系的总和

作者（年份）	海洋旅游的概念
陈扬乐等（2009）	海洋旅游是非定居者出于非移民以及和平目的而在海洋空间区域内的旅行和暂时居留而引起的现象和关系的总和
金文姬（2013）	海洋旅游是在陆地、岛屿以及大海等空间发生的所有休闲观光旅游行为
刘伟（2016）	海洋旅游是在一定社会经济条件下，以海岛、海岸、海面等海洋地理空间为活动范围，满足游客观光、娱乐、度假等各种旅游形式的总称，是海洋经济的重要组成部分，不是某一类专项旅游产品，而是一个集合型概念。海洋旅游范围较广，包括海洋旅游建设、配套基础设施建设、海洋旅游活动

综上可知，学者们虽然在关于海洋旅游的活动内容、活动空间和具体类型等的表述上存在一定分异，但对海洋旅游的共识基本能够达成一致，基于此，我们认为海洋旅游是在一定社会经济条件和闲暇时间下，以滨海、深远海和海岛等海洋地理空间为活动空间，以满足游客观光、游览、度假、体验等多元化需求而产生的各种现象与关系的总和，包含海洋旅游资源开发、海洋旅游产品设计、海洋旅游产业发展、海洋旅游环境保护、海洋旅游文化挖掘、海洋旅游经营管理等内容，具有系统性、综合性、开放性等的特征。

二、资源环境承载力概念内涵

资源环境承载力（resource environmental bear capacity）作为社会经济系统与资源环境系统连接的纽带，是一定时间和区域范围内，在保证资源合理开发利用和生态环境良性循环前提下，资源环境系统所能承载人口增长与经济发展的能力，包括超载、满载、可载三种类型，具有系统性、客观性、动态性、开放性、可控性和综合性等特征，是衡量区域可持续发展和人地关系协调程度的重要标志，与资源承载力和环境承载力概念有着密切的内在关联。毛汉英、付云鹏等学者从不同视角和学科对资源环境承载力的概念内涵进行表述，详见表 2-2。

表 2-2 　　　　　　　　资源环境承载力部分概念汇总

作者 （年份）	资源环境承载力概念
毛汉英（2001）	资源环境承载力（区域承载力）是一定时期内，在保证资源合理开发与环境良性循环的条件下，区域资源环境所能承载的人口数量与经济社会总量的能力，具有开放性、动态性、系统性和综合性等特征
付云鹏（2016）	资源环境承载力是在一定范围和一定阶段内，在保证资源可持续发展前提下，区域资源环境能够承受的经济活动与社会活动能力的总和
封志明（2017）	资源环境承载力是从分类到综合过程中资源承载力和环境承载力的统称，包括单项分类研究和综合集成研究
盖美（2018）	海洋资源环境经济系统承载力是在现有海洋资源支撑下，不能以牺牲海洋生态环境为代价，以此实现海洋经济稳步增长，并且支撑生活水平提高的能力
吕一河（2018）	资源环境承载力涉及资源、环境、生态、社会、经济等多个维度，其中资源维度承载力是资源供给人类需求与环境系统的能力，环境维度承载力是污染物自我净化和稀释的良好环境维持功能，生态维度承载力是为人类生存提供调节、文化、供给等的服务能力，社会经济维度承载力是资源与环境对人类社会经济活动的承载阈值等
牛方曲（2020）	资源环境承载力是在特定区域内，在生态不受破坏的前提下，资源环境能够承载的人口与经济的最大规模
段学军（2020）	村镇资源环境承载力是在城乡一体化背景下，村镇系统承担某种功能具备的资源、环境、生态系统对人口、经济和物质需求的支持能力，属于区域承载力范畴
王静（2020）	资源环境承载力是特定区域对人类活动与经济社会发展的支撑能力，也就是承载城镇化与工业化的最大能力，是资源环境对人类活动与经济社会发展的最大容量

三、海洋旅游与资源环境承载力协调发展的概念内涵

海洋旅游与资源环境承载力之间存在密切的动态耦合关系，两者既相互促进，又相互制约。具体表现在两个方面：

一方面，海洋旅游的发展一定程度上会加剧对资源环境承载力的胁迫程度。主要表现在旅游者向旅游区乱扔垃圾导致部分沙滩变成垃圾堆放场，甚至有的旅游者故意将垃圾扔到大海中，旅游区的饭店、宾馆、游船等运营过程中，均会产生一定的垃圾和污水等废弃物，并且会排放废气和烟尘，旅游区附近的居民会产生生活污水，氮、硫、磷等的含量较高，会对水体和水生生物产生一定危害等，另外，有些生态问题是由于旅游业的过度开发以及旅游者过度使用相对脆弱的自然环境而造成的，如在突尼斯这个本来就视水如金的国家，由于旅游对水的大量需求而导致地下水资源枯竭；旅游者在墨西哥太平洋海岸借助强烈耀眼的灯光观看海龟在月光下产蛋，导致海龟不知所措，以至于不能产蛋；旅游者在加那利群岛观赏挑逗鲸，并坐着游艇追逐鲸，导致鲸受到惊吓长期潜入水中，面临窒息的危险。

另一方面，海洋旅游的发展又会受到资源环境承载力的刚性约束。随着土地资源、水资源、海洋生物资源等的枯竭衰减，在降低海洋旅游资源环境承载能力的同时，影响海洋旅游开发的推进速度和质量，一定程度上干扰海洋旅游发展水平的提升，相应地影响资金技术的引进和开发项目的落地，限制海洋空间的进一步扩张。如 2016 年由于部分深海珊瑚礁群白化现象十分严重，泰国宣布关闭了东赛湾、皮皮岛等 40 多个岛屿的潜水观赏活动，让珊瑚礁自然生长，并能够恢复至正常状态。泰国自然环境与资源部部长表示，将根据珊瑚礁的恢复状况决定何时解除禁令。

第二节　相 关 理 论

一、旅游地生命周期理论

生命周期（life cycle）概念源于生物学专业领域，用来描述生物体从出现到发展再到消亡的过程，旅游地生命周期理论是指导旅游地从出现到发展再到演化这一过程的核心理论。一般认为，1963 年，德国经济地理学家克里斯泰勒（Christaller）提出的"旅游地发现、成长与衰退"理论是旅游地生命周期理论的雏形，1973 年，帕洛格（Plog）从市场营销学角度阐述了生命周期发展模式，其提出的心理图式假说认为旅游者类型决定着旅游地兴衰，1978 年，斯坦斯菲尔德（Stansfield）通过研究美国大西洋城的兴衰，证实了旅游地兴衰与旅游者类型的关系，1980 年，加拿大学者巴特勒（Butler）首次将生命周期理论引入旅游领域，提出著名的旅游地生命周期理论（又被称为巴特勒生命周期理论），其在《旅游地生命周期概述》一文中将旅游地的发展变迁分为探索阶段（exploration）、参与阶段（involvement）、发展阶段（development）、稳固阶段（consolidation）、停滞阶段（stagnation）、衰落阶段（decline）或复苏阶段（rejuvenation）6 个阶段，用经典的"S 型"曲线描述旅游地演化过程，涉及旅游地时空变化形态、旅游地演化路径、旅游地演化的影响要素和旅游演化方向 4 个方面的内容。具体包含以下几个阶段。

（1）探索阶段：旅游地发展初期阶段，零散的旅客、少量的旅游基础设施和少量的旅游吸引物，旅游地环境未受旅游活动影响。

（2）参与阶段：游客人数增加，旅游基础设施得以改善，有组织的旅游活动出现，旅游机构增加，旅游知名度提升，旅游地广告宣传开始出现。

（3）发展阶段：旅游人数快速增加，旅游投资额增加，旅游基础设施开始走向现代化，旅游地面貌显著改变，旅游市场走向成熟，旅游地形象广为人知，游客数量超载，环境质量下降。

（4）稳固阶段：游客人数增速减缓或下降，旅游业成为支柱或主体，新市场不断开拓，旅游广告愈发丰富，娱乐区和商业区界限分明，当地居民对游客不当行为出现不满。

（5）停滞阶段：游客人数超过旅游环境承载力，过度依赖重游者，旅游接待设施过剩或闲置，旅游地形象下降，人造设施取代自然吸引物，政府制定旅游提升计划。

（6）衰落或复苏阶段：一方面，游客人数减少，旅游投资逐渐撤出，旅游市场衰落，旅游设施大量消失；另一方面，开发全新的旅游资源，重启旅游市场，增加人造景观。

二、旅游环境承载力理论

承载力（carrying capacity）是一个力学概念，最初源于工程地质领域，是指地基能够承受建筑物负重的最大能力，可通过经验公式或实验进行度量，之后被广泛用于生态学研究中，即在特定环境条件下，生物个体存活的最大数量。20 世纪 80 年代后期，随着经济社会的发展演变以及可持续发展概念的正式提出，人们发现资源并不是用之不竭的，而是在一定时期内具有一定的容纳能力，超过该容纳能力就会发生质的裂变，相应地，承载力概念逐渐应用于人类生态学、资源环境学、经济社会学等研究领域，出现诸多环境承载力、资源承载力、生态承载力、土地承载力等的概念，另外，承载力概念从单纯寻求容纳能力的极限值向具有综合动态复合阈值的方向转变，更多与脆弱的经济社会系统和生态环境系统有关，这也是承载力研究不断深化的必然趋势。与生物种群环境特征相类似，旅游环境与旅游者之间同样存在非兼容性，旅游环境容纳的旅游者数量也存在一个极限阈值，当超过该阈值时，就会对经济环境、社会环境、文化环境和资源生态环境产生不利影响，进而影响旅游者的满意度和舒适度，降低旅游目的地对旅游者的吸引力，当低于该阈值时，就会导致旅游资源浪费和限制，资源价值无法得到充分发挥，阻碍旅游业的健康发展。

1963 年，承载力概念在旅游领域开始出现，提出旅游环境承载力概念。旅游环境承载力是旅游资源环境、经济环境和社会环境对人类活动的承载能力，是在特定时段内，旅游环境各系统内部要素相互作用的结果，其提出使旅游地区的可持续发展成为可能，有利于实现旅游目的地经济、社会、资源、环境等要素的协调发展与良性互动，能够有效阐释人地复合系统的交互机理，是旅游业实现可持续发展的关键。

三、海洋生态文明理论

文明（civilization）一词源自拉丁文"Civis"，指人民生活于城市和社会集团中的能力，引申为先进的社会和文化发展状态及其过程，由梁启超等引入国内。生态文明（ecological civilization）作为具有中国特色背景的理论，以尊重和维护自然为前提，以人类可持续发展为目标，以生态承载能力为依据，以各系统协调共生为基础，以经济社会系统的运行方式为划分特征，追求人与自然生态的和谐共生，是人们在社会实践过程中处理人（社会）与自然之间的关系所取得的积极文明成果的总和。海洋生态文明作为生态文明的重要组成部分，是人海和谐的必然选择，是海洋强国战略的基础。

刘家沂（2007）认为海洋生态文明应从两个方面理解：一是人类遵循人、海洋、社会和谐发展这一客观规律而取得的物质与精神成果的总和；二是人与海洋、人与人、人与社会和谐共生，良性循环，持续发展的文化伦理形态。马彩华（2010）认为海洋生态文明是人类在开发和利用海洋，促进其产业发展、社会进步，为人类服务过程中，按照海洋生态系统和人类社会系统的客观规律，建立起人与海洋的互动，良性运行机制与和谐发展的一种社会文明形态。俞树彪（2012）认为海洋生态文明是以人与海洋和谐共生、良性循环、可持续发展为主题，以海洋资源综合开发和海洋经济科学发展为核心，以强化海洋国土意识和建设海洋生态文化为先导，以保护海洋生态环境为基础，以海洋生态科技和海洋综合管理制度创新为动力，整体推进海岛和海洋生产与生活方式转变的一种生态文明形态。陈凤桂（2014）认为海洋生态文明以人与海洋的和谐共生为核心，以海洋资源综合开发与可持续利用为前提，以提升海洋对中国经济社会可持续发展的保障能力为目标，包括海洋生态系统的可持续发展和人类社会的可持续发展两部分内容。王丹（2015）认为海洋生态文明是破解海洋生态环境危机的必然诉求，是海洋强国战略实施的客观需要，是海洋经济发展的现实需求，是人与海洋和谐发展的根本出路，是中国海洋事业发展乃至经济社会可持续发展的重要依托。

海洋生态文明建设战略的提出为人类开发利用海洋指明方向，是实现"五位一体"伟大战略布局的关键之一，中国海洋生态文明建设应该树立海洋生态环境安全的战略意识，通过宣传引导增强海洋生态文明理念，优化产业结构，推进经济发展方式转变，加强行政管理，坚持陆海统筹，实施科技兴海，加大海洋环境保护力度，针对海平面上升等气候变化灾害做好提前应对，积极参与并做好海洋空间规划和海洋保护区建设，坚持"五个用海"的总体要求，推进海洋生态文明示范区建设，将海洋生态文明建设融入经济建设、政治建设、文化建设、社会建设的各方面和全过程等。

四、人海关系地域系统理论

与人地关系不同的是，人海关系以海洋为背景，是人类活动与海洋之间的相互关系和彼此反馈，一方面反映人类对海洋的认知与把握，另一方面反映海洋对人类的作用与影响。随着人类对海洋开发利用的推进，人类干预海洋环境的能力不断增强，人类与海洋之间的物质、能量与信息流动的频度与广度逐渐加强，相应的人海关系随之向深度和广度发展。人海相互作用构成一个较为复杂的巨系统，也就是人海关系系统，是人类社会系统与海洋环境系统相互联系构成的规模庞大、结构复杂、要素众多、空间广阔、功能全面的巨系统，是人类与海洋相互作用、相互影响的整体。

人海关系地域系统是以一定地域为基础的人海关系系统，是人类与海洋内部要素在特定地域按照一定规律交织在一起，相互影响、相互制约、相互作用而形成的具有功能与结构的复杂系统，是人地关系地域系统理论的延伸与扩大，是海洋地理学研究的核心内容。人类系统与海洋系统之间的要素流将两者紧密联系，形成人海关系地域系统发展变化的机制。总结来看，人海关系地域系统除了具备系统具有的一般特征如功能性、结构性等之外，还具有地域性、开放性、动态关联性、脆弱性、复杂性等特征。目前，学术界围绕滨海旅游、滨海产业规划、滨海产业布局、海洋经济地理、海洋地缘政治等人海关系地域系统相关内容开展了不少研究，并取得了一系列研究成果。

五、可持续发展理论

可持续发展（sustainable development）源于 20 世纪五六十年代，其提出与人类活动给环境带来的持续压力有着直接关系。从内容要素上看，可持续发展理论不仅强调经济、社会、资源、环境等单一要素的状态，还强调所有要素的整体运行状态，公平性、持续性和共同性是其三大基本原则，核心是要求在生态承载范围内高质量的发展，关键是如何提高生态福利绩效水平（亓朋等，2020）。

1962 年，美国生物学家蕾切尔·卡逊《寂静的春天》一书的出版引起了很大轰动，引发了人们对于发展观念的讨论，可持续发展思想开始萌芽，人们的环境意识有所提高，1972年，美国学者巴巴拉·沃德和雷内·杜博斯《只有一个地球》一书的问世，将生存与环境的认识提高至可持续发展的新境界，同年，《增长的极限》研究报告中提出"合理持续均衡发展"和"持续增长"概念，以实际行动来贯彻可持续发展理念，1978年，世界环境与发展委员会在文件中首次正式使用可持续发展概念，1983年，世界环境和发展委员会正式成立，发表《共同的危机》《共同的安全》和《共同的未来》三个重要文件，提出可持续发展战略思想，1987年，世界环境与发展委员会正式提出可持续发展的基本纲领，解释了可持续发展的深刻含义，即：既能满足当代人的需求，又不对后代人发展需求构成威胁，可持续发展遵循公平性、共同性和持续性的基本原则，强调在经济发展过程中不危害生态环境，保证经济发展与环境保护的平衡性，强调经济、社会和自然生态的和谐统一，最终目标是实现高效、协调、共同和公平发展，1989年，《关于可持续发展的声明》使可持续发展得到国际社会的普遍认可，1992年，世界环境与发展大会界定了可持续发展基本框架，可持续发展理念成为共识，同年，《里约宣言》的发表和《21世纪议程》的共同签署，标志着可持续发展理念的深入推广，1994年，中国发布《中国21世纪议程：中国21世纪人口、环境与发展白皮书》，提出符合中国国情的可持续发展总体战略和行动方案。

1990年，随着旅游业的经济、社会和环境效应受到关注，在全球可持续发展大会旅游行动组策划委员会会议上提出《旅游持续发展行动战略》，构筑可持续旅游的基本理论框架，强调将可持续发展理念融入旅游产业，重视代际间的公平，遵循可持续发展的普适性原则，在保持未来发展机会的同时满足游客的需求，包括谨慎处理当前与未来、要素投入与资源保护、游客与目的地居民之间的协调发展，追求在经济、社会、环境统筹兼顾基础上持续发展区域旅游经济。

六、协同学理论

协同学（synergetics）源于希腊文，即"协同合作之学"，协同学理论是一门由德国著名物理学家赫尔曼·哈肯（H. Haken）教授于20世纪70年代最早提出的系统科学理论。哈肯教授发现了协同与合作现象的背后隐藏着更为深刻的规律，其在不同的地方对协同学有着不同的表述，在《协同学：大自然构成奥秘》一书中指出协同学是阐释结构是如何产生的一门科学，强调自组织的产生不仅源于系统内部各要素的竞争，而且还源于各要素的协同，协同更多阐释的是系统内包括多个子系统，各子系统之间通过合作与协调以及相互作用共同作用于系统，并促进系统的进步与和谐。哈肯通过引入序参数，描述系统有序度的参数，并建立方程以处理自组织问题，证明了协同学当中存在支配原理，其中系统达到临界点时，慢参数快速增加，导致系统出现不稳定性，开始偏离稳定状态，并进入新的状态，产生新的结构。

协同学理论的提出很好地揭示了自组织从无序走向有序的内在动力机制，也就是性质完全不相同的子系统到底通过什么合作方式，形成时间、空间和功能上的有序结构。系统的自组织过程根本上是系统内部各子系统之间相互合作、相互竞争产生的协同效应，进而导致系统结构或时空形成有序状态。系统从无序到有序还是从有序到无序取决于系统内部之间的相互作用。

七、文旅融合理论

融合是不同要素向同一个方向演进而形成新要素的过程，是将两个不同的事物通过某种方式形成"你中有我，我中有你"的过程。文化与旅游本是两个不同的要素概念，但在近十几年的发展过程中却逐渐融为一体，成为推动旅游产品创新、拓展旅游市场、丰富产品内涵、延长产业链、刺激经济发展的一个新方向。文旅融合是促进文化传承、文化产品创新、文化产业发展的重要手段，是提升旅游的文化品位，以及吸引、促进文化和旅游协同高质量发展的重要途径。

1966 年，联合国教科文组织《信使》杂志在其头条文章《文化旅游：尚未开发的经济发展宝藏》中首次提出文化旅游发展的经济意义，引发各国学者对文化旅游的关注。1977 年，美国学者罗伯特·麦金托什和夏希肯特·格波特在《旅游学：要素·实践·基本理论》一书中首次提出旅游文化的概念，引起学界关于文化旅游的思考和讨论。1999 年 10 月，世界旅游组织（UNWTO）发布了《全球旅游伦理规范》，谈到了如何在旅游的发展和融合过程中保护文化。我国经济发展正处于转型升级的关键阶段，文化与旅游产业发展成为国民经济的重要支柱产业，客观要求文化与旅游产业融合发展。2009 年，《关于促进文化与旅游结合发展的指导意见》提出推进文化与旅游结合发展、协调发展，指出"文化是旅游的灵魂，旅游是文化的重要载体"。2018 年 4 月，为了适应文旅融合发展的客观现实需求，文化和旅游管理部门机构调整融合为一，成立文化和旅游部，标志着我国文旅融合进入了新的历史阶段。2020 年，《中共中央关于制定国民经济和社会发展第十四个五年规划和二〇三五年远景目标的建议》，明确提出"繁荣发展文化事业和文化产业，推动文化和旅游融合发展"，并由文化和旅游部主持编制了《"十四五"文化和旅游发展规划》。

在海洋旅游开发过程中，加强与文化产业的深度融合，即强调以海洋文化为主要吸引物，是一种为游客提供观光、度假、教育、科普等多种需求的海洋旅游产品形式。近年来，在中国特色社会主要矛盾发生转变的背景下，随着游客多元化与个性化需求的不断增多，海洋文化旅游越来越受到社会各界的广泛关注，这既能丰富和拓展海洋旅游的内涵与外延，又能减少对海洋生态环境的破坏和污染，可谓一举两得。

第三节　国内外研究综述

一、海洋旅游研究综述

（一）国外研究综述

海洋旅游英文翻译为"marine tourism"或"coastal tourism"。国外海洋旅游研究起步较早，但仍然滞后于海洋旅游实践。国外海洋旅游最早可追溯到18世纪早期。1730年，英国的斯卡波特和布莱顿出现世界上最早的海水浴场，这被认为是世界海洋旅游的开端，1752年，理查德·拉赛尔医生发表《论海水在治疗腺状组织疾病中的作用》，滨海地区成为人们向往的热门旅游度假地，滨海度假成为时尚，19世纪上半叶，现代意义的海洋旅游在主要工业革命国家开始发展，欧洲的大西洋沿岸和波罗的海沿岸出现众多的滨海疗养地，滨海度假旅游成为主要的滨海旅游形式，法国尼斯的海滨大餐厅和伊斯坦布尔的度假酒店群颇受游客欢迎，20世纪初期，地中海沿岸成为世界著名滨海旅游中心，1990年，首届海洋旅游大会在夏威夷檀香山举行，自此之后，学者们开始关注这一快速增长的旅游产业部门，并且随着后福特时代的到来和可持续发展理念的深入，海洋旅游可持续得到重视。1997年9月，马来西亚海事协会的穆赫尼扎恩·巴斯隆（Mohdnizaln Basiron）在《海洋旅游业趋势与发展》一文中对海洋旅游范畴进行了阐释。1999年，马克·姆斯（Mark Orams）在《海洋旅游：发展、影响与管理》一书中最早界定了海洋旅游的概念，指出海洋旅游是以海洋环境为中心所从事的游憩活动，或者接待远离居住地而至海洋环境所引发的一系列娱乐活动；2007年，纳尔蒂等（Nulty et al.）指出海洋旅游是旅游业的一个部门，以游客为基础，在沿海水域、海岸线和直接腹地进行的休闲与度假活动；国际海岸与海洋旅游协会（ICMTS）指出，海洋旅游包括那些涉及离开居住地旅行的娱乐活动，这些活动以海洋环境和海岸带为主办地或重点。在此过程中，也有学者尝试探讨辩论"coastal tourism"与"marine tourism"的区别，认为"coastal tourism"是指在海岸进行的陆上旅游活动，包括游泳、冲浪、日光浴及其他海岸康乐活动，而这些活动必须以接近大海为条件，并包括其各自的服务，"marine tourism"是指划船、游艇、游船等海上活动及其陆基服务和基础设施（Ecorys，2013）。

近年来，欧盟委员会在海洋旅游领域实施了多项战略，海洋旅游的快速发展引起了研究人员的极大兴趣。米勒（Miller，1993）阐述并提供了海洋旅游兴起的证据；蒂勒（Thiele，2005）等调查了菲律宾中部维萨亚斯地区沿海旅游与海洋旅游可持续性之间的关系；顾等（Gu et al.，2008）评估了海洋旅游活动的演变；陈等（Chen et al.，2016）应用过程管理和面向对象工具分析海洋旅游的过程；比格斯等（Biggs et al.，2015）研究了社会经济和治理环境如何在三种环境下影响珊瑚礁旅游企业的恢复力；帕佩佐治（Papageorgiou，2016）强调了海洋空间规划在组织海洋旅游活动中的重要作用；刘等（Liu et al.，2019）提出了一个新的分析模型来分析海洋旅游对沿海地区经济的影响；莫雷诺等（Moreno et al.，2009）回顾了海岸和海洋环境对娱乐的重要性，并研究了气候变化与海洋旅游之间的关系。目前，在全球气候变暖和海平面上升影响下，地势较低的小岛屿发展中国家（small island development states，SIDS）的旅游开发问题开始备受关注，如普拉特（Pratt，2015）指出小岛屿发展中国家经济发展面临诸多挑战，旅游是仅有的一种促进经济发展的方式，并通过定量模型测算了旅游对经济发展的影响；帕塔克等（Pathak et al.，2020）以巴哈马为实证研究案例，系统分析了气候变化对旅游活动的直接影响与间接影响。

基于"Web of Science 核心合集"数据库，以 1990～2020 年为时间

跨度，以 2021 年 3 月 16 日为检索时间，以 "coastal tourism" "marine tourism" "ocean tourism" "island tourism" 为检索主题词，共获取到 5 298 条检索记录。

1. 出版物的发表时间分布

由图 2 - 1 可以看出，1990 ～ 2020 年，国外海洋旅游文献数量总体呈现逐年递增现象。根据历年发表文献数量，将海洋旅游研究划分为三个阶段：第一阶段即 1990 ～ 2000 年，年度文献发表数量均少于 50 篇，第二阶段即 2001 ～ 2008 年，年度文献发表数量在 100 篇左右波动，第三阶段即 2009 ～ 2020 年，年度文献发表数量呈现快速增加。从 "coastal tourism" "marine tourism" "ocean tourism" "island tourism" 四个主题词的文献数量来看，以 "coastal tourism" 和 "island tourism" 为主题词的文献数量相对较多，以 "ocean tourism" 为主题词的文献数量增长相对缓慢。

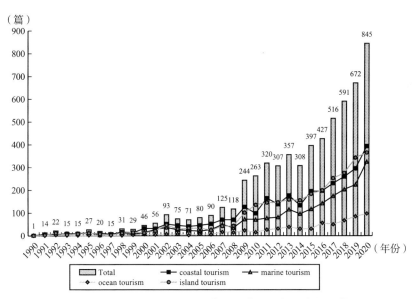

图 2 - 1 1990 ～ 2020 年国外海洋旅游文献数量变化趋势

2. 海洋旅游研究热点主题

将 1990 ~ 2020 年划分为 6 个阶段，并对每个阶段前 10 篇被引用的文章进行分析，以此确定研究热点主题。如图 2 - 2 所示，研究主题主要集中在以下几个方面：生态旅游、海洋保护区、海洋动植物群、气候变化、潜水、休闲旅游、环境影响、观光旅游、忠诚度、居民身份、生态系统服务和满意度。海洋动植物群历来是海洋旅游研究学者关注的问题，此外，从第三阶段（2000 ~ 2004 年）到第六阶段（2015 ~ 2020年），海洋旅游对环境的影响成为一个永恒的话题，关于海洋保护区的文章在1990 ~ 1994 年、1995 ~ 1999 年、2000 ~ 2004 年和 2010 ~ 2014 年占据了重要位置，与气候变化相关的主题在 1990 ~ 1994 年、1995 ~ 1999 年和 2005 ~ 2009 年得到了强调，关于休闲旅游、观光旅游、潜水、忠诚度、居民身份和满意度的文章仅有一篇。

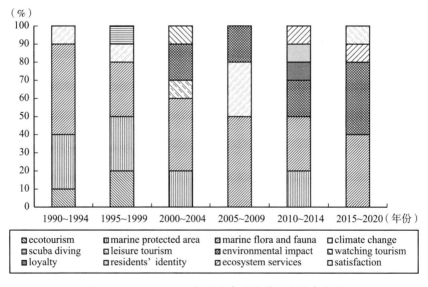

图 2 - 2　1990 ~ 2020 年国外海洋旅游研究热点主题

3. 出版物的来源国家、机构和作者

从来源国家看，共有 162 个国家为海洋旅游研究做出了贡献，其中美国贡献最大，发表了1 011篇文章，占发表总量的16.33%，西班牙发表了733篇文章，澳大利亚发表了700篇文章，分别占发表总量的16.33%和11.84%，贡献排在第二位和第三位，英国（10.68%）、中国（8.63%）、意大利（5.98%）、加拿大（4.59%）也是发表海洋旅游文章较多的国家。另外，美国海洋旅游文章的引用量最多。

如表2-3所示，从发文机构看，共有5 421个机构为海洋旅游研究做出了贡献，其中澳大利亚James Cook University贡献最大，发表93篇文章，澳大利亚University of Queensland和Griffith University贡献分居第二、第三位，发文量分别为79篇和72篇。从引文次数看，澳大利亚University of Queensland引文次数排在第一位，为6 008次，英国National Oceanic and Atmospheric Administration（NOAA）和墨西哥Universidad Nacional Autonoma de Mexico的引文次数次之，分别为4 377次和3 698次。

表2-3　　　　　　　国外海洋旅游研究前20个机构

排序	机构名称	国家	发表数量	引用次数
1	James Cook University	澳大利亚	93	2 800
2	University of Queensland	澳大利亚	79	6 008
3	Griffith University	澳大利亚	72	1 622
4	Universidad de Las Palmas de Gran Canaria	西班牙	64	457
5	Chinese Academy of Sciences	中国	60	1 360
6	University of La Laguna	西班牙	50	487
7	Murdoch University	澳大利亚	49	755
8	University of Tasmania	澳大利亚	49	1 651
9	University of Western Australia	澳大利亚	49	1 297
10	CSIC	西班牙	48	1 784
11	Universidad de Cádiz	西班牙	48	965
12	University of the Balearic Islands	西班牙	44	849
13	Universidad Nacional Autonoma de Mexico	墨西哥	44	3 698
14	University of Algarve	葡萄牙	42	888

排序	机构名称	国家	发表数量	引用次数
15	Universitat de Les Illes Balears	西班牙	39	449
16	University of Waterloo	加拿大	39	1 393
17	University of Otago	新西兰	37	1 157
18	NOAA	英国	36	4 374
19	University of Alicante	西班牙	34	705
20	Eastern Mediterranean University	土耳其	34	612

从发文作者看，共有 16 990 位作者贡献了 6 190 篇检索文献，在这些作者中，有 14 245 位作者（占 83.8%）发表了一篇文章，2 277 位作者发表了两篇或三篇文章，468 位作者发表了至少四篇文章。表 2 - 4 是国外海洋旅游研究发文量前 20 位的作者，包括五位澳大利亚学者、四位西班牙学者、三位美国学者、两位加拿大学者、一位英国学者、一位意大利学者、一位南非学者、一位德国学者、一位挪威学者和一位韩国学者。其中，该领域最高产的作者是英国学者威廉姆斯（Williams A T）和西班牙学者安富索（Anfuso G），发文量都在 30 篇，其次是意大利学者普拉兹尼（Pranzini E）和加拿大学者迪尔登（Dearden P），发文量分别为 20 篇和 18 篇。英国学者威廉姆斯海洋旅游发文的总被引用最高，达到 912 次，挪威学者戈斯林（Gossling S）和加拿大学者迪尔登海洋旅游发文的总被引用次之，分别为 851 次和 779 次。挪威学者戈斯林的平均引用次数最高，为 70.92 次，其次是加拿大学者迪尔登，平均被引用 43.28 次。

表 2 - 4　　　　国外海洋旅游研究发文量前 20 位作者

排序	作者	国家	发文数量	总被引用	平均引用
1	威廉姆斯	英国	30	912	30. 40
2	安富索	西班牙	30	712	23. 73

续表

排序	作者	国家	发文数量	总被引用	平均引用
3	普拉兹尼	意大利	20	280	14.00
4	迪尔登	加拿大	18	779	43.28
5	博特罗	美国	17	210	12.35
6	斯科特	加拿大	17	693	40.76
7	吉梅内斯	西班牙	16	423	26.44
8	萨伊曼	南非	15	229	15.27
9	贝肯	澳大利亚	14	488	34.86
10	克罗斯	美国	14	412	29.43
11	舍尔涅夫斯基	德国	14	129	9.21
12	戈斯林	挪威	12	851	70.92
13	麦克阿利尔	澳大利亚	12	91	7.58
14	米肯	澳大利亚	12	291	24.25
15	Oh CO	韩国	12	221	18.42
16	兰格尔—布特拉戈	美国	12	225	18.75
17	威立亚桑特	西班牙	12	120	10.00
18	巴尼特	澳大利亚	11	281	25.55
19	贝杰德	澳大利亚	11	141	12.82
20	卡尔西亚	西班牙	11	175	15.91

4. 主题类别和主要来源期刊

基于"Web of Science"数据库的分类，国外海洋旅游研究文章共包括173个主题类别。根据图2-3所示，"Environmental Sciences"是海洋旅游研究领域最常见的主题种类，涉及到2 083篇文章，"Environmental Studies"和"Hospitality Leisure Sport Tourism"次之，分别涉及到919篇、903篇文章。

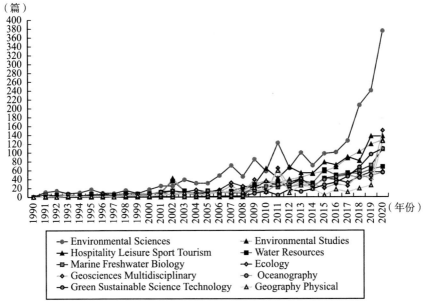

图 2 - 3　国外海洋旅游研究领域前 10 个主题种类增长趋势

从发表期刊来看，共有 1 727 个不同的期刊发表了海洋旅游文章，然而，约 94% 的期刊发表不超过 10 篇文章，从表 2 - 5 显示的前十位期刊来看，*Journal of Coastal Research* 排名第一，发表海洋旅游文章 324 篇，占全部发表量的 5.23%，*Ocean & Coastal Management* 排名第二，发表海洋旅游文章 305 篇，占全部发表量的 4.93%，*Sustainability* 排名第三，发表海洋旅游文章 170 篇，占全部发表量的 2.75%。这其中，8 个期刊属于英国，其他的两个期刊属于美国和瑞士。*Ocean & Coastal Management* 的 H - index 指数最高，*Tourism Management* 的 H - index 指数次之。从图 2 - 4 国外海洋旅游研究前 10 位期刊的年度发文量来看，*Journal of Coastal Research* 和 *Ocean & Coastal Management* 具有传播与该主题相关文章的更大历史传统，然而，在过去两年（2019～2020 年），*Sustainability* 期刊发表的海洋旅游文章越来越多。

表 2 - 5　　　　　　　国外海洋旅游研究前 10 位期刊

排序	期刊名称	国家	发文量	比重	H - index
1	Journal of Coastal Research	美国	324	5.23	25
2	Ocean & Coastal Management	英国	305	4.93	40
3	Sustainability	瑞士	170	2.75	14
4	Marine Policy	英国	145	2.34	26
5	Journal of Sustainable Tourism	英国	140	2.23	29
6	Tourism Management	英国	124	2.00	36
7	Marine Pollution Bulletin	英国	123	1.99	28
8	Current Issues in Tourism	英国	82	1.33	21
9	Tourism Economics	英国	77	1.24	13
10	Tourism Geographies	英国	67	1.08	16

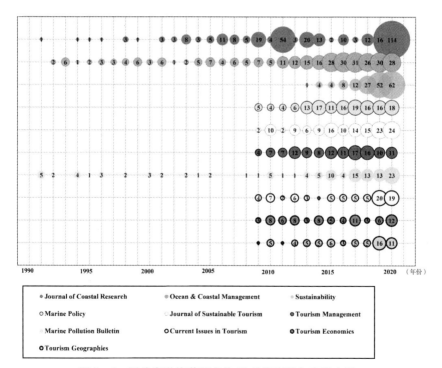

图 2 - 4　国外海洋旅游研究前 10 位期刊的年度发文量

5. 出版国家、机构和作者的合作网络

VOSviewer 软件能够用来构建出版国家、机构和作者合作网络。在这些图中，每一个点代表一个国家、机构和作者，点的大小代表文章的数量，点的颜色代表国家、机构和作者集群状况，点与点之间的连线代表合作强度，线越宽说明合作强度越大。从图 2 – 5、图 2 – 6 和图 2 – 7 中可以看出：①国外海洋旅游研究国家合作网络包括 23 个国家，该网络被分成四个集群，即第一集群（美国、澳大利亚、中国、日本、印度尼西亚、马来西亚和韩）、第二集群（德国、法国、意大利、希腊、荷兰和克罗地亚）、第三集群（加拿大、土耳其、瑞典、南非和新西兰）、第四集群（英国、西班牙、葡萄牙、墨西哥和巴西）。在这一网络中，美国有最高的网络连接强度，处于网络中心位置，美国和英国之间有最强的合作网络，强度为 73。②国外海洋旅游研究机构合作网络包括六个集群，其中第一集群和第二集群包括五个机构，第三集群由中国科学院主导，第四集群包括两个西班牙机构和一个澳大利亚集群等，澳大利亚 University of Queensland 有着与其他机构最强的合作。③国外

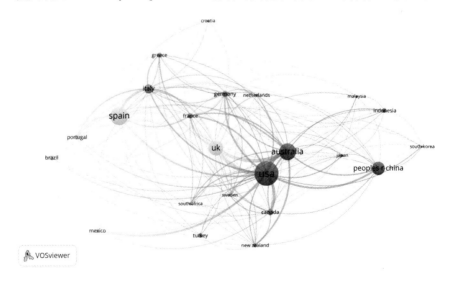

图 2 – 5　国外海洋旅游研究国家合作网络

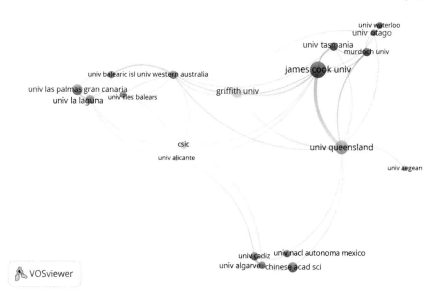

图 2 - 6　国外海洋旅游研究机构合作网络

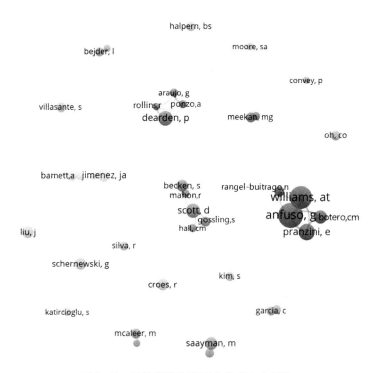

图 2 - 7　国外海洋旅游研究作者合作网络

海洋旅游研究作者合作网络中，没有与其他作者产生联系的作者也出现在该网络中，具体可以分为四个集群，每一个集群至少包括四位作者。

6. 关键词共线网络

关键词能够用于识别海洋旅游研究领域的热点主题和发展方向。从表2-6和图2-8可以看出，国外海洋旅游研究的前20个高频关键词依次为：tourism、management、impact、conservation、climate change、island、community、perception、sustainability、ecotourism、marine protected area、coral reef、sustainable tourism、behavior、fishery、model、biodiversity、patterns、protected area 和 ecosystem services。

表2-6　　　　　　国外海洋旅游研究前20个高频关键词

排序	关键词	出现次数	连接次数	点连接强度
1	tourism	1 336	51	2 648
2	management	798	51	2 257
3	impact	688	51	1 818
4	conservation	534	51	1 554
5	climate change	435	51	1 196
6	island	391	51	959
7	community	275	50	821
8	perception	268	50	856
9	sustainability	257	50	673
10	ecotourism	245	51	692
11	marine protected area	234	50	824
12	coral reef	221	50	667
13	sustainable tourism	205	48	480
14	behavior	195	47	490
15	fishery	192	48	626
16	model	187	49	354
17	biodiversity	175	48	550
18	patterns	156	44	340
19	protected area	155	49	528
20	ecosystem services	152	49	491

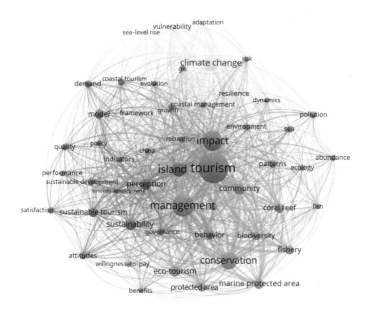

图 2 - 8　国外海洋旅游研究关键词共线网络

根据关键词共线网络分析发现，共涉及 52 个关键词和 85 个以上的共线关系，划分为 4 个集群，第一个集群最大，集中研究海洋旅游可持续发展，涉及海岛、认知、可持续性、可持续旅游和模式等关键词，第二个集群集中研究海洋旅游对目的地的影响，涉及旅游、影响、行为、格局、污染和环境等关键词，第三个集群集中研究海洋旅游管理与保护，涉及保护、社区和生态旅游，第四个集群最小，集中研究气候变化对海洋旅游的影响，涉及气候变化、恢复力、脆弱性、框架、适应性和海平面上升等关键词。总结来看，国外海洋旅游研究重点关注海洋旅游资源评价、海洋旅游规划与开发、海洋旅游地的衰退与复苏、海洋旅游产业、海洋旅游文化、海洋旅游对目的地的影响、海洋旅游管理、海洋旅游环境问题、海洋生态旅游以及各种具体形式的海洋旅游形式等内容。

（二）国内研究综述

中国海洋旅游研究起步较晚，20 世纪 70 年代末 80 年代初首次出现海洋旅游主题研究，20世纪90年代初期海洋旅游研究进入蓬勃兴起阶段。自此之后，海洋旅游开始引起国内学术界、政府界和普通民众的广泛关注。2016年7月，中国太平洋学会批准成立中国太平洋学会海洋旅游专业委员会，围绕海洋旅游领域中的重大问题及基础理论研究、人才教育培训、标准及规范研发、会展及论坛、规划与咨询、大数据及服务营销平台以及国际合作与交流共7项内容开展深入研究。

基于"中国知网CNKI"数据库，以"海洋旅游""滨海旅游""沿海旅游""海岛旅游"等为检索关键词，以"核心期刊+CSSCI+CSCD"为来源类别，以1992~2021年为检索时段，共计检索出816篇文献（其中海洋旅游文献172篇、滨海旅游文献380篇、沿海旅游文献120篇、海岛旅游文献144篇）。通过图2-9可以看出，1992~2021年，国内海洋旅游研究文献数量与海洋旅游发展特征基本一致，总体呈现波动变化，尤以2013年文献数量最多，达到72篇，这在很大程度上与2013年"一带一路"倡议尤其是21世纪海上丝绸之路的提出有着密切关联。近年来，游客对于旅游活动的品质要求不断提升，导致中国传统

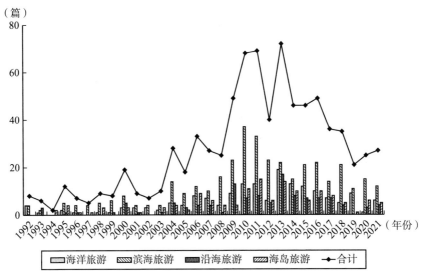

图2-9 1992~2021年国内海洋旅游研究文献数量变化趋势

的海洋旅游发展进入转型升级的震荡阶段，相应的，海洋旅游研究成果有所减少，但是随着邮轮旅游、潜水旅游等海洋旅游新业态的相继出现，海洋旅游相关研究成果开始呈现递增态势。

通过文献分析来看，国内海洋旅游研究涉及领域较为宽泛，总结来看，主要包括海洋旅游资源、海洋旅游产品、海洋旅游产业、海洋旅游文化、海洋旅游环境、海洋旅游区划、海洋旅游安全和海洋旅游管理等多个方面的内容。

1. 海洋旅游资源研究

（1）海洋旅游资源分类。海洋旅游资源分类是海洋旅游资源科学评价与开发规划的基础。目前，国内学术界尚没有统一的海洋旅游资源分类标准，学者们参照《旅游资源分类、调查与评价》和《旅游资源分类、调查与评价》，将海洋旅游资源分为传统意义上的海洋自然旅游资源和海洋人文旅游资源（陈娟，2003；佟玉权，2007；陈扬乐，2009），其中，海洋自然旅游资源包括地文景观类（沙滩、海蚀崖、海蚀洞、海蚀拱桥、海蚀柱、冲积岛、珊瑚岛等）、水域风光类（观海、海潮等）、气象与气候景观类（海市蜃楼、海上日出、海上日落等）以及生物景观类（红树林、海藻等），海洋人文旅游资源包括历史遗迹类、现代建筑与设施类和人文活动类等。除此之外，也有学者认为海洋旅游资源分类可以分为两个层次，一是按照海洋旅游资源本身的属性进行划分，二是按照海洋旅游活动属性进行划分，前者即划分为传统的自然旅游资源和人文旅游资源，后者即按照海洋空间活动划分为海岸带旅游、海岛旅游、深远海旅游和海洋专题旅游等活动形式（贾跃千等，2005）。

（2）海洋旅游资源评价。海洋旅游资源评价是海洋旅游资源开发与利用的首要问题，学者们基于全面、系统、科学等的原则，通过构建海洋旅游资源评价指标体系，运用定性与定量相结合的方法，对不同空间尺度的海洋旅游资源开展评价。其中，李培祥（1999）从4个方面对中国海洋旅游资源进行了评价：一是海岛旅游资源丰富多彩，包括岛屿类型众多、多种多样的人文景观、奇异的自然景色和妙趣横生的神话传说；二是海岸类型复杂多样，包括杭州湾以北的平原海岸、杭州湾以南的山地丘陵海岸以及南部热带和亚热带地区的生物海岸；三是海洋资源十分丰富，包括海洋鱼类、海底植物等；四是海域辽阔。肖建红等（2019）运用条件价值评估法，基于问卷调查数据，围绕庙岛群岛、舟山群岛和三亚等群岛旅游地的海洋旅游资源非使用价值支付意愿偏好进行定量评价，以此进一步揭示公众对保护海洋旅游资源的偏好。

（3）海洋旅游资源开发与利用。海洋旅游资源的合理化开发与有效化利用成为学者们追求的目标。赵宁曦等（1996）通过分析西湾海滨旅游资源非优区开发的可行性，从突出重点集中开发、选择新奇专题进行开发和结合实际分区实施三个方面提出适度开发的战略构思；周彬等（2016）在对浙江省宁波市海洋旅游资源概况进行分析的基础上，基于其开发现状与存在问题，从开发特色旅游产品、重构旅游空间格局、提高市场营销力度、强化基础配套支撑、推进海洋旅游合作等方面提出促进区域海洋旅游资源开发的主要对策与建议。

2. 海洋旅游产品研究

（1）海洋旅游产品分类。周国忠（2006）从活动范围和活动内容两个方面划分海洋旅游产品类型，其中从活动范围来看，海洋旅游产品包括海滨游、海上游、远洋旅游、海底游和海岛游，从活动内容来看，海洋旅游产品包括海洋风光游、海洋文化游、海洋健康疗养游和海洋生态游等。马丽卿（2013）指出海洋旅游产品与产品的组成部分完全一致，均包括核心部分、形式部分和延伸部分，其中海洋旅游产品的核心部分包括海洋旅游吸引物、海洋旅游交通和海洋旅游服务三个方面，海洋旅游产品的形式部分是产品的载体、质量、特色、风格、声誉及组合部分等，包括旅游接待设施、旅游景区景点等，海洋旅游产品的延伸部分是旅游者进行旅游活动时所得到的各种附加利益的总和，包括旅游者购买旅游产品时获得的优惠条件、付款条件及旅游产品的推销方式等。

（2）海洋旅游产品开发。海洋旅游产品开发是海洋旅游发展的重要环节，也是海洋旅游策划与影响的必要前提。海洋旅游产品的调整优化和培育创新有助于海洋旅游吸引力与竞争力的增强。周国忠（2006）指出海洋旅游产品规划是海洋旅游规划的中心问题，以浙江省为例，针对海洋旅游产品结构不合理、地域性和独特性不鲜明、陆海互动较差、缺乏合理规划等的问题，提出海洋旅游产品开发要强调新格局的重构、海洋旅游精品产品的设计、区域合作的加强、产品内涵的延伸以及航海旅游与置业旅游的适当开发；张延（2011）通过运用离散选择回归模型对比分析中日海洋旅游产品的差异，探讨适合浙江海洋旅游产品的开发思路与方向；金文姬等（2013）指出海洋旅游产品开发应从单纯对平面空间的设计与规划转向对立体空间的产品设计与规划，逐渐向海上、海中、海底等多个空间领域延伸，并针对此提出相关政策。

3. 海洋旅游产业研究

（1）海洋旅游产业发展思路与对策。马丽卿（2006）通过分析浙江省海洋旅游发展区位以及揭示海洋旅游目的地存在的主要问题，提出要重构海洋旅游产业空间新格局，即"一轴三群三带一核心"，并从整合区域布局、优化产品结构、加快综合交通网建设、构筑整体性旅游产品、实现产业互动5个方面提出浙江省海洋旅游产业的发展策略；陈哲峰（2020）针对海南省海洋旅游产业发展过程中存在的供需不匹配、环保意识欠缺、专业型人才缺乏等问题，从系统化与科学化视角出发，从扩大海洋旅游产业规模、加强区域合作和部门间合作以及加强海洋产业监管4个方面提出海南省海洋旅游产业可持续发展的对策。

（2）海岛旅游产业研究。海岛旅游是以特定的海岛地域空间和特有的海岛旅游资源为依托，以满足国内外游客需求、促进海岛经济社会发展为目标的旅游活动，是推动世界旅游发展的重要力量。全球海岛旅游目的地竞争力排名详见附表 B。中国海岛旅游业兴起于 20 世纪 70 年代末，海南岛、横沙岛和普陀岛等开发较早，近年来，随着海岛旅游地数量的不断增多、海岛旅游地规模的逐渐扩大以及海岛旅游基础设施的愈发完善，海岛旅游成为国内学者关注的热点领域。其中，李悦铮（2013）指出海岛旅游资源的科学评价有利于海岛旅游质量的改善与海岛综合效益的提升，针对目前海岛旅游资源评价体系相对不足且不能统一的问题，在参照相关研究基础上，基于科学性和综合性等的原则，从旅游资源条件、旅游区域条件、旅游区位特征 3 个方面构建相应的评价标准，并制定评分标准和指标权重，以此为海岛旅游开发和规划提供参考和依据；王辉（2013）根据陆岛旅游一体化的发展思路，从社会经济效应、旅游资源吸引力、设施环境支持系统和产业发展 4 个方面，构建了海岛旅游目的地陆岛旅游一体化评价体系，并以大连庄河市海王九岛为例开展不同层次的一体化水平测算；肖建红（2016）以普陀山、朱家尖、长岛等典型海岛为案例，围绕海岛旅游目的地生态补偿标准以及区域交通工程建设对海岛旅游的影响等内容展开实证研究，研究指出，生态环境可持续是海岛旅游高质量发展与可持续发展的必要条件，海岛旅游绿色发展有利于海洋生态系统和森林生态系统的健康，而现有海岛旅游发展在一定程度上威胁着海岛生态环境的可持续；杨俊（2016）以大连长海县为例，基于海岛旅游规划，在界定海岛旅游化概念内涵的基础上，系统分析海岛旅游综合效应，旨在为区域海岛旅游定位与海岛旅游深度开发提供研究视角；中国旅游研究院（2019）发布《全球海岛旅游目的地竞争力排名研究报告》，从发展综述、竞争力排名、发展模式以及发展问题与建议 4 个方面系统梳理全球海岛旅游发展状况；王英杰（2021）指出中国海岛旅游发展具有一定的优势，如全域旅游理论与管理、庞大的客源市场、基础设施好、大数据应用和人工智能等，对国内岛屿旅游发展定位、产品应该有差异化的路径和体系。

此外，也有学者围绕小岛国旅游产业发展展开一系列研究，如尹鹏

（2021）围绕全球主要小岛国的旅游竞争力开展相关研究，通过从旅游基础支撑、旅游运营业绩和旅游环境保障3个方面构建小岛国旅游竞争力评价指标体系，并对各小岛国旅游竞争力水平进行综合评价，研究结果如表2-7所示。

表2-7　　　　全球主要小岛国旅游竞争力综合评价结果

国家	1997年	2001年	2005年	2009年	2013年	2017年
安提瓜和巴布达	0.2622	0.3069	0.2454	0.2623	0.292	0.3350
巴哈马	0.5157	0.5481	0.4887	0.4993	0.5560	0.5173
巴巴多斯	0.2486	0.3162	0.3424	0.3689	0.3383	0.3194
佛得角	0.1369	0.1843	0.1720	0.2260	0.2702	0.2788
科摩罗	0.1423	0.1368	0.1203	0.1259	0.1277	0.1185
古巴共和国	0.3273	0.3445	0.3507	0.3799	0.4283	0.4185
塞浦路斯	0.5405	0.6591	0.4917	0.6305	0.0963	0.5973
多米尼克	0.2668	0.3247	0.3049	0.3127	0.3187	0.3549
多米尼加共和国	0.4341	0.5366	0.4219	0.5259	0.6122	0.5581
斐济	0.2319	0.2463	0.2510	0.2850	0.3104	0.3132
格林纳达	0.2058	0.2429	0.2153	0.2377	0.2520	0.3352
海地	0.1018	0.1053	0.1023	0.1412	0.1669	0.1398
牙买加	0.3268	0.3740	0.2870	0.3389	0.3579	0.3396
基里巴斯	0.1147	0.1662	0.1361	0.1702	0.1586	0.1708
马尔代夫	0.2300	0.2574	0.2597	0.3412	0.4097	0.4057
马耳他	0.3640	0.4612	0.4960	0.4687	0.4969	0.4970
马绍尔群岛	0.2991	0.3323	0.3035	0.3068	0.3262	0.3793
毛里求斯	0.2148	0.2686	0.2326	0.2719	0.3006	0.2962
密克罗尼西亚联邦	0.2015	0.2370	0.2343	0.2555	0.2750	0.2672
帕劳	0.4549	0.4547	0.3784	0.4097	0.4456	0.4480
巴布亚新几内亚	0.1286	0.1363	0.1252	0.1459	0.1463	0.1384
圣卢西亚	0.2311	0.2878	0.2432	0.2346	0.2410	0.2894

国家	1997 年	2001 年	2005 年	2009 年	2013 年	2017 年
圣文森特和格林纳丁斯	0.2326	0.2699	0.2249	0.2664	0.2895	0.3267
圣基茨和尼维斯	0.2233	0.2526	0.2660	0.2939	0.3076	0.3568
萨摩亚	0.1622	0.1853	0.1669	0.1908	0.2049	0.2194
圣多美和普林西比	0.2079	0.2628	0.2303	0.2230	0.2526	0.2570
塞舌尔	0.3288	0.4130	0.3400	0.3826	0.4030	0.4110
所罗门群岛	0.1575	0.1674	0.1693	0.1870	0.1872	0.1794
汤加	0.0867	0.0974	0.0909	0.1031	0.1523	0.1604
特立尼达和多巴哥	0.3316	0.3857	0.2877	0.3390	0.2781	0.3278
图瓦卢	0.2379	0.2510	0.1811	0.2244	0.2731	0.2764
瓦努阿图	0.1432	0.1825	0.1496	0.1827	0.1998	0.2032

资料来源：尹鹏，段佩利，刘曙光. 小岛屿国家旅游竞争力时空演变及其与经济增长的耦合关系 [J]. 旅游研究，2020，12（6）：29–41.

（3）海洋旅游新业态。为顺应新时代海洋旅游发展的新环境、新常态和新趋势，邮轮旅游（被称为"海上流动度假村"）、观鲸旅游、潜水旅游等新兴海洋旅游业态不断涌现，且具有发展快、消费水平高、辐射能力强、经济拉动作用大等的特点。张言庆等（2010）通过分析邮轮旅游的深刻内涵以及国内外邮轮旅游产业发展现状，阐释邮轮旅游产业经济的主要特征，即全球化网络的节点经济、聚集性、规模经济、寡头垄断、区域不均衡、地理季节性调配等，以此提出世界邮轮旅游产业发展的趋势及其对中国邮轮旅游产业发展的现实启示意义；王娟等（2013）指出观鲸旅游是海洋动物旅游的一种，通过系统分析国外观鲸旅游的研究范畴与关注重点，旨在为中国观鲸旅游产业的发展提供理论指导，强调要充分考虑鲸目动物的生物习性，划定海洋生物保护区，制定海洋动物旅游开发规划，制定严格的法律法规，规范利益相关者行为等；肖建红等（2020）提出潜水旅游等人类活动和气候变化导致珊瑚礁正处于濒危状态，导致珊瑚礁出现严重退化，因此以海南省 4 个珊瑚礁潜水旅游景区为例，运用条件价值评估方法对其潜水旅游资源保护的非使用价值进行评估，研究发现存在嵌入效应，不利于珊瑚礁旅游资源保护的成本—收益分析。

4. 海洋旅游文化研究

（1）海洋旅游文化的类型研究。海洋旅游文化是一切与海洋有关的文化，是人类与海洋互动过程中创造出的物质财富与精神财富的总和，具有文化价值、艺术审美价值等价值以及开放性、海陆交织等特征。贾鸿雁（2006）指出文化资源的深度开发是中国海洋旅游资源的优势项目，基于发挥文化资源优势的目的，从"海上丝绸之路"旅游文化产品、郑和遗迹旅游文化产品、宗教旅游文化产品、抗倭史旅游文化产品、海战遗迹旅游文化产品、优秀建筑旅游文化产品、水下考古旅游文化产品、名人名著旅游文化产品、海洋民俗旅游文化产品和海洋科技旅游文化产品等10个方面构建中国海洋旅游文化产品体系，以此有助于提升全民的"海洋意识"。海洋博物馆作为海洋旅游与文化融合的重要业态，重在展示海洋自然历史与人文历史，承担重塑海洋价值观的重任，其教育功能受到社会各界越来越多的关注（详见附表C）。

（2）海洋旅游文化发展研究。海洋旅游文化伴随海洋事业的振兴而快速发展，但同时面临着不可忽视的几个问题，曲金良（1999）指出在中国海洋旅游文化发展过程中，过于重视海洋旅游经济，轻视或者忽视海洋旅游文化，"旅游文化"意识相当淡薄，海洋历史文化遗迹开发缺乏特色，千篇一律，海洋旅游文化发展缺乏多学科交叉研究与协同研究，未来应该结合历史学、美学、人类学、海洋学等多个学科开展综合立体化研究；中国社会科学院舆情实验室与中国旅游报社联合编制《2020妈祖文化和旅游国际传播影响力调查报告》，据此可知，妈祖文化是民心相通的重要纽带和民间交流的天然平台，是连接海上丝绸之路国家的文化纽带，是提升中华民族凝聚力的精神纽带，也是中国文化走向世界的重要载体，主要通过古代海上贸易、福建和广东等地去海外的移民、当地华侨和华人团队等三种方式进行海外传播，截至目前，妈祖文化已传播到 46 个国家和地区，并且国外许多地区均有妈祖文化活动[①]；郑贵斌（2011）指出山东省海洋旅游文化资源类型十分丰富，包括海洋历史文化资源、海洋民俗文化资源、海洋节庆文化资源和海洋科技知识文化资源，地方色彩浓厚，但开发过程中在技术、人才、经营能力、保护意识、产品趋同等方面存在明显问题，未来应该坚持可持续发展，坚持海洋文化保护，深化文化体制改革，加强文化产业人才建设，拓宽融资渠道，做强节庆会展，突出区域特征，建立区域协作机制，推进海洋文化创新，并从维权、聚智、集群、塑形等方面出发，加快海洋文化资源向海洋产业优势的转化。

5. 海洋旅游环境研究

（1）海洋旅游开发对海洋环境的影响。考虑到滨海地区属于生态环境敏感区域，海洋旅游开发会对这一地区的水体环境、海洋生物和生态景观等造成不同程度的影响，其中从对水体环境的影响来看，主要源于政府建造的酒店、餐厅等公共设施，以及游船、潜水等海洋旅游活动项目的开发，产生了大量的污水和垃圾，对海水水质带来严重污染，基于此，要通过征收环境税，建立海洋旅游项目开发的准入机制，加强社会协同治理，提高公众环境保护意识等方式，加强海洋旅游开发与海洋环境保护的协调统一。

（2）海洋旅游环境评价。旅游环境评价相关研究是海洋旅游环境评价的基础，一方面，从评价内容看，包括旅游环境舒适度评价、旅游环境质量综合评价、旅游环境感知评价、旅游环境承载力评价、旅游环境容量评价和旅游环境资源绩效评价等；另一方面，从评价方法看，包括主成分分析、聚类分析、问卷调查、结构方程模型、层次分析法、灰色预测模型、PSR 模型等是常用的评价方法。基于此，刘佳等（2012）

---

① 根据《2020 妈祖文化和旅游国际传播影响力调查报告》可知，妈祖文化影响力前十位国家为：马来西亚、新加坡、印度尼西亚、越南、菲律宾、泰国、印度尼西亚、日本、美国和澳大利亚。

以山东半岛蓝色经济区为例，结合滨海旅游发展的特点，从资源、生态、经济、社会4个层面构建滨海旅游环境承载力评价在指标体系，并运用物元评价模型与灰色预测模型，对滨海旅游环境承载力的时空特征开展量化分析，研究发现，山东半岛蓝色经济区滨海旅游环境承载力整体上属于"良好"等级，各地区滨海旅游环境承载力差异显著，未来需进一步整合半岛滨海旅游资源，全面提升承载水平。

（3）海洋旅游环境保护。进入21世纪以来，随着海洋旅游开发强度的不断增大，越来越多的学者开始关注海洋旅游环境保护问题。其中，徐福英等（2012）认为海洋生态旅游的发展是推进山东半岛蓝色经济区建设的重要途径之一，从优势、劣势、机遇、威胁4个方面对山东半岛蓝色经济区海洋生态旅游开展SWOT分析，针对此，通过强调开发与保护并重，加强社区参与，实现区域错位发展，强化区外联动，实现产业统筹协同等，推进海洋旅游环境保护工作；郑凌燕等（2014）指出海洋旅游环境保护是浙江省海洋经济发展的迫切问题，因此在对浙江省海洋旅游环境承载力进行综合评价的基础上，构建包括政府部门、当地居民和景区管理在内的预警机制，以此做好防患于未然。

海洋公园作为海洋环境保护的一种新形式，景观元素丰富，旅游设施配套完备，生态环境优良，近年来开始受到广泛关注。2011年5月19日，国家海洋局公布首批国家级海洋公园，截至2016年8月，共批复48家国家级海洋公园，广泛分布于渤海、黄海、东海和南海地区，其中以山东、辽宁、福建等省份居多，有利于沿海地区经济社会的可持续发展以及海洋生态文明建设（见表2-8）。

表2-8　　　中国国家级海洋公园名单（截至2016年8月）

获批时间	序号	名称	所属省份
2011年5月19日（第一批）	1	广东海陵岛国家级海洋公园	广东省
	2	广东特呈岛国家级海洋公园	广东省

获批时间	序号	名称	所属省份
2011 年 5 月 19 日（第一批）	3	广西钦州茅尾海国家级海洋公园	广西壮族自治区
	4	厦门国家级海洋公园	福建省
	5	江苏连云港海洲湾国家级海洋公园	江苏省
	6	刘公岛国家级海洋公园	山东省
	7	日照国家级海洋公园	山东省
2012 年（第二批）	8	山东大乳山国家级海洋公园	山东省
	9	山东长岛国家级海洋公园	山东省
	10	江苏小洋口国家级海洋公园	江苏省
	11	浙江洞头国家级海洋公园	浙江省
	12	福建福瑶列岛国家级海洋公园	福建省
	13	福建长乐国家级海洋公园	福建省
	14	福建湄洲岛国家级海洋公园	福建省
	15	福建城洲岛国家级海洋公园	福建省
	16	广东雷州乌石国家级海洋公园	广东省
	17	广西涠洲岛珊瑚礁国家级海洋公园	广西壮族自治区
	18	江苏海门蛎岈山国家级海洋公园	江苏省
	19	浙江渔山列岛国家级海洋公园	浙江省
2014 年（第三批）	20	山东烟台山国家级海洋公园	山东省
	21	山东蓬莱国家级海洋公园	山东省
	22	山东招远砂质黄金海岸国家级海洋公园	山东省
	23	山东青岛西海岸国家级海洋公园	山东省
	24	山东威海海西头国家级海洋公园	山东省
	25	辽宁盘锦鸳鸯沟国家级海洋公园	辽宁省
	26	辽宁绥中碣石国家级海洋公园	辽宁省
	27	辽宁觉华岛国家级海洋公园	辽宁省
	28	辽宁大连长山群岛国家级海洋公园	辽宁省
	29	辽宁大连金石滩国家级海洋公园	辽宁省
	30	广东南澳青澳湾国家级海洋公园	广东省

获批时间	序号	名称	所属省份
2014 年 12 月 1 日 （第四批）	31	辽宁团山国家级海洋公园	辽宁省
	32	福建崇武国家级海洋公园	福建省
	33	浙江嵊泗国家级海洋公园	浙江省
2016 年 8 月 （第五批）	34	辽宁大连仙浴湾国家级海洋公园	辽宁省
	35	大连星海湾国家级海洋公园	辽宁省
	36	山东烟台莱山国家级海洋公园	山东省
	37	青岛胶州湾国家级海洋公园	山东省
	38	福建平潭综合实验区海坛湾国家级海洋公园	福建省
	39	广东阳西月亮湾国家级海洋公园	广东省
	40	红海湾遮浪半岛国家级海洋公园	广东省
	41	海南万宁老爷海国家级海洋公园	海南省
	42	昌江棋子湾国家级海洋公园	海南省

6. 海洋旅游区划研究

海洋旅游区划的提出是为了缓解不同利益相关者追求海洋旅游经济效益而造成的空间冲突，旨在海洋旅游开发、决策与管理的有效性和科学性，推动海洋旅游持续发展。2010 年 12 月《全国主体功能区规划》和 2012 年 3 月《全国海洋功能区划（2011－2020 年）》获批实施以来，海洋旅游区划尤其是海洋旅游功能区划问题逐渐引起国内学者的广泛关注。

魏敏（2010）针对中国六大滨海旅游度假区即环渤海湾海滨旅游带、长三角海滨旅游带、海峡西岸海滨旅游带、珠三角海滨旅游带、海南海滨旅游带和环北部湾西岸旅游带开发建设过程中存在的问题，提出要珍视这一优质异质资源，切实保护好这一优质异质资源，提高保护等级，出台《旅游度假区条例》，设立规划旅游度假示范区域；刘佳（2010）认为海洋旅游功能分区是以海洋旅游可持续发展为总体目标，以海洋资源环境容量和生态承载能力等为依托，将一定地域划分成不同的海洋旅游功能区，明确区域范围、发展目标、发展模式与方向等的总体部署和安排，根据此，结合主要海洋旅游区的地域功能，将中国海洋旅游功能分区划分为"一带、三圈、多极"的总体空间格局，其中"一带"是中国沿海旅游城市带，"三圈"是环渤海、长三角和泛珠三角滨海旅游圈，"多极"是不同等级的旅游增长极；张广海等（2013）指出海洋功能区划旨在加强海洋管理的科学化与制度化，做好海洋环境保护工作和用海保障，也为海洋旅游功能分区提供了实践和研究基础，基于此，从理论基础、区划方法、区划过程和实证研究多个方面系统构建中国海洋旅游功能区划框架体系，着眼于沿海地区海洋旅游资源的开发、产业结构调整等现实问题，通过定性与定量相结合、理论与实践相结合，建立了海洋旅游功能分类系统和分区分级系统相结合的分区方案，具有很强的前瞻性、系统性和可操作性；宁志中（2020）在《提升海洋旅游产业地位　推进海洋旅游更快发展》中指出全球海洋旅游形成了 4 个板块，即：加勒比海地区、欧洲和地中海地区、亚洲地区和大洋洲地区。

7. 海洋旅游安全研究

海洋旅游安全事件包括人为事件和自然事件，人为事件包括溺水、突发疾病、海上交通事故、犯罪事件等，自然事件包括海洋自然灾害以及海洋凶猛动物的侵袭等。近年来，随着海洋旅游危机事件如地震、海啸、海盗等的频发，海洋旅游安全问题引起广泛关注，学者们围绕海洋旅游安全理论、海洋旅游安全问题、海洋旅游安全风险、海洋旅游安全机制等开展了系列研究。柴寿升等（2011）认为海洋旅游危机事件具有不可预见性、突发性、时空规律性和救援难度大等的特点，针对于此，从预警、准备、应对和恢复 4 个环节构建旅游危机事件管理体系，其中，预警机制包括构建完善的海洋旅游危机预警系统、增加监测点密度、警示和教育游客等，准备机制设计政府、企业、公众及目的地居民，应对机制包括制定危机事件处理计划、查明危机事件的发生原因、启动相应救灾策略，恢复策略包括重新激活旅游市场、树立旅游新形象等；沈功斌等（2011）在分析当前海洋旅游安全隐患的基础上，基于现代信息技术，从预防、监督、监控等多个方面构建一系列应用系统，以此保障海洋旅游者的安全，具体包括构建海洋旅游威胁识别系统，构建海洋旅游备案与监督系统，构建海洋旅游安全预警系统，构建海洋旅游监控系统，构建海洋旅游救援辅助系统等。

8. 海洋旅游的影响因素研究

海洋旅游涉及多个利益主体和多个空间区域，其发展必定受到多方因素的综合影响。其中，张佑印（2016）指出潜在海洋旅游者行为特征分析能够为海洋旅游的科学发展提供支撑，利于更好把握市场动向，通过构建潜在市场规模模型，探讨了潜在旅游市场决策行为及预期偏好对海洋旅游发展的重要影响，研究发现，旅游消费和闲暇时间是制约潜在市场转化为现实市场的内在因素，景区秩序和服务水平是制约高端市场流失的外在因素，未来应通过制定法律法规、改善负面形象感知等途径加强海洋旅游目的地建设；李燕（2019）根据灰色系统理论，将北部湾海洋旅游作为一个完整的系统，运用灰色关联度方法，系统研究北部湾海洋旅游发展的影响因素，研究发现，旅游服务质量、提高服务意识、旅游配套设施和拓展国际市场等是海洋旅游业发展的关键影响因素，未来需要进一步培育高质量旅游中介企业，打造海洋旅游经典品牌，提高旅游基础设施质量，根据游客需求设计旅游产品；李平等（2019）针对以往海洋旅游竞争力的影响因素研究缺少区域和城市两个层面的探讨，以环渤海、长三角、珠三角、闽台两岸和海南省的25个代表性城市为案例，运用分层模型探究海洋旅游竞争力的影响因素，研究发现城市之间自身的差异是导致海洋旅游差异的主要原因，其他是由区域经济和环境差异引起的，从区域层面来看，区内平均GDP、区内经济均衡度和人均消费水平是主要因素，从市域层面来看，近海水质、高等级旅游景区数量、人均游客消费和三产投资额比重是主要因素。

二、资源环境承载力研究综述

（一）国外研究综述

资源环境承载力研究是伴随经济社会的不断发展以及人们对其认知的逐渐深入而生成演化的。从研究历程看，经历了由表及里、由浅入深的过程，并且经历从单要素承载力研究向综合承载力研究的转变。

承载力这一概念源于工程地质领域，是指地基能够承受建筑物负重的最大能力。随着经济社会发展，承载力概念在经济学、生态学、人口学、统计学等各个学科得以广泛应用。1758 年，弗朗索瓦·魁奈（Francois Quesnay）在《经济表》一书中讨论了经济与土地的关系。承载力的首次提出可以追溯到 1798 年英国经济学家马尔萨斯（Malthus）发表的著名的《人口理论》，他指出人口的几何级数增长必将超过生产资料数量，可见生产资料对人口有着一定的承载能力，优先的资源影响着人口增长。自此之后，承载力的理论研究正式开启。1838 年，荷兰生物数学家韦尔侯斯特（Verhulst）通过构建著名的 Logistic 方程定义了承载力，即在一定空间条件下能够承载人口的最大限度，承载力概念正式运用到了统计学领域。

20 世纪初期，伴随着 1902 年"物理观点之世界经济"的提出，资源环境承载力概念初具萌芽，1921 年，人类生态学家帕克（Park）和伯吉斯（Burgess）从人类生态学角度明确提出了承载力的概念，即某一特定环境下，某种个体数量的最高极限，并首先提出了土地资源承载力的概念。此后，霍登（Hawden）、柏尔默（Palmer）等学者从各自学科领域对承载力的概念进行了深入探讨。1949 年，福格特在《生存之路》一书中首次提出"生态失衡"的概念，明确区域承载力概念，用以反映资源环境对于区域经济与人口的容量。1953 年，多姆（Odum）

在《生态学原理》中赋予承载力较为精确的数学形式，与对数增长方程相联系。20 世纪 50 年代中后期，面对全球经济的快速发展以及人口激增、资源短缺、环境污染等问题的愈发明显，资源与承载力研究逐渐深入，相关概念也发生外延。20 世纪 60 年代，单要素承载力研究开始盛行，主要针对人类活动与资源环境问题中关键因子的承载力关系展开。1972 年，受罗马俱乐部委托，梅多斯等在《增长的极限》一书中指出了资源承载力的严峻性，为人类发展敲响了警钟，提出了著名的"世界模型"（DYNAMO 模型），认为人口增长、粮食短缺、环境污染、资源枯竭和资本投资是影响世界经济的五大因素，且五大因素均呈现指数增长，这使得人类重新审视经济发展与资源利用和环境保护的关系，并从征服自然实现经济增长的陶醉中醒悟过来，也就是要求人类在追求经济增长的同时，必须要重视资源环境承载力问题。1973 年，米林顿（Millington）和吉福德（Gifford）运用多目标决策法，探究了土地、水、气候等多种资源对澳大利亚人口和能源的限制，并计算出土地承载力。1974 年，毕晓普（Bishop）在《环境管理中的承载力》中指出，环境承载力是在可接受的生活水平下，区域能够永久承载的人类活动的强烈程度。1977 年，联合国粮农组织联合国际应用系统分析研究所和联合国人口活动基金会，对全球 117 个国家的土地承载力进行研究。1978 年，施耐德（Schneider）发展了环境承载力的概念，指出环境承载力是自然环境在不受到严重退化前提下，对人口的容纳能力。

进入 20 世纪 80 年代，复合生态系统的协调发展成为新共识，这一观点将承载力与可持续发展更为紧密地联系起来。80 年代初期，英国科学家斯莱塞（Slesser）提出 ECCO 模型（即承载力的增加策略模型），该方法基于资源环境承载力新的定义，动态模拟了人口、发展、资源、环境之间的关系，并提出系统动力学模型（system dynamics，SD 模型），以此确定了不同策略下区域发展的最优方案。1986 年，卡顿（Catton）探究了土地承载力和人口的关系，指出土地承载力是区域能够承担的最大负担。20 世纪 80 年代后期，美国生态学家多姆（Odum）提出能值分析法，以能值为基准，用以综合分析系统中的各种生态能。1992 年，加拿大生态经济学家威廉·里斯（William Rees）等提出了生态足迹法（ecological footprint，EF），即通过测量人类需要的生物生产面积，并与其他国家和区域进行比较，进而定量判断生产消费活动是否处于生态系统承载力范围。1993 年，联合国等联合推出环境经济综合测算体系，即 SEEA，该体系的核心指标是绿色 GDP，绿色 GDP 的实质是利用产出指标表达环境承载力。1995 年，诺贝尔经济学奖获得者阿罗（Arrow）发表了《经济增长、承载力与环境》一文，在政界与学界引起极大反响，引发人们对环境承载力的关注。2003 年，荷兰学者恰帕盖恩和胡克斯特拉（Chapagain and Hoekstra）首次提出水足迹的概念（water footprint，WF），用以维持人类产品与服务消费需要的真实水资源量。2012 年，朗宁（Running）在《Science》上发文指出能够为人类使用的生物资源将在数十年之后达到"生态边界"。

综上所述，对于资源环境承载力研究，不同的学者针对研究对象、评价方法和尺度范围有着不同的选择，在研究对象的选择上，更多围绕土地资源、水资源、农业资源、矿产资源和生态等单一要素的承载力研究，在评价方法上，主要包括生态足迹法、虚拟水、水足迹、神经网络法、状态空间法、系统动力学模型和能值法等，在尺度范围上，以全国、市县以及更微观层面为主。目前，随着可持续发展理念的深入贯彻，人们开始重视生物圈内水土、环境等与其之间的相互关系，研究内容从土地和粮食问题开始向水资源、森林资源和能源资源等方面延伸，资源环境承载力的综合研究逐渐引起学界的广泛关注。

（二）国内研究综述

1. 资源环境承载力的内涵与类型研究

从 20 世纪初期承载力的提出，到 21 世纪作为表述限制发展的重要工具，资源环境承载力研究历时百年，成为衡量区域持续健康发展的重要判据。

（1）资源环境承载力的科学内涵。如前所述，国内多位学者对资源环境承载力的科学内涵进行了不同的阐释，如毛汉英（2001）认为资源环境承载力（区域承载力）是一定时期内，在保证资源合理开发与环境良性循环的条件下，区域资源环境所能承载的人口数量与经济社会总量的能力，具有开放性、动态性、系统性和综合性等特征；封志明（2017）认为资源环境承载力是从分类到综合过程中资源承载力和环境承载力的统称，包括单项分类研究和综合集成研究；王静（2020）认为资源环境承载力是特定区域对人类活动与经济社会发展的支撑能力，也就是承载城镇化与工业化的最大能力，是资源环境对人类活动与经济社会发展的最大容量。

（2）土地资源承载力。土地资源作为承担城镇化建设、农业生产等的重要载体和平台，是人类社会宝贵的物质财富，随着快速发展的经济对土地需求的持续增加，以及土地开发强度的日趋加剧，人地矛盾日益突出，如何统筹城镇化建设与农业生产过程中对土地资源的可持续利用成为土地领域关注的焦点和难点问题。在此背景下，国内外学者围绕土地资源承载力问题开展深入、系统地研究，指出土地承载力是在未来一定时期内，在一定的经济社会发展水平和物质生活条件下，区域土地资源能够供养的人口数量和人类活动等。关于土地资源承载力的研究成果不断丰富，研究方法日趋多元，研究区域愈发广泛。

（3）水资源承载力。水资源是人类生存与发展不可替代的自然资源，水资源承载力的研究对于有效应对可能发生的危险和压力具有十分重要的现实意义。国内水资源承载力问题研究的产生与经济社会发展导致水资源供需不足有着直接关系，之后学者们从不同学科与视角出发，围绕水资源承载力的理论基础、指标体系、评判准则、综合评价、优化配置和预警等内容开展了一系列研究，并取得了丰硕成果。

（4）环境承载力（环境容量）。环境承载力研究是可持续发展研究的重要方向，是践行生态文明理念的具体体现。鉴于环境承载力研究涉及经济、社会、环境、资源、生态等多个领域的知识，是一个相对复杂的协调发展问题，因此研究成果呈现百家争鸣，各种新思想和新方法得以不断使用和尝试，目前，环境承载力的评价指标体系构建、多情景模拟分析和长期预警等内容成为国内学者的关注热点。

2. 资源环境承载力的综合评价研究

（1）资源环境承载力评价指标体系构建。评价指标体系的构建是资源环境承载力综合评价的基础。毛汉英等（2001）运用状态空间法构建资源环境承载力评价指标体系，包括承压类指标、压力类指标和区际交流类指标，其中承压类指标反映承载体的状态和发展，压力类指标反映人类对承载体施加的压力，区际交流类指标反映区际间人流、资金流、信息流等的交流；卢亚丽（2019）从生态环境承载力、自然资源承载力和人类社会经济支持力3个维度构建资源环境承载力评价指标体系，其中生态环境承载力包括水环境、大气环境、固体废弃物和生态环境，自然资源承载力包括水资源、土地资源和能源资源，人类社会经济支持力包括社会水平、经济发展和污染治理水平；付云鹏等（2016）从资源承载力和环境承载力两个维度构建资源环境承载力评价指标体系，其中资源承载力包括自然资源承载力和社会资源承载力，环境承载力包括自然环境承载力和社会环境承载力。

（2）资源环境承载力综合评价。在评价指标体系构建基础上，学者们运用主成分分析、矢量分析、层次分析法、K均值聚类分析和生态足迹模型等研究方法，以生态环境相对脆弱的省域、地域、县域和城市群地区等为重点研究区域，开展区域资源环境承载力时间演化和空间演化特征分析。也有学者运用耦合协调度模型、灰色关联分析等方法开展国土开发强度与资源环境承载力、国土空间功能与资源环境承载力、城镇化与资源环境承载力、经济发展可持续与资源环境承载力等的关系研究。

3. 资源环境承载力的演进机制研究

资源环境承载力的演进机制研究主要集中在以下4个方面：

（1）资源环境承载力的本底约束机制研究。资源环境本底既是资源环境承载力提升的基础因素，同时也是资源环境承载力提升的约束机制，其中水资源作为基础性的自然资源和战略性的经济资源，是资源环境承载力的首要约束机制（盖美等，2018；卢亚丽等，2019；王静等，2020）；土地资源是实现规模扩张与空间布局的有力依托，是资源环境承载力的关键约束机制（毛汉英等，2001；徐美等，2020）；能源资源、人均公园绿地面积、自然保护区面积、湿地面积等本底条件也是资源环境承载力的重要约束机制（任建兰等，2013）。

（2）资源环境承载力的发展需求机制研究。发展需求是资源环境承载力超载的最重要原因，人类活动的干扰或大规模的人口集聚使得资源环境系统的稳定性和完整性表现出脆弱性和易变性，导致资源环境结构与功能发生质变或突变（赵宏波等，2015；葛全胜等，2017），具体包括城镇化与工业化进程的推进、农业生产活动的开展以及旅游开发与规划的实施等（封志明等，2017；熊建新等，2021）。

（3）资源环境承载力的政府治理机制研究。政府治理是资源环境承载力提升的重要保障，即通过出台法律法规、合理布局资源与优化结构、推广环境修复技术等一系列举措，加强生态系统修复与环境整治，降低对生态脆弱性的威胁（周侃等，2015），进而有效提高资源开发利用潜力和环境治理能力。

（4）资源环境承载力的多元化机制综合研究。学者们对这一内容的关注度较高，原因在于资源环境承载力的提升本身就是一个相对复杂的系统工程，必然受到多方因素的综合驱动，基于此，运用多元线性回归分析、Tobit模型、混合数据普通最小二乘法和障碍度模型等方法（段学军等，2020；牛方曲等，2020），开展区域资源环境承载力的多元化机制综合研究。总结发现，既有经济社会发展的原因，又有自然环境恶化、禀赋供给水平低的自身原因，同时也有资源环境管理机制与政策滞后的原因（樊杰等，2017；徐勇等，2017；黄贤金等，2019）。

4. 资源环境承载力的预警研究

预警是在系统不正常运行前先发出警告，便于采取预防措施降低损失，资源环境承载力预警是资源承载力研究的新领域，建立资源环境承载力的预警机制，是深入推进生态文明建设与全面实现高质量发展的关键。李昭楠（2021）从资源承载力、环境承载力、社会经济支持力3个方面构建资源环境承载力预警评价体系，运用 Topsis 和 BP 神经网络方法，测算宁夏内陆干旱区资源环境承载力警情变化趋势，研究发现，宁夏资源环境承载力警情趋缓，警度下降，资源承载力是宁夏资源环境承载力的首要障碍因素；徐美等（2020）从资源承载力、环境承载力和生态承载力3个维度构建资源环境承载力预警评价体系，运用灰色关联投影法和径向基函数神经网络测算湖南省资源环境承载力警情状况及演变趋势，研究发现湖南省资源环境承载力警情呈现波动下降，警度降至中警，人均耕地面积是湖南省资源环境承载力警情减缓的主要制约因素；秦海旭等（2020）将资源环境承载力预警分为红色预警、橙色预警、黄色预警、蓝色预警和绿色预警5个等级，并对南京市资源环境承载力预警进行有效识别。

三、海洋旅游与资源环境的关系研究综述

（一）海洋旅游与资源环境的关系研究

总的来看，海洋旅游与资源环境息息相关。一方面，良好的资源环境不仅是海洋旅游赖以生存的物质基础，也是海洋旅游的"蓝色福利"，能够为海洋旅游发展提供优质资源如珊瑚礁、红树林、湿地、海草床等，同时有助于海洋旅游目的地市场竞争力的提升。另一方面，海洋旅游发展为资源环境保护提供充足的资金、技术、人员等要素支持，为资源环境保护提供新的思路，这里需要注意的是，海洋旅游发展过程

中一定要兼顾资源环境的合理维护，努力实现海洋旅游与资源环境的协调发展。

基于上述理论内涵，学者们通过构建海洋旅游与资源环境综合评价指标体系，运用耦合协调度模型、灰色关联度分析等定量方法，对两者关系开展实证分析，如李淑娟等（2016）以 14 个重点滨海旅游城市为研究案例，运用耦合协调度模型探究滨海旅游经济与生态环境的耦合关系，研究发现 14 个沿海城市滨海旅游经济与生态环境的耦合协调度整体上升，但绝对等级较低，从空间上来看，环渤海、长三角、海峡西岸与环北部湾地区滨海旅游经济与生态环境的耦合协调度差异缩小，珠三角地区滨海旅游经济与生态环境的耦合协调度差异扩大；苏子龙等（2018）以广西近岸海域为研究区域，在构建滨海旅游经济系统与近岸海域生态环境承载力评价体系基础上，运用加权求和法分别计算其得分，进而运用耦合协调模型对两者关系进行识别，研究发现广西近岸海域滨海旅游与生态环境相互作用强度较高，有着较强的耦合互动关系；戴靖怡（2020）指出海岛本身具有资源空间约束性、环境特殊性与脆弱性等特点，随着海岛旅游的蓬勃发展，随之而来的生态环境保护与可持续发展等热点问题受到社会各界广泛关注，以山东长岛为代表性案例，运用耦合协调模型对海岛旅游—社会经济—生态环境的耦合协调关系开展定量分析，研究发现生态环境可持续发展对长岛未来发展作用不容忽视，未来在发展海岛旅游的同时，需要进一步促进生态环境的保护和人居环境的改善；李梦程等（2021）指出海岛旅游与生态环境保护协调发展是指海岛旅游发展能够兼顾生态环境保护，实现两者协调可持续，基于此，以中国 12 个海岛县为研究区域，在构建海岛旅游发展水平与生态环境质量评价体系基础上，运用 BP 神经网络模型分别测算其得分，进而引入耦合协调度模型和地理加权回归模型对海岛旅游与生态环境的协调程度及影响因素进行评价，研究发现中国海岛旅游发展与生态环境质量处理勉强协调状态，整体有待提升，旅游吸引力对两者协调程度的影响最为显著，并呈现负向影响。

（二）海洋旅游对资源环境的影响研究

近年来，随着海洋旅游活动的不断推进和海洋旅游产业的迅猛发展，沙滩退化、海水污染、海岸带侵蚀、湿地和红树林减少等各种资源环境问题随之而来。其中，唐少霞等（2014）以海南岛东部六市县为研究区域，运用相关统计分析发现，海南岛滨海旅游开发不断向海湾地区挺进，导致农业用地逐年减少，同时增加了海滩垃圾和海面漂浮垃圾，影响了滨海海域水质；唐峰陵等（2015）指出近年来广西北海市滨海旅游发展速度加快，但同时对生态环境的影响也越来越大，主要表现在遭受"垃圾围滩"的困境，成为"天下第一垃圾滩"，海水浴场的水质严重污染，沙滩面变窄，沙质变差，沙量大量流失，海岸线被严重侵蚀，海草和珊瑚虫大量死亡，珊瑚礁面积不断减少等，针对于此，从调节生态环境容量、树立资源保护意识、健全环境保护法律法规、运用科学技术手段等方面提出相应解决策略；李淑文等（2018）通过对广西北海银滩海水浴场的调查以及沙滩沙质的监测，发现北海银滩海水浴场的水质状况并不理想，优质水质较少，银滩沙子颜色有变深的趋势，逐渐趋于富营养化，需要深度根治。

（三）海洋旅游可持续发展研究

海洋旅游可持续发展强调各种经济社会因素与生态环境之间的协调与联系，强调各要素之间的协调发展，应涵盖经济、社会、资源、环境等多个子系统。学者们针对海洋旅游开发对资源环境产生的一系列负面影响，从多个方面提出推进区域海洋旅游可持续发展的系列举措。

李平（2000）通过分析海洋旅游可持续发展的制约因素（包括观念、意识、管理体制、法制建设、旅游环境、旅游投入、宏观调控、人力资源、科技水平等），提出促进海洋旅游可持续发展战略，即合理开发海洋旅游资源，保护旅游生态环境，加强宏观调控，做好统筹规划，完善相应法律法规，加大投入力度，限制或鼓励旅游经营者行为，促使观念转变等；陈娟（2003）指出海洋旅游资源开发过程中出现的开发力度和深度不够、管理混乱、规划性不强、从业人员素质较低等问题，从5个方面提出实现海洋旅游资源可持续发展的策略，即因地制宜、适当开发，强化以法治海和以法管旅，形成海洋旅游管理综合决策机制，实施科教兴旅，提高国民海洋意识，树立海洋国土观念等；张广海等（2004）探讨可持续发展理念下海洋旅游开发的原则及保障措施，从开发原则来看，包括生态经济原则、社会效益原则、科技兴海原则、市场导向原则、特色原则和海陆一体化原则，从保障措施来看，包括建立健全法律法规，加大扶植力度，构筑高效统一的组织保证体系，加强旅游资源的规划管理，提高从业人员素质等；郭鲁芳（2005）认为浙江省海洋旅游可持续发展目前面临资源开发不合理、生态环境退化、宏观调控乏力、管理体制不健全、人力资源缺乏、科技水平低下、产品开发不力、旅游特色不鲜明等诸多问题，基于此，从海洋资源永续利用、统筹规划、加强协调、培养海洋旅游人才、强化海洋旅游产品特色等多个方面提出相应策略；陈超（2019）从发展速度不均衡和科研教育不协调两个方面分析环渤海经济圈海洋发展现状，在此基础上，从加快海洋经济开放速度、创新海洋产业导向发展、建立相关法律法规体系等方面，提出环渤海经济圈海洋旅游可持续发展的具体建议。

四、相关研究述评

国内外学术界从不同学科和视角出发，围绕海洋旅游、资源环境承载力、海洋旅游与资源环境的关系等问题展开了一系列研究，并取得了丰硕成果，为海洋旅游与资源环境承载力协调发展框架的建立健全奠定坚实基础，在海洋旅游可持续发展过程中发挥了重要的指导作用。总结来看，目前仍然存在两个值得深入探讨的问题：

第一，海洋旅游发展涉及经济、社会、资源、环境等多个方面的内容，其评价指标体系的构建需要全方位的综合集成，但是目前关于海洋旅游评价指标体系的研究成果相对较少，且尚未达成一致，难以真正准确识别并有效解决海洋旅游发展存在的问题。

第二，现有研究关于海洋旅游与资源环境承载力的关系阐释较为笼统，成果相对零散，更多侧重问题分析和对策探讨，没有系统梳理两者协调发展的基本理论和影响因素，同时实证分析很少关注沿海城市之间的比较研究。

综上可见，伴随海洋旅游进入高质量发展阶段，在沿海城市海洋旅游发展开始面临资源环境超载问题的形势下，有必要加强海洋旅游与资源环境承载力协调发展的专题研究。为此，本书以中国 53 个沿海城市为案例区域，在科学构建海洋旅游与资源环境承载力评价体系基础上，运用定性与定量相结合的研究方法，重点围绕沿海城市海洋旅游资源环境协调发展的特征、影响因素和实现路径等展开系统研究。

第三章

中国海洋旅游与资源环境
承载力综合评价

第一节 评价指标体系与数据来源

一、海洋旅游评价指标体系构建

如表 3 - 1 所示，根据已有研究成果，基于科学性、系统性和可操作性等的原则，从海洋旅游发展状态、海洋旅游要素支撑和海洋旅游环境保障 3 个方面，构建海洋旅游发展评价指标体系，其中，海洋旅游发展状态强调海洋旅游发展水平的综合评价，包括海洋旅游资源禀赋评价、海洋旅游运营业绩评价和海洋旅游影响程度评价 3 个方面；海洋旅游要素支撑强调功能要素对海洋旅游发展的支撑作用，包括交通运输支撑、科技支撑、医疗支撑和通信支撑 4 个方面；海洋旅游环境保障强调外部环境对海洋旅游发展的保障作用，包括经济环境保障、社会环境保障和生态环境保障 3 个方面。

表 3 - 1　　　　　　　海洋旅游发展水平评价指标体系

目标层	准则层		指标层	单位
海洋旅游发展评价指标体系	海洋旅游发展状态	海洋旅游资源禀赋	高等级海洋旅游景区数量	个
			海水浴场数量	个
			海洋类文物保护单位数量	个
			五星级饭店数量	个
		海洋旅游运营业绩	海洋旅游收入	亿元
			海洋旅游人数	万人次
		海洋旅游影响程度	高等级海洋旅游景区网络关注度	—
			高等级海洋旅游景区满意度	—
	海洋旅游要素支撑	交通运输支撑	年末人均实有城市道路面积	平方米
		科技支撑	R&D 内部经费支出占 GDP 比重	%
			科学技术支出占地方一般公共预算支出比重	%
			海洋旅游论文数量	个
		医疗支撑	医院床位数	张
			执业（助理）医师数	人
		通信支撑	万人移动电话用户数	户
			人均邮电业务收入	万元
	海洋旅游环境保障	经济环境保障	人均地区生产总值	元
		社会环境保障	城镇人口占总人口比重	%
			人均社会消费品零售额	万元
		生态环境保障	人均绿地面积	平方米
			建成区绿化覆盖率	%
			生活垃圾无害化处理率	%

注：海洋旅游满意度评价结果详见附表 E。

二、资源环境承载力评价指标体系构建

资源环境承载力作为社会经济系统与资源环境系统连接的纽带，是

一定时间和区域范围内，在保证资源合理开发利用和生态环境良性循环的前提下，资源环境系统所能承载人口增长与经济发展的能力，是衡量区域可持续发展和人地关系协调程度的重要标志，包括超载、满载、可载3种类型，具有系统性、客观性、动态性、开放性、可控性和综合性等特征，是衡量区域可持续发展和人地关系协调程度的重要标志。基于资源环境承载力的内涵和已有研究，遵循科学性、完整性和可操作性原则，从自然资源承载力、生态环境承载力和社会经济支撑力3个方面出发，构建资源环境承载力评价指标体系（见表3-2）。

表3-2　　　　　　　　　资源环境承载力评价指标体系

目标层	准则层	指标层	单位
资源环境承载力评价指标体系	自然资源承载力	水资源总量	万立方米
		人均水资源量（水资源总量/人口数）	立方米
		人均行政区域土地面积	亩
		人均耕地面积（耕地面积/人口数）	亩
		森林覆盖率（森林面积/行政区域土地面积）	%
	生态环境承载力	建成区绿化覆盖率	%
		工业二氧化硫排放量	吨
		工业氮氧化物排放量	吨
		工业烟粉尘排放量	吨
		一般工业固体废物综合利用率	%
		生活垃圾无害化处理率	%
	社会经济支撑力	人均地区生产总值	元
		第三产业占地区生产总值比重	%
		城市市政公用设施建设固定资产投资	万元
		人口密度（人口数/行政区域土地面积）	人/平方公里
		城镇人口占总人口比重	%

三、数据标准化处理

运用极值法进行标准化，以消除各指标量纲、量纲单位和正负向等的影响，其中，对于正向指标而言，$x'_{ij} = x_{ij}/x_{max}$，数值越大对海洋旅游发展越有利；对于逆向指标而言，$x'_{ij} = x_{min}/x_{ij}$，数值越大对海洋旅游发展越不利，其中 x_{max}、x_{min} 分别代表第 j 项评价指标的最大值与最小值。

四、资料来源

本文的数据来源情况如下：高等级海洋旅游景区数量源于各省文化和旅游厅以及各地市文化和旅游局的官方网站；海水浴场数量通过高德地图检索整理得到；海洋类文物保护单位数量源于 2019 年 10 月国务院发布的《第八批全国重点文物保护单位名单》；五星级饭店数量源于中国旅游饭店业协会发布的《全国五星级饭店名录》；海洋旅游收入和海洋旅游人次参照董志文的研究成果，即利用旅游总收入和接待国内外游客总人次数据分别乘以海洋旅游指数，这里的海洋旅游指数通过海洋旅游景区类指数和海洋旅游住宿类指数综合测算得出；高等级海洋旅游景区网络关注度通过百度指数查询得到；高等级海洋旅游景区满意度通过爬取携程网站评论得到；海洋旅游发展其他评价指标和资源环境承载力评价指标来自《中国城市统计年鉴（2020 年）》以及 2019 年各沿海城市国民经济与社会发展统计公报，对于缺失数据采用近邻年份进行插补得到。

第二节　中国海洋旅游发展水平综合评价

一、海洋旅游发展状态评价

基于海洋旅游发展评价指标体系，运用乘法集成赋权与综合指数法，在分别评价海洋旅游资源禀赋、海洋旅游运营业绩、海洋旅游影响程度的基础上，综合评价海洋旅游发展状态，结果如图 3-1 所示。

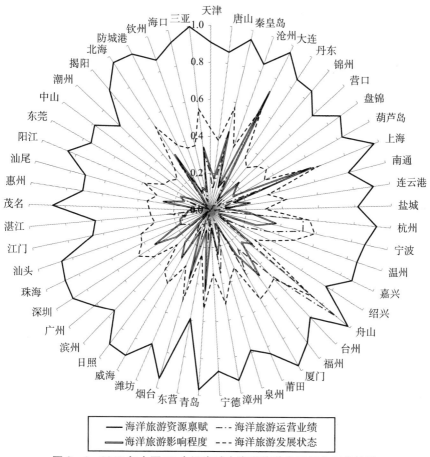

图 3-1　2019 年中国 53 个沿海城市海洋旅游发展状态评价结果

注：2019 年中国 53 个沿海城市海洋旅游测算结果详见附表 G。

（一）海洋旅游资源禀赋评价分析

2019 年，在海洋旅游发展状态 3 个子系统中，海洋旅游资源禀赋平均值为 0.8508，这一得分明显高于海洋旅游运营业绩和海洋旅游影响程度得分。由此可以看出，一方面，说明在中国 18 000 多公里的大陆海岸线和 14 000 多公里的海岛海岸线上，海洋旅游资源类型丰富多样，区域分布较为广泛，这其中既包括海洋地文景观、海洋水域风光、海洋气候气象、海洋动植物景观等的海洋自然旅游资源，也包括海洋遗址遗迹、海洋文学艺术、海洋民风民俗、海洋人文活动等的海洋人文旅游资源；另一方面，说明中国海洋旅游产业目前仍然属于传统的资源依赖型旅游产业，至今未能完全摆脱资源的束缚，制度创新与技术创新基础上的创新驱动应当成为克服资源依赖发展模式的必然选择。

在中国 53 个沿海地级城市中，海洋旅游资源禀赋标准差为 0.0922，说明各沿海城市海洋旅游资源禀赋空间分异特征不明显，这与中国海洋旅游资源类型多样、空间分布较为均衡的研究结论基本一致。然而，由于各地自然条件、位置交通条件、经济条件和社会条件等的不同，导致海洋旅游资源禀赋也会存在一定程度的差异。

三亚市海洋旅游资源禀赋排在 53 个沿海城市的首位，得分 1.0000。在长约 200 公里的海岸线上，三亚市密布着诸多闻名中外的海洋旅游景点，是海南省旅游资源数量最多且分布最密集的城市，其不仅具备现代海洋旅游发展的五大要素，即阳光、沙滩、海水、绿色植被和洁净的空气，而且还拥有一系列各具特色海洋的旅游资源。2019 年，三亚市全年旅游总收入 581.35 亿元，与上年同期相比增长 14.34%，接待过夜游客 2 294.26 万人次，与上年同期相比增长 9.27%。同时，三亚市"吃住行游购娱"配置较为均衡且水平较高。

"吃在三亚"：疍家咸鱼煲、藤桥排骨、南山素斋、雅亮老鼠猪等是三亚十大名菜，陵水酸粉、苗家三色饭、椰子鸡、椰子饭等是三亚特色小吃。

"住在三亚"：既包括亚特兰蒂斯、海棠湾 JW 万豪度假酒店、香格里拉度假酒店等精选酒店，也包括城外有星光、宿约 107 美宿、时光仓艺术怀旧客栈等青旅民宿，还包括大热荒野营地、呀偌达热带雨林露营、六罗峡谷等户外露营。

"游在三亚"：具有得天独厚的热带滨海旅游资源，南山文化旅游区、大小洞天旅游区、天涯海角游览区、娱支洲岛旅游区（中国第一潜水基地）、鹿回头风景区、三亚西岛海洋文化旅游区、三亚亚龙湾热带天堂森林公园、崖州古城、水稻国家公园、红色娘子军演艺主题公园、千古情旅游区和海昌梦幻不夜城等是三亚必打卡景点，红塘湾、海棠湾、崖州湾、三亚湾、亚龙湾和大东海是三亚六大海湾。

"购在三亚"：在海南自由贸易港建设背景下，中免集团三亚国际免税店、海旅免税城、中服三亚国际免税购物公园、凤凰机场免税店等成为知名购物点。

舟山市海洋旅游资源禀赋排在 53 个沿海城市的第二位，得分 0.9852。舟山作为中国唯一一个以群岛著称的海上城市，冬暖夏凉，光照充足，温和湿润，既有秀丽独特的海岛自然旅游资源，又有丰富多彩的海岛人文旅游资源。就海岛自然旅游资源来说，嵊泗列岛风景名胜区具有"礁美、滩佳、石奇、崖险"的特色，鹿栏晴沙景区属于"蓬莱十景"之一，是江浙沿海最长的一条沙滩，是天然的大型海滨浴场及海滩活动中心，石壁残照景区有雄伟挺拔的石峰，形如刀削的石壁、海水、沙滩、礁石、海鲜、渔火是岱山岛的旅游特色，桃花峪景区是舟山自然生态环境最优美的区块，奇岩壁立，惟妙惟肖，六横列岛景区作为舟山第三大岛，被称为"宁波海上后花园"，等等；就海岛人文旅游资源来说，普陀山风景名胜区与五台山、峨眉山、九华山并称中国四大佛教名山，被誉为"第一人间清净地"，观音文化享誉海内外，每年海内外香客摩肩接踵，蜂拥而至，定海古城是一座历史悠久、古迹众多的千年古城，也是中国唯一的海岛文化名城，舟山桃花岛风景旅游区因"东邪"黄药师而出名，以沈家门为代表的发达渔业和港埠为打造"渔都港城"独特旅游品牌奠定了重要基础，马岙博物馆是浙江省第一家乡镇级博物馆，海洋文化气息浓厚，极具教育性、知识性和观赏性价值。此外，普陀山南海观音文化节、舟山国际沙雕艺术节、舟山海鲜美食文化节等一系列海洋节庆活动成为舟山市极具特色的海洋人文旅游资源，其中普陀山南海观音文化节是以普陀山深厚的观音文化底蕴为依托，以"弘扬观音精神，传播观音文化"为理念，致力于打造普陀山文化名山的盛会佳节，自 1999 年以来的舟山国际沙雕艺术节既是全球历时最久的沙雕节，也是规模最大的沙雕节之一，开创了舟山人利用海洋资源创造旅游产品的先河。

上海市、厦门市、青岛市、大连市、北海市等沿海城市的海洋旅游资源禀赋紧随其后，得分分别为 0.9732、0.9690、0.9686、0.9608、0.9601。其中：上海市依托东海之滨的地理位置和悠久的人类海洋活动，其旅游资源赋予了浓郁的海洋特色，同时形成了特色鲜明的海洋文化旅游体系，其远洋捕捞、海塘打造、妈祖信仰等均是海洋生产方式和海洋生态环境下的产物，是海洋文化的重要表现。

厦门市海洋旅游资源优势得天独厚，鼓浪屿作为国家级重点风景名胜区，山海相拥，素有"海上花园""音乐之乡""钢琴之岛"等称号，日光岩、万石岩、仙岳山等是滨海山岳景观，马銮湾红树林带、五缘湾和杏林湾湿地等是不可多得的海洋生态景观资源，胡里山炮台、日光岩郑成功兵寨和等是其宝贵的海洋历史文化景观。

青岛市空气湿润，雨量充沛，温度适中，栈桥作为青岛海滨风景区的景点之一，是 1982 年首批国家级风景名胜区和全国首批 4A 级旅游景区，五四广场因中国近代历史上伟大的五四运动而知名，奥帆中心景区是全国唯一的"国家滨海旅游休闲示范区"。

大连市气候宜人，景色绮丽，是知名的海滨旅游和避暑胜地，东南部棒棰岛至黑石礁一线，有着约 24 公里长的海蚀地貌，具有相对独特的岩性特征和地质构造，金州区的金石滩沙软滩平，风姿独特，奇礁林立，还有少见的地质遗迹，是世界少有的集娱乐、休憩、教育、体育等于一体的滨海旅游胜地。

坐落于北部湾畔的北海市是中国首批优秀旅游城市和国家历史文化名城，拥有得天独厚的自然资源优势和良好的生态环境，"中国最美海岛"涠洲岛和"天下第一滩"银滩分布其中，北海重视打造海岛民宿品牌，强调高品质开发滨海度假旅游，深度开发海洋研学旅游，挖掘北海古城与南珠文化资源，致力塑造"丝路古港"的城市品牌，发展休闲渔业，通过组建旅游城市联盟，打造国际邮轮旅游目的地。

东营市海洋旅游资源禀赋最低，得分仅为 0.5931。相对而言，东营市作为黄河三角洲的中心城市，海岸线长度为 412.67 公里，以海洋渔业资源的分布为主，其海洋旅游资源以黄河入海湿地生态景观为主，区域特色相对突出，但整体较为单一。近年来，随着东营市海洋旅游资源的大力开发和利用，海洋生态环境面临巨大压力，立足海洋保护、强化日常监督、建立长效保护机制和管控机制等成为发展方向。

（二）海洋旅游运营业绩评价分析

2019 年，在海洋旅游发展状态三个子系统中，海洋旅游运营业绩得分最低，平均值为 0.1737，这与全国海洋旅游项目偏少、海洋旅游层次不高、海洋旅游管理无序、海洋旅游的地域性和独特性不突出等有着密切关系，部分地区的海洋旅游开发尚停留在粗放型与低水平的无序开发阶段。从区域来看，长三角地区的海洋旅游运营业绩整体较高，较为发达的经济基础、便捷畅通的交通运输以及健全完善的设施条件等对其推动作用显著。在中国 53 个沿海地级城市中，海洋旅游运营业绩差异最大，标准差为 0.1668，一定程度上受到经济发展水平、对外开放水平、旅游资源禀赋、要素投入程度等多元因素的综合影响。其中：

舟山市海洋旅游运营业绩排在 53 个沿海城市的首位，得分 0.9053。舟山市地处浙江省东北部，东临东海，西靠杭州湾，四面环海，依托独具特色的海洋旅游资源，在坚持生态优先、文旅共融、旅游富民原则、依法治理的前提下，舟山市初步建成了群岛型国际海岛休闲度假目的地、海洋风情浓郁的国家级旅游休闲城市和激情洋溢的中国海岛赛事之城。根据《2019年舟山市国民经济和社会发展统计公报》显示，2019年舟山市实现旅游总收入1 054.6亿元，旅游接待人数7 051.8万人次，分别同比增长11.9%和11.6%，从主要景区来看，普陀山风景名胜区、普陀区朱家尖旅游景区和嵊泗县接待游客依次为979.6万人次、1 096.7万人次、765.3万人次，分别增长7.1%、19.0%和11.2%。

宁波市海洋旅游运营业绩排名第二，得分0.5261。究其原因，宁波市海洋旅游产业发展具有独特优势，主要体现在海岛旅游资源类型齐全，空间分布呈现大簇拥、小集中的格局，而且开发条件好，同时海洋文化积淀浓厚，同时在政府引导下，通过加大资金投入、建设以海洋休闲为特色的"海趣"项目、举办城市推介活动等，推动海洋旅游持续快速发展，每年前来的游客络绎不绝。

滨州市海洋旅游运营业绩最低，得分仅为0.0043。滨州市地处渤海湾南岸，海岸线东西蜿蜒238.9公里，海岸类型属于典型的泥沙质海岸，滩涂面积广阔，海洋旅游资源数量较少，另外，滨州市经济发展水平不高，人口规模较小，旅游基础设施较为缺乏，这些因素在一定程度上也限制了滨州市海洋旅游的高质量运营。

（三）海洋旅游影响程度评价分析

2019年，在海洋旅游发展状态3个子系统中，海洋旅游影响程度同样较低，平均值0.2090，说明中国海洋旅游的整体包装不够，宣传推广形式单一，缺乏较为成熟的知名品牌，对外形象不够鲜明和突出，导致客源市场相对狭窄，影响力和知名度有待提升。在中国53个沿海地级城市中，海洋旅游影响程度差异较大，标准差0.1436，其中：

大连市海洋旅游影响程度排在53个沿海城市的首位，得分0.7179。大连市具有得天独厚的区位优势和自然资源，是全国拥有海岸线最长（2 211公里）的城市，海域面积约3万平方公里，是陆域面积的2.4倍。作为东北滨海旅游城市，大连市是一座有着深厚海洋文化情节的城市，独特的海洋旅游资源和浓厚的海洋历史文化底蕴使其在国内外享有极高的知名度。如位于大连市东北部的金石滩国家级海洋公园，海岸线全长30公里，三面环山，一面环海，气候宜人，素有"东北小江南"之称。另外，大连市积极推进邮轮和"海上游大连"相关产业创新发展，打造品质更高、体验性更佳的邮轮旅游和"海上游大连"滨海旅游产品。2022年1月20日，国务院印发的《"十四五"旅游业发展规划》中连续两次点名大连市海洋旅游，提出要推进大连等地邮轮旅游发展，支持大连等滨海城市创新游艇业发展，建设一批适合大众消费的游艇示范项目，彰显了对大连海洋旅游业发展的高度重视。

上海市海洋旅游影响程度排名第二，得分0.5994。党的十九大以来，上海市准确把握全域旅游的新时代内涵，将其打造成具有全球影响力的世界知名旅游城市。2018年11月16日，备受瞩目的世界级旗舰式海洋公园和中国20年海洋主题公园巅峰之作——上海海昌海洋公园开园，围绕海洋文化特色，打造了人鱼海湾、极地小镇、冰雪王国、海底奇域、海洋部落等五大主题区，建成了极具特色的海洋主题度假酒店，这标志着第五代大型海洋公园正式出现。同时，上海也集聚了一批龙头旅游企业，既有以携程为代表的大型在线旅游企业，也有锦江这样的传统转型企业，另外，一大批具有全球影响力的旅游品牌和创新企业纷纷落户上海。

福州市海洋旅游影响程度紧随其后，得分0.4526。福州是一座因海而兴、伴海而生、拓海而荣的港口城市，是古海上丝绸之路的重要发祥地和重要门户。自20世纪90年代初提出"海上福州"战略以来，福州成为对接国家建设海洋强国、拓展蓝色经济空间的领军城市。在此背景下，福州依托丰富的海洋民俗信仰、历史文物古迹、生态文化景观等，形成了一系列内涵丰富、层次完整的海洋文化旅游资源，为福州市海洋文化旅游开发奠定了深厚的基础。除此之外，福州市通过接连举办与"海丝"、海洋有关的国际盛会，使其国际影响力不断提升，已经与全球17个城市缔结了友好城市关系，与多个海上丝绸之路沿线国家和地区达成了实质性合作。

滨州市海洋旅游影响程度最低，得分仅为 0.0208，这与其较低的海洋旅游资源禀赋和海洋旅游运营业绩密切关联。从整体来看，由于地理位置、经济实力等的制约，滨州市海洋旅游资源开发模式较为简单，开发层次相对较低，且并没有得到有效开发，同时与周边地区滨海城市如青岛市、烟台市、东营市等相比，缺乏产品特色和资源规模，导致其影响力和知名度较低。

（四）海洋旅游发展状态综合评价分析

2019 年，在海洋旅游发展水平 3 个子系统中，海洋旅游发展状态得分仅次于海洋旅游环境保障得分，平均值 0.4112，可见中国海洋旅游发展状态整体呈现较好态势。但是，在中国 53 个沿海城市中，仅有 21 个城市的海洋旅游发展状态超过该平均值，占全部沿海城市数量比重的 39.62%，说明多数沿海城市的海洋旅游发展思路亟须调整，海洋旅游发展模式亟待转型和优化。

从中国 53 个沿海城市来看，海洋旅游发展状态差异整体较小，标准差为 0.1108，其中：舟山市海洋旅游发展状态最好，得分 0.7307。无论是海洋旅游资源禀赋还是海洋旅游运营业绩，均排在 53 个沿海城市的前列，进一步说明舟山市依托丰富的海洋旅游资源和深厚的海洋历史文化，处于中国海洋旅游发展的最前沿；上海市和大连市海洋旅游发展状态次之，得分分别为 0.6441 和 0.6254；东营市海洋旅游发展状态最差，得分仅为 0.2424，海洋旅游资源禀赋对其产生的制约作用最为明显。

从中国三大海洋经济圈[①]来看，如图 3 - 2、图 3 - 3、图 3 - 4 所示，

---

① 根据《全国海洋经济发展"十三五"规划》，中国沿海地区包括北部海洋经济圈、东部海洋经济圈和南部海洋经济圈三个区域，其中北部海洋经济圈主要包括辽宁省、河北省、天津市和山东省 4 个省份，共计 17 个沿海城市；东部海洋经济圈主要包括江苏省、上海市和浙江省 3 个省份，共计 11 个沿海城市；南部海洋经济圈主要包括福建省、广东省、广西壮族自治区和海南省 4 个省份，共计 25 个沿海城市。

海洋旅游发展状态总体呈现东部海洋经济圈 > 北部海洋经济圈 > 南部海洋经济圈，平均值分别为 0.4781、0.4032 和 0.3871，其中东部海洋经济圈海洋旅游发展状态最好，南部海洋经济圈海洋旅游发展状态较为一般。从空间分异来看，东部海洋经济圈海洋旅游发展状态的空间分异

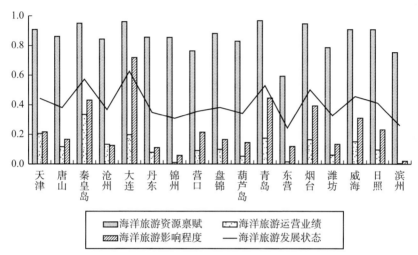

图 3 - 2　2019 年北部海洋经济圈海洋旅游发展状态评价结果

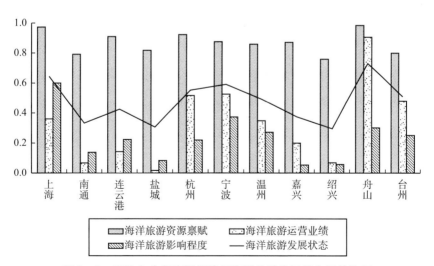

图 3 - 3　2019 年东部海洋经济圈海洋旅游发展状态评价结果

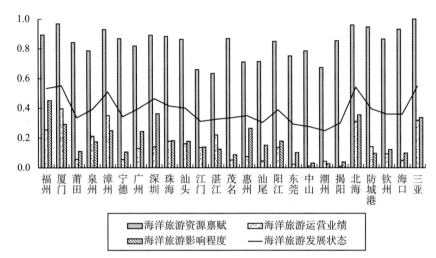

图 3 - 4　2019 年南部海洋经济圈海洋旅游发展状态评价结果

特征相对明显，标准差 0.1377，以舟山市海洋旅游发展状态最好，得分 0.7307，绍兴市海洋旅游发展状态最差，得分 0.2956，两者相差 2.47 倍，南部海洋经济圈海洋旅游发展状态的空间分异较小，标准差仅为 0.0886。

二、海洋旅游要素支撑评价

基于海洋旅游发展评价指标体系，运用乘法集成赋权与综合指数法，在分别评价交通运输支撑能力、科技支撑能力、医疗支撑能力与通信支撑能力的基础上，综合评价海洋旅游要素支撑能力，结果如图 3 -5 所示。

（一）交通运输支撑评价分析

2019 年，在海洋旅游要素支撑子系统中，交通运输支撑得分仅次于医疗支撑得分，取值 0.1987，说明中国沿海城市海洋旅游发展具备

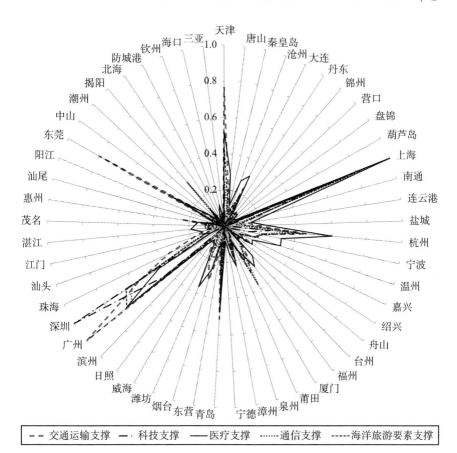

图 3 – 5　2019 年中国沿海城市海洋旅游要素支撑评价结果

良好的交通运输条件，旅游交通网络相对完善，旅游通达性和可进入性较强。根据《2019 年中国海洋经济统计公报》可知，中国海洋交通运输业平稳运行，沿海港口生产和海洋货运量均保持稳步增长态势，就公路交通运输条件来看，中国沿海公路基本形成平行为主、间或重叠交叉的三层次通道体系，即海滨大道、快速公路和高速公路。其中，沈海高速公路（辽宁沈阳—海南海口）是国内唯一一条贯通沿海地区的高速公路，途径营口、大连、烟台、青岛、深圳、广州、湛江等多个沿海城市，全长 3 710 公里，为沿海地区海洋旅游高质量发展赋能增效。有着"国家一号风景道"之称的海南环岛旅游公路主线全长 988.2 公里，贯穿 12 个沿海市县和洋浦经济开发区, 有机串联 9 类 84 段景观区域和多个滨海岬角、灯塔、特色海湾、滨海泻湖、红树林、旅游度假区和滨海名声古迹等, 成为环海南岛的"珍珠项链"。海南环岛旅游公路作为体现海南自然文化特色和地理地域特征的风景旅游通道, 以旅游功能为主、交通运输功能为辅, 约有 1/5 的线路可以观海, 是国家生态风景走廊道之一。

中国 53 个沿海城市交通运输支撑的空间分异最为明显, 标准差 0.2095。其中: 广州市海洋旅游发展的交通运输支撑能力最强, 得分 1.0000。广州市地处珠江三角洲地区, 濒临南海, 有着中国"南大门"之称, 拥有广州站、广州东站、广州北站、广州南站、广州西站等 7 个车站, 既是广深港高速铁路、广深铁路、贵广高速铁路、广茂铁路、广东西部沿海高速铁路、广梅汕铁路、南广高速铁路、广珠铁路、广珠城轨、广深城轨、武广客运专线等多条高速铁路的交汇点和华南民用航空的交通中心 (白云国际机场航线遍布世界各地), 也是珠江流域的进出口岸和中国远洋航运的优良海港, 更是华南地区最大的综合性主枢纽港, 其交通运输在经济区位中彰显了国际化优势。

葫芦岛市海洋旅游发展的交通运输支撑能力最弱, 得分仅为 0.0157。近年来, 葫芦岛市的交通建设实现了历史性飞跃和跨越式发展, 整体服务水平有了显著提高, 港口建设初具规模, 能够基本满足葫芦岛经济社会发展以及人民群众生产与生活的基本需要, 但是, 随着私家车数量的快速增长以及老城区与新城区之间道路交通建设的日渐趋缓, 加上山区面积大、经济发展动力不足等的制约, 导致葫芦岛市现有交通道路负荷不断增加, 交通拥堵和行车环境逐渐恶化, 综合交通承载能力较为不足, 严重影响了海洋旅游活动的正常推进。

(二) 科技支撑评价分析

2019 年, 在海洋旅游要素支撑子系统中, 科技支撑得分最低, 取值 0.0716, 说明中国沿海城市海洋旅游发展的科技支撑能力明显不足,海洋旅游产业的数字化程度与智慧化水平普遍不高，一定程度上使得多数海洋娱乐项目过于老旧，海洋旅游产品特色不够鲜明，海洋旅游产品的多层次结构尚未形成，仍旧停留在普及型产品组合的初级阶段，较高层次的海洋科技型旅游产品开发甚少。针对此，未来要继续坚持创新发展理念，加快海洋科技创新体系建设，进一步提高海洋科技协同创新能力，推进海洋科技体制创新和人才队伍建设，积极引入文创、虚拟现实与增强现实、激光全息成像等的技术手段，打造成好看、好吃、好玩、好舒服的"四好"型海洋旅游目的地。

从中国 53 个沿海城市来看，深圳市海洋旅游发展的科技支撑能力最强，得分 1.0000。深圳作为中国改革开放的窗口和经济腾飞的排头兵，有着"互联网之城"的荣誉称号，坚持以创新发展为根本动力，通过超前的思想解放和大胆的创新创造赢得全国瞩目。同时，深圳市也是吸引科技企业的"强磁场"，依托腾讯、华为、中信和大疆等一批行业领军企业，将学术科技不断转化为产业科技，铸造了雄厚的科技产业根基。基于此，深圳市成为全国自主创新示范区和国家知识产权强市创建市，其发明专利密度在全国起着良好的引领与示范效果，2019 年深圳市的专利申请量在全国大中城市排名第一。随着数字经济的快速发展，为进一步发挥科技兴城的城市优势，深圳市正紧抓大数据、云计算和人工智能等新模式、新产业和新业态的发展机遇，旨在建成全国领先、世界一流的数字经济产业创新发展的引领城市。在这一过程中，创新示范成为深圳市海洋旅游发展的特色之一，已经深深融入深圳市海洋旅游的发展基因中。从顶层设计到政策体系再到产业空间布局，提供了更多精细化与差异化的海洋旅游产品以及更加舒心的海洋旅游服务，无不充分体现着海洋旅游供给的科技水平。

丹东市海洋旅游发展的科技支撑能力最弱，得分仅为 0.0001。高科技产业占比、高科技产业贡献率偏低、产品科技含量不高、科技对产业发展的支撑不够等是丹东市经济社会发展的重要掣肘，这与其科技投入总量不足、科技资源共享平台缺失等有着密切关联。丹东市作为中国海岸线的北岸起点，未来应在《丹东市"十四五"科技创新发展规划》《丹东市促进科技创新发展若干政策》《丹东市科技创新驱动发展实施方案》一系列政策文件等的支撑下，以科技创新为引领，重点实施海洋旅游发展的创新驱动战略，营造良好的创新生态，大力发展智慧海洋旅游，积极推动海洋旅游的个性化与高技术发展。

（三）医疗支撑评价分析

2019 年，在海洋旅游要素支撑子系统中，医疗支撑得分最高，取值 0.2070。究其原因来看，中国沿海城市医疗资源整体较为丰富，医院和床位总量充足，人均医护人员相对充裕，医药行业上市企业数量多，卫生健康支出规模大，同时优质医疗资源高度集中，这些为海洋旅游活动的安全开展提供重要支撑，为游客健康旅行保驾护航。在此基础上，中国沿海城市依托丰富的医疗资源、精湛的医疗技术、便捷的交通运输和较高的经济发展水平，具备开展医疗旅游的潜力，通过打造中医医疗旅游品牌和优质医疗团队、加强与世界优秀医疗机构合作、加大医疗旅游产品开发和推广等方式，一定程度上带动了全国医疗旅游的发展。

从中国 53 个沿海城市来看，上海市海洋旅游发展的医疗支撑能力最强，得分 1.0000。众所周知，上海市医疗资源十分发达，是仅次于北京的全国第二大医疗强市，辐射范围十分广泛，是全国诊疗人次最多的城市，尤其是顶尖医疗资源在全国数一数二，绝大多数科室均有排名靠前的医院。据《上海统计年鉴》和《上海市卫生健康事业发展统计公报》可知，截至 2019 年底，上海市共有 5 610 所医疗卫生机构和 21.33 万卫生技术人员。"十三五"以来，上海市在坚持高标准配套、坚持科学规划配置、坚持健康需求导向等原则的基础上，医疗服务体系建设取得显著成效，重大医疗机构项目不断投入使用，医疗机构布局得以优化，医疗资源布局愈发完善，医学人才逐步涌现，城乡医疗资源差距进一步缩小，居民健康指标保持发达国家和地区水平。根据 2019 年复旦全国百强医院排行榜看出，上海有 18 家医院（如上海交通大学医学院附属瑞金医院、复旦大学附属中山医院、复旦大学附属华山医院等）入围了这一名单。

防城港市海洋旅游发展的医疗支撑能力最弱，得分 0.0243，未来应当重点从服务能力、服务体系、人才支撑体系和应急处理能力等方面加快补齐医疗卫生短板，加快推进医疗研发与创新，精心发展医疗康养服务业，提高医疗健康服务能力，让民众共享更加便利、优质的医疗资源。

（四）通信支撑评价分析

2019 年，在海洋旅游要素支撑子系统中，通信支撑得分相对较低，取值 0.1451，低于海洋旅游要素支撑 4 个子系统的平均值。从国家层面看，近年来中国通信业发生了翻来覆去的变化，建成了全球规模最大的信息通信网络，通信网速慢、资费贵、覆盖少等的难题基本解决，新型基础设施建设与世界同步，信息通信业诞生了世界级企业，催生了共享经济、电子商务等新业态，开放合作也达到了新的水平，人均享有信息基础设施远远高于世界平均水平。但是，海底世界、水族馆、海洋公园、旅游型海岛等部分海洋旅游资源，由于受到温度低、湿度大、距离陆地较远等环境的影响，电磁波的传播受到干扰，进而导致通信信号较差，因此需要对海洋旅游目的地或海洋旅游景区进行通信网络升级，使之能够更好地为海洋旅游发展提供支撑。

从中国 53 个沿海城市来看，上海市海洋旅游发展的通信支撑能力最强，得分 1.0000。经过改革开放 40 余年的努力，上海市通信发展成果显著，通过运用先进技术与先进设备，鼓励自力更生等方式，使得宽带接入能力和信息通信基础设施建设能力保持全国领先。根据《上海市信息通信业"十四五"发展规划》可知，上海市建有共建共享的 5G 基站 31 190 个，家庭固定宽带普及率超过了新加坡、中国香港和中国台湾的普及率，实现了中心城区与郊区重点区域的全覆盖。

防城港市海洋旅游发展的通信支撑能力最弱，得分 0.0153。整体来看，防城港市第三产业发展尤其是现代服务业发展相对缓慢，仍以交通运输、仓储、批发、零售等的传统服务业为主，现代服务业发展较慢，针对通信水平而言，应加大投资力度，加强通信基础设施建设，尤其要提升与东盟方向的国际通信能力和品质，带动互联网产业、信息服务也等外包服务行业发展，以此为通信服务和通信保障奠定基础。

（五）海洋旅游要素支撑综合评价分析

2019 年，在海洋旅游发展水平三个子系统中，海洋旅游要素支撑能力得分最低，平均值 0.1556，说明中国沿海城市海洋旅游发展的要素支撑能力较差，要素供给严重不足，导致出现供求失衡的被动局面，这与海洋旅游消费潜力巨大形成明显反差。随着海洋旅游成为国家发展海洋经济、建设海洋强国的重要引擎，完善多元旅游要素配套，提升海洋旅游接待能力与接待水平应当成为提升中国沿海城市海洋旅游发展的重中之重。

从中国 53 个沿海城市来看，海洋旅游要素支撑能力空间分异特征十分显著，其中上海市海洋旅游发展的要素支撑能力最强，得分0.8300，交通运输、科技、医疗和通信对其海洋旅游发展的支撑作用明显，防城港市海洋旅游发展的要素支撑能力最弱，得分 0.0216，交通运输、科技、医疗和通信对其海洋旅游发展产生明显制约，两者相差 38.43 倍。

从中国三大海洋经济圈来看，如图 3-6、图 3-7、图 3-8 所示，海洋旅游要素支撑总体呈现东部海洋经济圈 > 南部海洋经济圈 > 北部海洋经济圈，平均值分别为 0.2203、0.1467 和 0.1269，其中东部海洋经济圈海洋旅游要素支撑能力整体最好，南部海洋经济圈海洋旅游要素支撑能力较为一般。从空间分异来看，东部海洋经济圈海洋旅游要素支撑的空间分异特征相对明显，标准差 0.2150，其中数杭州市海洋旅游要素支撑能力最强，得分 0.4245，舟山市海洋旅游要素支撑能力最差，得分 0.0437，两者相差 9.71 倍，北部海洋经济圈海洋旅游要素支撑的空间分异较小，标准差 0.1054。

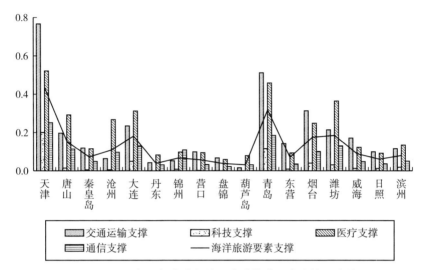

图 3 - 6 2019 年北部海洋经济圈海洋旅游要素支撑评价结果

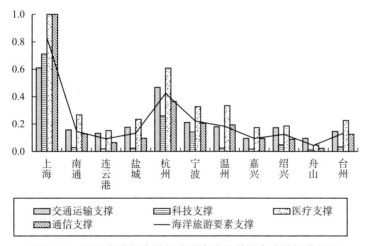

图 3 - 7 2019 年东部海洋经济圈海洋旅游要素支撑评价结果

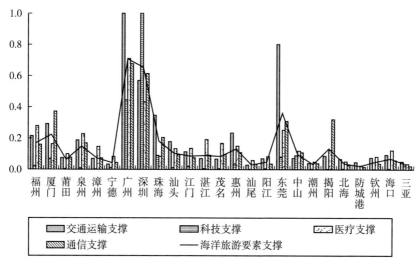

图 3-8 2019 年南部海洋经济圈海洋旅游要素支撑评价结果

三、海洋旅游环境保障评价

基于海洋旅游发展评价指标体系，运用乘法集成赋权与综合指数法，在分别评价经济环境保障水平、社会环境保障水平和生态环境保障水平的基础上，综合评价海洋旅游环境保障水平，结果如图 3-9 所示。

（一）经济环境保障评价分析

2019 年，在海洋旅游环境保障子系统中，经济环境保障得分仅次于生态环境保障得分，平均值 0.4398，说明中国沿海城市海洋旅游发展具备较好的经济环境条件。依托较为雄厚的经济基础，能够通过为海洋旅游发展提供充足的资金、技术和高素质人才等要素，便于加强对海洋旅游资源的持续性开发，加快海洋旅游产业生产能力的物化，促进海洋旅游产品功能的优化，进而推动海洋旅游产业增长方式的转变以及海洋旅游产业结构的转型升级。

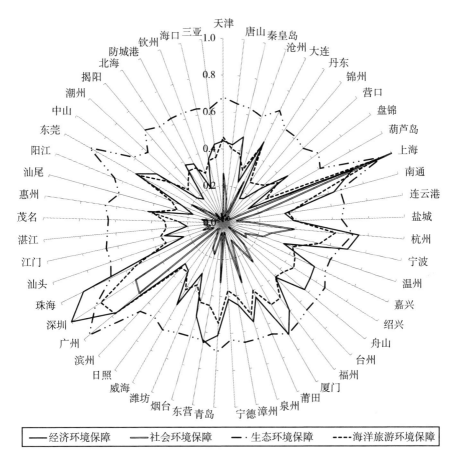

图 3-9　2019 年中国沿海城市海洋旅游环境保障评价结果

　　中国 53 个沿海城市经济环境保障的空间分异特征最为明显，标准差 0.1943。其中：深圳市海洋旅游发展的经济环境保障能力最强，得分 1.000。深圳用高质量发展和加速度腾飞，从改革开放的热土到当前的创新与奇迹之城，向世界证明了经济特区的强劲动力。深圳市的地区生产总值从成立经济特区之前的 1.79 亿元，增长到 2019 年的 2.69 万亿元，经济总量跃居成为亚洲排名前四的现代化科技大都市，同时也是创新力、影响力、竞争力卓越的全球标杆城市，堪称世界城市化、工业化与现代化的奇迹。在此经济环境条件的强力支撑下，随着城市居民对自然山海的向往和追求，深圳市以陆海统筹、风貌塑造和主客共享为出发点，统筹全域旅游资源，保留与增强地区特色，塑造多维感知的山海形象与海洋文化，探索滨海地区旅游发展的新方向，打造山海城于一体的旅游空间新格局。

葫芦岛市海洋旅游发展的经济环境保障能力最差，得分 0.1563。总体来看，由于结构性矛盾依然突出，导致葫芦岛市经济下行压力较大，经济总量偏小且增速下降，主要表现在财政收入呈现不确定性、传统商业与工业持续低迷、规模以上工业利润下降、投资速度减缓、县区发展不平衡、房地产市场进一步积累等多个方面。

（二）社会环境保障评价分析

2019 年，在海洋旅游环境保障子系统中，社会环境保障得分最低，得分 0.1497，说明中国沿海城市海洋旅游发展的社会环境保障能力相对不足。虽然沿海城市城镇化水平较高，城镇化发展处于快速推进阶段，民生福祉持续增进，社会保持和谐稳定，但其高强度开发与高密度人口集聚同样带来了较为严峻的社会发展问题，表现在民生领域存在短板、城乡区域发展仍不均衡、社会治理存在弱项等多个方面，一定程度上影响海洋旅游发展的稳定性与持续性。

中国 53 个沿海城市社会环境保障空间分异程度较高，标准差 0.1742。其中：上海市海洋旅游发展的社会环境保障能力最强，得分 1.000。改革开放以来，上海市经济社会发展取得显著成效，城市人民生活水平、社会文明程度以及综合实力和国际影响力迈上一个新的台阶，经济社会发展的动力更为强劲，城市居民人均可支配收入保持全国领先，城市品格和城市精神逐渐彰显，城市更加包容、向上与开放，公共服务体系不断完善，充分展示出国际大都市的创造力、竞争力和吸引力，这为上海市海洋旅游的共享发展与开放发展提供了条件。根据《2019 年上海市国民经济和社会发展统计公报》可知，2019 年，上海市全市居民人均可支配收入 69 442 元，新增就业岗位 58.91 万个，实现社会消费品零售总额 13 497.21 亿元，分别接待国内游客和国际游客 36 140.51 万人次、897.23 万人次。防城港市海洋旅游发展的社会环境保障能力最差，得分 0.0094。针对此，未来需要在稳定居民就业、提高居民可支配收入、完善公共服务设施与基本设施等的基础上，从大局意识出发，加强对海洋旅游的重视程度，加大宣传推广力度。

（三）生态环境保障评价分析

2019 年，在海洋旅游环境保障子系统中，生态环境保障得分最高，平均值 0.6667，说明生态环境保障是中国沿海城市海洋旅游环境保障的核心支撑，是海洋旅游快速健康发展的关键环节。也就是说，良好的生态环境是海洋旅游可持续发展的基础与前提，能够为其提供优良的自然景观以及丰富的生物资源、水资源和土地资源等，能够吸引大量的游客，为游客提供全新和优质的体验感，让游客充分感受自然的魅力，同时带动餐饮、住宿、交通、游览等多个环节的改进和提升，从而促进当地海洋旅游的发展，这与已有研究结论相一致。

中国 53 个沿海城市生态环境保障的空间分异程度最小，标准差 0.0736。其中：

广州市海洋旅游发展的生态环境保障能力最强，得分 0.9636。宜居宜业宜游的生态环境日益成为广州市新的竞争力。通过践行绿水青山就是金山银山的理念，贯彻落实生态文明思想，聚焦减排放让天更蓝，控源头让水更清，补短板让山更绿，从东方日出到海上明月，从山川溪流到都市绿道，从北部丘陵到南部平原，从绿色空港到繁荣海湾，均能感受到广州市的蓝天、碧水和净土。广州市最长的岸线—南沙岸线（106.7 公里），拥有 20 公里的黄金海岸线，经过一系列修复打造之后逐渐成为以休闲、滨海为特色的海洋旅游板块的缩影。《广州市海洋生态环境保护"十四五"规划》指出，在未来一段时间内，要按照"河海兼顾、陆海统筹、系统治理"的原则，通过持续稳步改善海域水质、稳步加强海洋生态保护力度、不断增强海洋风险防范应急处置能力、增加公众亲海空间、全面提升海洋生态环境现代化治理和监管能力等途径，逐步实现"水清滩净、人海和谐"的美好愿景，以此显著提升人民对于生态环境的获得感、满意度和安全感。

潮州市海洋旅游发展的生态环境保障能力最差，得分 0.5661。作为广东省海洋经济综合试验区的重要组成，潮州市海洋旅游发展仍然面临不合理开发、近海养殖污染、围填海滩涂、废弃物和生活污水排放、渔业资源过度捕捞等海洋生态环境问题，针对于此，开展立法工作，加强源头治理，探索建立海洋生态保护与治理长效机制，有效促进海域生态恢复，进而实现可持续发展应当成为潮州市海洋旅游发展的工作重点。

（四）海洋旅游环境保障综合评价分析

2019 年，在海洋旅游发展水平三个子系统中，海洋旅游环境保障能力得分最高，平均值 0.4187，说明海洋旅游环境保障是中国沿海城市海洋旅游发展的主要推动力，雄厚的经济基础、和谐的社会条件和良好的生态环境是实现海洋旅游可持续发展的关键环节。从中国 53 个沿海城市来看，海洋旅游环境保障空间分异程度较为明显，标准差 0.1319。其中，上海市海洋旅游环境保障水平最高，得分 0.9057，经济、社会和生态环境对其海洋旅游发展的保障能力最强，丹东市海洋旅游环境保障水平最低，得分 0.2632，经济、社会和生态环境对其海洋旅游发展产生较大制约。

从中国三大海洋经济圈来看，如图 3 - 10、图 3 - 11、图 3 - 12 所示，海洋旅游环境保障总体呈现东部海洋经济圈＞南部海洋经济圈＞北部海洋经济圈，平均值分别为 0.4955、0.4130 和 0.3775，其中东部海洋经济圈海洋旅游环境保障能力整体最好，北部海洋经济圈海洋旅游环境保障能力较为一般。从空间分异来看，东部海洋经济圈海洋旅游环境保障的空间分异特征相对明显，标准差 0.1479，以上海市海洋旅游环境保障能力最强，得分 0.9057，连云港市海洋旅游环境保障能力最差，

得分 0.3631，两者相差 2.49 倍，北部海洋经济圈海洋旅游环境保障的
空间分异较小，标准差 0.0798。

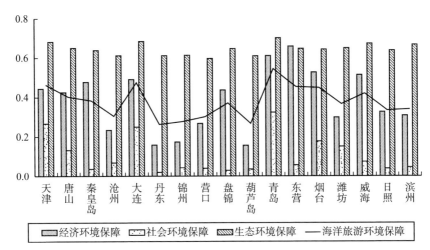

图 3 – 10 2019 年北部海洋经济圈海洋旅游环境保障评价结果

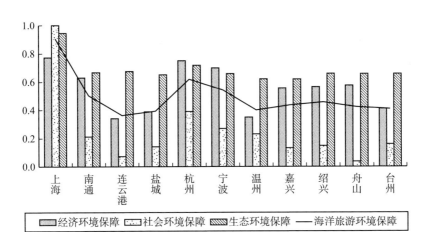

图 3 – 11 2019 年东部海洋经济圈海洋旅游环境保障评价结果

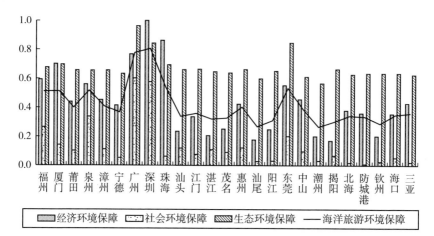

图 3 - 12　2019 年南部海洋经济圈海洋旅游环境保障评价结果

四、海洋旅游发展水平综合评价

2019 年，中国 53 个沿海城市海洋旅游发展水平均值 0.9855。其中，上海市海洋旅游发展水平最高，得分 2.3798，深圳市、广州市海洋旅游发展水平次之，得分分别为 1.9250 和 1.8829，潮州市海洋旅游发展水平最低，得分 0.5461（见图 3 - 13）。从三大海洋经济圈来看，海洋旅游发展水平总体呈现东部海洋经济圈 > 南部海洋经济圈 > 北部海洋经济圈，平均值分别为 1.1939、0.9468 和 0.9075，海洋旅游发展水平空间分异程度同样呈现东部海洋经济圈 > 南部海洋经济圈 > 北部海洋经济圈，标准差分别为 0.4356、0.3379 和 0.2405。

综上说明，东部海洋经济圈海洋旅游发展水平最高，但空间分异程度最为显著，北部海洋经济圈海洋旅游发展水平最低，但空间分异程度最弱，可见，适当缩小东部海洋旅游经济圈海洋旅游发展空间差异、全面提升北部海洋经济圈海洋旅游发展水平应当成为今后中国海洋旅游工作的重点。

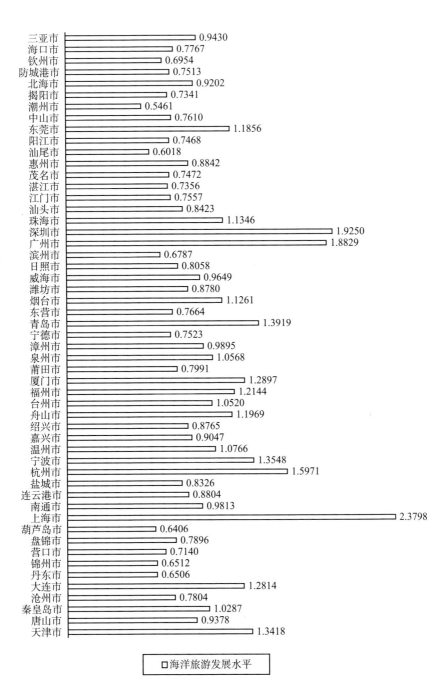

图 3 – 13　2019 年中国沿海城市海洋旅游发展水平评价结果

第三节 中国资源环境承载力综合评价

基于资源环境承载力评价指标体系，运用乘法集成赋权与综合指数法，在分别评价自然资源承载力、生态环境承载力、社会经济支撑力的基础上，综合评价中国沿海城市资源环境承载力水平。

一、自然资源承载力评价

2019年，在资源环境承载力3个子系统中，自然资源承载力得分最低，平均值0.2455。众所周知，中国沿海地区依托独特的地理位置，集中了巨大的资源优势，自然资源整体上呈现总量丰富、种类繁多的特征，但是在区域高强度开发与高密度聚集的背景下，同样引发单位经济产出的资源消耗量过大的问题，导致自然资源承载力下降，沿海开发与自然资源保护之间矛盾日益凸显。随着经济社会的快速发展，如何更加有效地保护沿海地区的自然资源、实现区域可持续发展成为这一区域迫切需要解决的问题。

中国53个沿海城市自然资源承载力空间分异特征最为明显，标准差0.1746。其中：防城港市自然资源承载力最强，得分0.7964，这与其有着较为丰富的自然资源有着密切关系，从防城港市人民政府官方网站可知，防城港大陆海岸线全长537.79千米，海岛岸线长约156.7千米，共有海岛284个，各类海洋生物1 155种，共有矿产种类48种，占广西的33%，陆栖脊椎动物397种，重点保护鸟类29种，野生维管束植物超过2 500种，同时也是全国红树林植物种类分布较多的城市，是各种海洋生物养殖的理想场所等，具有打造海洋旅游胜地的自然资源禀赋①。基于此，

---

① 资料来源：防城港人民政府门户网站，http://www.fcgs.gov.cn/csgk/rsfcg/zrdl/202107/t20210705_209345.html。

防城港市充分认识到自然资源保护工作的重要性和艰巨性，通过深入推进国土空间规划、创新自然资源管理利用新方式、打造自然资源利用新体系、建立动态巡查智能感知系统等多项举措，为经济社会发展提供不竭动力。厦门市自然资源承载力最差，得分仅为 0.0524。一方面，由于特殊的地理位置和有限的城市空间，厦门市自然资源较为不足，尤其是水资源严重短缺，年度人均水资源量尚不及严重缺水地区的 1/4，淡水资源供需矛盾十分突出；另一方面，长期以来，厦门市采取以大量消耗资源的粗放发展模式，过量采伐森林、无度开发海岸带、无序开山取石等，造成对自然资源的破坏，严重制约经济社会的可持续发展（见图 3 – 14）。

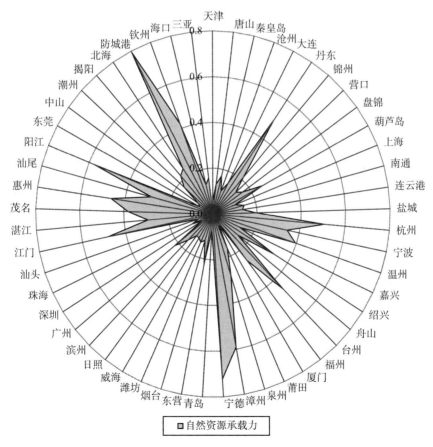

图 3 – 14　2019 年中国沿海城市自然资源承载力评价结果

二、生态环境承载力评价

2019年，在资源环境承载力3个子系统中，生态环境承载力得分最高，平均值0.5678，这与生态文明视阈下沿海各地区实施长时期的生态治理行动有着直接关系。经过一系列高效治理，中国沿海城市陆海统筹治理体系不断健全，河海联动治污效果彰显，监管监测能力稳步提升，海洋生态保护修复能力持续推进，渤海综合治理成效显著，沿海生态环境质量总体得以改善。

《"十四五"海洋生态环境保护规划》进一步指出，要深入贯彻习近平生态文明思想，以海洋生态环境持续改善为核心，以海洋生态环境突出问题为导向，坚持综合治理，加强协同增效，强化精准治污，保护修复并举，防范环境风险，深化陆海统筹，加强基础支撑，深化国际合作，以此谱写美丽中国建设的海洋新篇章，不断满足日益增长的优美海洋生态环境的需要。

中国53个沿海城市生态环境承载力的空间分异特征最不明显，标准差0.0669。其中：海口市生态环境承载力水平最高，得分0.9600。良好的生态环境质量是海口市经济社会发展的核心竞争力和最大本钱。根据《2019年海口市生态环境状况公报》可知，海口市坚持以改善生态环境为核心，积极推进生态文明建设，加快城市更新步伐，以"多规合一"助推绿色发展，高度重视水体治理工作，严守生态保护红线，努力提升生态环境治理体系与治理能力的现代化水平，生态环境保护工作取得显著成绩，生态环境质量整体保持良好水平，近岸海域水质优良率100%，空气质量保持优良水平，在全国168个重点城市中排名第二，有效监测天数363天，空气质量优良率93.7%，降尘均值小于推荐的评价标准，噪声与土壤环境质量均符合国家标准，为国家生态文明试验区建设提供了坚实的环境支撑。

丹东市生态环境承载力水平最低，得分0.3811。在过去很长一段时间，不合理的开发利用使丹东市山水资源遭到严重破坏，污染减排任务依然艰巨，生态环境面临诸多压力。在《丹东市打赢蓝天保卫战2019－2020年攻坚方案》的指引下，通过细化任务清单、做好秸秆焚烧管控、改造燃煤锅炉、创新扬尘监管手段等方式，虽然使得蓝天更蓝、碧水更清、净土更净，但与其他沿海城市相比，生态环境质量依然较低。针对此，未来城市雨污分流系统等基础设施建设应及时配套，生态环境保护投入力度需持续加大，生态环境综合整治的考核排名有待进一步提升（见图3－15）。

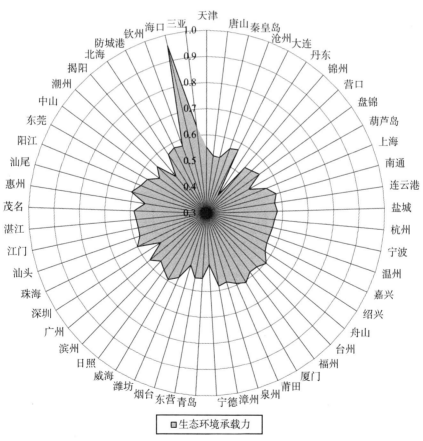

图3－15 2019年中国沿海城市生态环境承载力评价结果

三、社会经济支撑力评价

2019 年，在资源环境承载力 3 个子系统中，社会经济支撑力仅次于生态环境承载力，平均值 0.5388。整体来看，中国沿海地区创新能力强，开放程度高，吸纳外来人口多，是直接参与国际劳动分工与全球竞争的地域单元，是中国经济社会发展的压舱石。中国 53 个沿海城市社会经济支撑力的空间分异程度仅次于自然资源承载力，标准差 0.1284。

深圳市社会经济支撑力最强，得分 0.8845。根据《深圳市 2019 年国民经济和社会发展统计公报》可知，2019 年深圳市多项社会经济指标处在全国前列，实现地区生产总值 2.69 亿元，人均地区生产总值高达 2.9 万美元，人均可支配收入 6.25 万元，完成一般公共预算收入 377.21 亿元，货物进出口总额 29 773.86 亿元，战略性新兴产业增加值 10 155.51 亿元等。根据《深圳"十四五"〈规划纲要〉》的目标要求，到 2025 年深圳市经济总量将达 4 万亿元，城市能级跃上新台阶，并在纵深推进改革开放、增强现代产业竞争力、建设具有全球影响力的产业和科技创新高地等方面重点发力，努力成为构建新发展格局的示范者。

潮州市社会经济支撑力最差，得分 0.3647。改革开放以来，在经历结构变动和高速增长两个阶段之后，潮州市经济社会发展进入减缓发展阶段，加上本身经济腹地小以及疫情冲击的不确定性，使得全市经济社会发展面临不少困难，主要表现在 3 个方面：一是实体经济下行压力大。潮州市面临市场需求不振、外贸出口环境不确定、利润率不高等的问题，中小企业融资困难，资金、土地、人才等的要素供给不足；二是产业支撑能力有待进一步提升。潮州市食品、陶瓷等传统产业的转型升级效果没有充分显现，智能化与自动化改造步伐不快，部分重大产业项目形成新动能尚需时日；三是民生领域存在不少薄弱环节。潮州市民生领域刚性支出压力较大，教育、养老、医疗等公共服务供给与人民群众的期望存在差距，区域发展的不平衡不充分问题依然存在，就业结构矛盾突出，就业难度较大（见图3-16）。

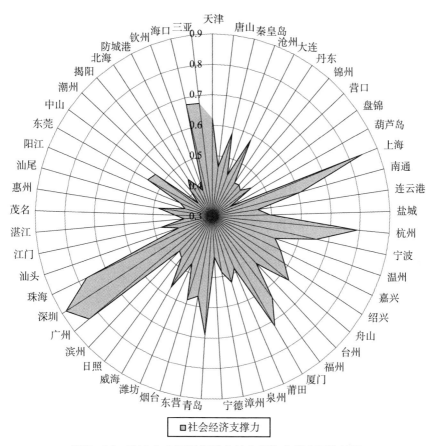

图3-16 2019年中国沿海城市社会经济支撑力评价结果

四、资源环境承载力综合评价

2019 年，中国 53 个沿海城市资源环境承载力平均值 1.3522，杭州市资源环境承载力水平最高，得分 1.8677。作为生态文明之都，杭州有着晴好雨奇、山明水秀的自然环境以及杭州西湖、钱江潮等数量众多的风景名胜，共同构成独特的山水风景，朝着"城市让生活更美好"的目标前进。伴随数字经济与互联网等新兴产业的发展，杭州市的国际知名度与影响力持续提升。

防城港市、海口市、漳州市、宁德市、广州市资源环境承载力水平次之，得分分别为 1.7921、1.7688、1.6594、1.6558 和 1.6435；汕头市资源环境承载力水平最低，得分 1.0632，资源与环境问题较为严峻，区域水污染严重，土地资源紧缺和闲置浪费问题并存，大气环境质量亟待改善，同时，经济综合效益水平偏低，产业结构层次较低，城乡二元结构明显，自主创新能力不强，公共服务体系不够健全，对经济社会高质量发展带来挑战（见图 3 - 17）。

从三大海洋经济圈来看，如图 3 - 18、图 3 - 19、图 3 - 20 所示，资源环境承载力水平总体呈现东部海洋经济圈＞南部海洋经济圈＞北部海洋经济圈，资源环境承载力平均值分别为 1.4438、1.4069 和 1.2126。从三大海洋经济圈资源环境承载力空间分异程度来看，呈现南部海洋经济圈＞东部海洋经济圈＞北部海洋经济圈，标准差分别为 0.2027、0.1849 和 0.0769。

综上可以看出，东部海洋经济圈资源环境承载力水平最高，同时空间分异程度较为明显，北部海洋经济圈资源环境承载力水平最低，但空间分异程度最弱，可见，适当缩小东部海洋旅游经济圈资源环境承载力空间差异、全面提升北部海洋经济圈资源环境承载力应当成为今后工作的重点。

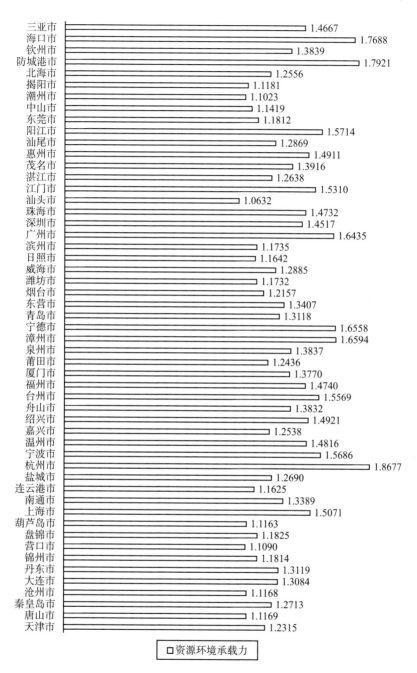

图 3－17 2019 年中国沿海城市资源环境承载力综合评价结果

注：2019 年中国 53 个沿海城市资源环境承载力测算结果详见附表 H。

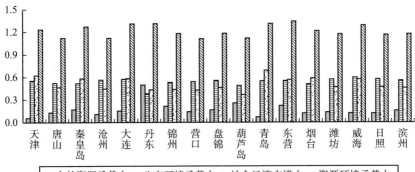

图 3-18　2019 年北部海洋经济圈资源环境承载力综合评价结果

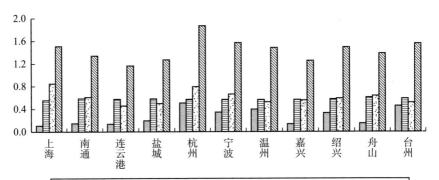

图 3-19　2019 年东部海洋经济圈资源环境承载力综合评价结果

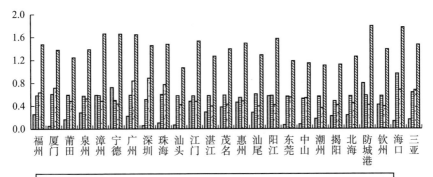

图 3-20　2019 年南部海洋经济圈资源环境承载力综合评价结果

第四章

中国海洋旅游与资源环境承载力协调发展的特征分析

基于第三章中国海洋旅游与资源环境承载力的综合评价结果，运用耦合协调度模型，分别测算 2019 年海洋旅游与资源环境承载力的耦合度和协调度，运用障碍度模型计算 2019 年单项指标和子系统对海洋旅游与资源环境承载力协调发展的障碍度，以此便于探寻推动两者协调发展的途径。

第一节 海洋旅游与资源环境承载力耦合发展的特征分析

一、海洋旅游与资源环境承载力的耦合度分析

运用海洋旅游与资源环境承载力耦合度模型，计算 2019 年中国 53 个沿海城市海洋旅游与资源环境承载力的耦合度。

由图 4 – 1 可知，2019 年，中国海洋旅游与资源环境承载力的耦合度平均值为 0.4876，处于（0.3，0.5］的拮抗耦合阶段，可见海洋旅游与资源环境承载力的耦合水平相对较低。从中国 53 个沿海城市来看，

海洋旅游与资源环境承载力耦合度空间差异相对较小，标准差0.0115。

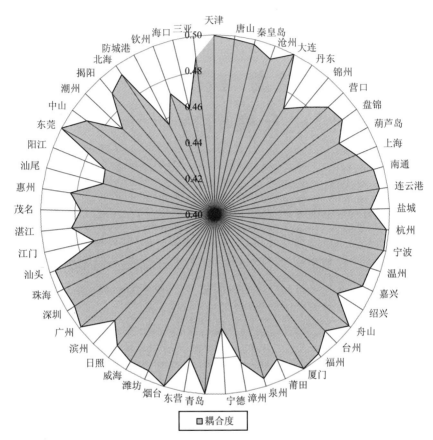

图4-1 2019年中国沿海城市海洋旅游与资源环境承载力耦合度

（1）东莞、大连、青岛、厦门、烟台、天津、广州、舟山、宁波等34个城市的海洋旅游与资源环境承载力耦合度高于平均水平，占到全部城市数量的64.15%。综合来看，这些城市多为国内外知名度较高且影响力较大的海洋旅游目的地，说明其在海洋旅游发展过程中，坚持科学发展观，高度贯彻落实生态文明思想，重视资源环境承载力的"刚性约束"，通过推动低碳发展、绿色发展和循环发展，统筹谋划资源节约集约相关工作，持续提升资源环境承载能力，反之又能促进海洋旅游实现稳步、健康、可持续发展。

东莞市和大连市海洋旅游与资源环境承载力耦合度最高，均为0.5000。改革开放40余年来，东莞市快速发展的制造业使其留下了许多资源环境的历史欠账，面对这一问题，东莞市将建设"湾区都市，品质东莞"作为今后一个时期的价值追求和重要战略任务，将坚决打赢污染防治攻坚战摆在重要位置，并计划近三年年均投入800亿元开展环境治理，展现出制造名城迈向绿色发展的决心与行动。与此同时，随着《中共东莞市委东莞市人民政府关于加快发展海洋经济的意见》《东莞市海洋功能区划（2013－2020）》《东莞市海洋经济发展十三五规划（2016－2020）》等文件和政策的出台与实施，东莞市强调旅游休闲娱乐区等海洋功能区的打造以及海洋生态环境的保护，大力促进海洋旅游业平稳健康的发展。由此看出，东莞市注重同时推进资源环境承载力的提升与海洋旅游发展，强调两者关系的融合。与之相类似，大连市对于海洋旅游发展和资源环境承载力提升均采取相关措施，并不断推进两者相互协调。就海洋旅游发展而言，大连市依托独特的地理位置、适宜的气候条件和优美的自然景观，通过推动政策创新、加强资金配套、注重社会关切等多种途径，建设精品海洋旅游项目，推广优质文旅产品，深入推进"海上游大连"工作，打造海洋文旅新地标；就资源环境承载力提升而言，秉承"绿水青山就是金山银山"的理念，依据《大连市人民政府关于实施蓝天工程的意见》《中共大连市委大连市人民政府关于加快绿色发展提升环境品质的意见》《大连市环境保护工作职责规定（试行）》《大连市水污染防治工作方案》《大连市海洋环境保护条例》等纲领性文件，大力提高能源资源利用效率，持续降低主要污染物排放总量，基本形成人居环境宜居舒适、建设方式集约高效、生活方式绿色低碳、生态空间山清水秀的发展格局，同时坚持问题导向，重点规范海洋生态红线与海洋生态修复，做好海洋生态保护与修复工作，建立两级湾长制，设立乡级巡海员，强化陆海污染联防联控，促进海洋资源可持续利用，切实推进海洋中心城市建设。

（2）防城港、海口、宁德、汕尾、阳江、江门、潮州等 19 个城市的海洋旅游与资源环境承载力耦合度低于平均水平，占到全部城市数量的 35.85%，这些城市相对集中的分布在渤海海域以及南海海域附近，经济发展较为滞后是其典型特征，相应地，这些城市在海洋旅游发展与资源环境承载力提升过程中缺乏一定的经济基础，资金、技术、人员等的要素投入受限，进而影响两者关系的全方位融合。其中，防城港市海洋旅游与资源环境承载力耦合度最低，取值 0.4562。

从三大海洋经济圈来看，如图 4－2、图 4－3、图 4－4 所示，海洋旅游与资源环境承载力的耦合度大小呈现东部海洋经济圈 > 北部海洋经济圈 > 南部海洋经济圈，耦合度平均值分别为 0.4929、0.4905 和 0.4832。三大海洋经济圈海洋旅游与资源环境承载力耦合度空间分异特征均不明显，东部海洋经济圈、北部海洋经济圈、南部海洋经济圈海洋

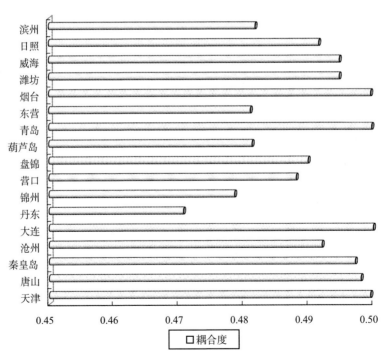

图 4－2　2019 年北部海洋经济圈海洋旅游与资源环境承载力耦合度结果

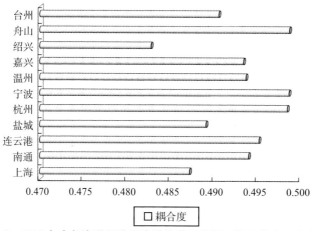

图4-3　2019年东部海洋经济圈海洋旅游与资源环境承载力耦合度结果

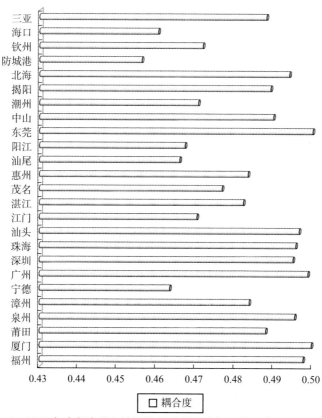

图4-4　2019年南部海洋经济圈海洋旅游与资源环境承载力耦合度结果

旅游与资源环境承载力耦合度标准差分别为 0.0049、0.0086 和 0.0135。其中，在东部海洋经济圈中，舟山市和宁波市海洋旅游与资源环境承载力耦合度最大，取值 0.4987，绍兴市海洋旅游与资源环境承载力耦合度小，取值 0.4828，两城市相差 0.0159；在北部海洋经济圈中，大连市海洋旅游与资源环境承载力耦合度最大，取值 0.5000，丹东市海洋旅游与资源环境承载力耦合度最小，取值 0.4708，两城市相差 0.0292；在南部海洋经济圈中，东莞市海洋旅游与资源环境承载力耦合度最大，取值 0.5000，防城港市海洋旅游与资源环境承载力耦合度最小，取值 0.4502，两城市相差 0.0498。

二、海洋旅游与资源环境承载力的耦合类型分析

从海洋旅游与资源环境承载力的耦合度类型来看，中国 53 个沿海城市均处于水平较低的拮抗耦合阶段，说明中国沿海城市与资源环境承载力呈现一定程度的脱钩现象。换句话说，中国沿海城市海洋旅游的快速发展并不能够完全带动资源环境承载力的全面提升，资源环境承载力的改善也并不能很好的支撑海洋旅游的发展，两者存在弱耦合关系。究其原因来看，一方面，海洋旅游的快速发展对资源环境产生了不同程度的破坏，加大对资源的消耗和环境的污染，影响区域可持续发展；另一方面，在经济社会快速发展背景下，沿海城市资源环境的"超载"状态难以为海洋旅游高质量发展提供丰沛的自然资源和良好的生态环境，最终导致两者耦合度较差。

第二节　海洋旅游与资源环境承载力协调发展特征分析

一、海洋旅游与资源环境承载力的协调度分析

运用海洋旅游与资源环境承载力协调度模型，计算 2019 年中国 53

个沿海城市海洋旅游与资源环境承载力的协调度。根据图4-5可知，2019年，中国城市海洋旅游与资源环境承载力的协调度整体一般，平均值0.7518，以中级协调类型为主，中级协调型城市数量占全部沿海城市数量比重的49.06%。从中国53个沿海城市来看，海洋旅游与资源环境承载力的协调度空间分异特征较小，标准差0.0741，这与两者耦合度的空间分异特征一致。

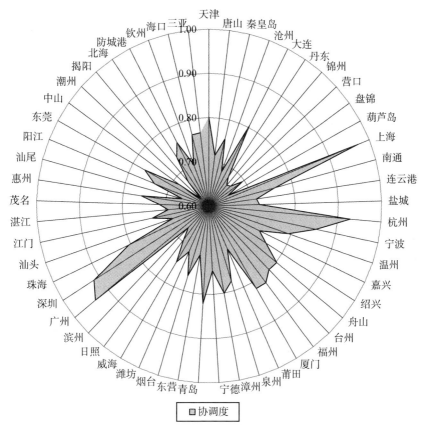

图4-5　2019年中国沿海城市海洋旅游与资源环境承载力协调度

（1）上海、广州、杭州、深圳、宁波等25个沿海城市海洋旅游与资源环境承载力的协调度高于平均水平，占全部城市数量的47.17%，较为集中地分布于长江三角洲地区和珠江三角洲地区。可见，相对发达的经济条件、便捷畅通的交通运输和较为完善的配套设施等对两者协调发展的促进作用显著。

上海市海洋旅游与资源环境承载力的协调度最高，取值 0.9731，上海市围绕海洋强国、"一带一路"和长江经济带等的国家战略与倡议，大力推进海洋旅游发展，注重海洋文化吸引力与影响力的提升，强化海洋生态文明建设等，不断向海洋拓展可持续发展空间，基本形成了权责清晰、分工明确、统筹协调的海洋综合管理体制，海洋旅游拉动消费的成效显著，城市沙滩与碧海金沙等海洋主题景区人流增长较快，海洋经济发展的规模效应不断凸显。在这一过程中，以聚焦海洋文化发展，营造优良海洋文化氛围为驱动的上海海昌海洋公园备受关注，成为世界级旗舰式的海洋公园以及中国 20 年海洋主题公园的巅峰之作。

（2）葫芦岛、锦州、营口、滨州、潍坊、丹东、日照等 28 个城市海洋旅游与资源环境承载力的协调度低于平均水平，占全部城市数量的 52.83%，相对集中地分布于辽宁半岛地区和山东半岛地区。这其中，潮州市海洋旅游与资源环境承载力协调度最低，取值 0.6228。针对此，潮州市作为广东对接海峡西岸经济区的东大门与桥头堡，始终坚持海洋生态保护优先理念，多措并举地推进海洋生态保护工作，认真贯彻实施《中华人民共和国海洋环境保护法》《近岸海域污染防治方案》《防治海洋工程建设项目污染损害海洋环境管理条例》等法律法规，加强海域生态修复与环境整治，组织编制《潮州市海域海岛海岸带整治修复保护规划建设》和《美丽柘林湾建设规划》等，严格控制用海管控指标，积极优化海洋渔业资源，逐渐优化海洋生态环境，构筑沿海生态屏障，推进滨海旅游度假区建设，开发了独具特色的海上温泉、西澳岛等一大批海洋旅游景区，加大"柘林渔火""白鹭天堂""海上牧场""中华海龙"等海洋旅游景点的推介宣传，努力打造生态优良的美丽海湾，大大促进了海洋旅游业的发展。

从三大海洋经济圈来看，如图 4 - 6、图 4 - 7、图 4 - 8 所示，海洋旅游与资源环境承载力的协调度大小呈现东部海洋经济圈＞南部海洋经济圈＞北部海洋经济圈，协调度平均值分别为 0.8022、0.7513 和 0.7198。与耦合度空间分异特征相似，三大海洋经济圈海洋旅游与资源环境承载力的协调度空间分异程度同样不明显，东部海洋经济圈、南部海洋经济圈、北部海洋经济圈的协调度标准差分别为 0.0815、0.0710 和 0.0522。其中，在东部海洋经济圈中，上海市海洋旅游与资源环境承载力的协调度最大，取值 0.9731，连云港市海洋旅游与资源环境承载力的协调度最小，取值 0.7112，两城市相差 0.2619；在南部海洋经济圈中，广州市海洋旅游与资源环境承载力的协调度最大，取值 0.9379，潮州市海洋旅游与资源环境承载力的协调度最小，取值 0.6228，两城市相差 0.3151；在北部海洋经济圈中，青岛市海洋旅游与资源环境承载力的协调度最大，取值 0.8220，葫芦岛市海洋旅游与资源环境承载力的协调度最小，取值 0.6503，两城市相差 0.1717。

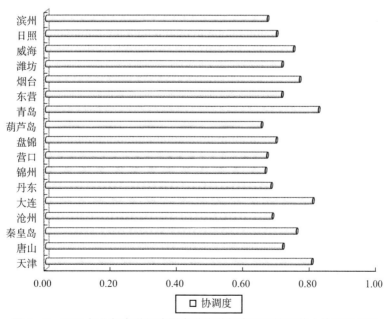

图 4 - 6　2019 年北部海洋经济圈海洋旅游与资源环境承载力协调度结果

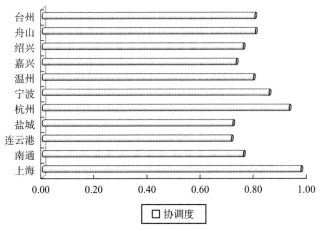

图 4 - 7 2019 年东部海洋经济圈海洋旅游与资源环境承载力协调度结果

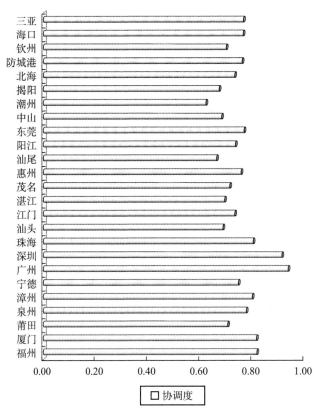

图 4 - 8 2019 年南部海洋经济圈海洋旅游与资源环境承载力协调度结果

二、海洋旅游与资源环境承载力的协调类型分析

在中国53个沿海城市中，海洋旅游与资源环境承载力的协调类型呈现多样化特征（见表4-1），具体分为4种类型。

表4-1　中国53个沿海城市海洋旅游与资源环境承载力的协调类型划分

协调类型	城市	协调类型	城市	协调类型	城市
初级协调型	潮州	中级协调型	潍坊	中级协调型	东莞
	葫芦岛		茂名		泉州
	锦州		唐山		温州
	汕尾		盐城		台州
	营口		嘉兴	良好协调型	漳州
	滨州		北海		天津
	揭阳		江门		舟山
	丹东		阳江		珠海
	中山		威海		大连
	沧州		宁德		厦门
	汕头		秦皇岛		福州
	湛江		绍兴		青岛
	盘锦		南通		宁波
	日照		惠州	优质协调型	深圳
中级协调型	钦州		防城港		杭州
	莆田		烟台		广州
	连云港		海口		上海
	东营		三亚		

（一）优质协调型

上海、广州、杭州、深圳4个沿海城市海洋旅游与资源环境承载力

的协调度最高,属于优质协调型,占到全部沿海城市数量的7.55%。

(二) 良好协调型

漳州、天津、舟山、珠海、大连、厦门、福州、青岛、宁波9个沿海城市城市海洋旅游与资源环境承载力的协调度较高,属于良好协调型,占到全部沿海城市数量的15.09%。

(三) 中级协调型

钦州、莆田、连云港、东营、潍坊、茂名等26个沿海城市海洋旅游与资源环境承载力的协调度相对较低,属于中级协调型,占到全部沿海城市数量的49.06%。

(四) 初级协调型

潮州、葫芦岛、锦州、汕尾、营口等14个沿海城市海洋旅游与资源环境承载力的协调度较低,属于初级协调型,占到全部沿海城市数量的26.42%。

第三节 海洋旅游与资源环境承载力 协调发展的障碍因素

一、海洋旅游与资源环境承载力协调发展的单项指标障碍因素

总体来看,除生活垃圾无害化处理率指标的障碍度(0.0858%)较低以外,其余单项指标的障碍度差别并不大,平均值$\in$[1.8809%,1.8869%]。如表4-2所示,前5位障碍指标依次是人均行政区域土地

面积 > 水资源总量 > 海洋旅游收入 > 五星级饭店数量 > 科学技术支出占地方一般公共预算支出比重，其障碍度平均值分别为 1.886840%、1.886826%、1.886814%、1.886808%、1.886806%。

表 4 - 2　　海洋旅游与资源环境承载力协调度的前 5 位障碍因子

城市名称	人均行政区域土地面积	水资源总量	海洋旅游收入	五星级饭店数量	科学技术支出占地方一般公共预算支出比重（%）
天津市	2.3700	2.5067	1.8686	1.6354	1.9694
唐山市	1.9453	2.3889	2.0522	2.0202	2.0115
秦皇岛市	1.6584	2.4303	1.6030	2.0523	2.0166
沧州市	1.9010	2.5606	2.0731	1.9882	1.6687
大连市	1.8737	2.3260	1.8508	1.7637	1.9688
丹东市	0.0194	1.9779	2.1349	2.0683	2.0465
锦州市	1.3086	2.4365	2.2395	2.0523	1.9957
营口市	1.7612	2.5211	2.1111	2.0202	2.0341
盘锦市	1.5049	2.5673	2.1171	2.0683	2.0431
葫芦岛市	0.9829	2.4364	2.1783	2.0523	2.0484
上海市	2.5801	1.9461	1.5428	0.0000	1.9271
南通市	2.0892	2.1915	2.1180	2.0202	1.9473
连云港市	1.9887	2.3687	1.9758	2.0202	1.9558
盐城市	1.7117	2.1863	2.2232	2.0202	1.9520
杭州市	1.9747	0.0000	0.0000	1.3789	0.0000
宁波市	2.1915	0.9175	1.1319	1.5713	0.4598
温州市	2.1448	0.5871	1.6566	1.9240	1.9538
嘉兴市	2.3175	2.1570	1.9015	1.9561	1.9573
绍兴市	2.0056	1.3254	2.1344	1.8920	1.8727
舟山市	2.1720	2.4100	0.4266	2.0523	1.9858
台州市	2.0086	0.5353	1.4386	1.9561	1.8824
福州市	2.0309	1.5835	1.7381	1.8599	1.9784

续表

城市名称	人均行政区域土地面积	水资源总量	海洋旅游收入	五星级饭店数量	科学技术支出占地方一般公共预算支出比重（%）
厦门市	2.5169	2.4670	1.4099	1.4751	1.9415
莆田市	2.0969	2.2321	2.1582	2.0202	2.0172
泉州市	2.1663	1.2849	1.7988	1.9240	1.9774
漳州市	1.6305	0.1949	1.5668	2.0202	2.0197
宁德市	0.7707	0.5565	2.1590	2.0683	1.9022
青岛市	2.1949	2.5535	1.8654	1.7316	1.9229
东营市	1.1273	2.5124	2.2290	2.0202	1.9943
烟台市	1.8817	2.5002	1.9454	1.8599	1.9056
潍坊市	1.9716	2.3360	2.1490	2.0202	1.9102
威海市	1.8390	2.5534	1.9667	2.0202	1.9167
日照市	1.9320	2.5095	2.1180	2.0683	1.9461
滨州市	1.6657	2.4672	2.2469	2.0683	1.8908
广州市	2.5201	1.2367	1.7997	1.4430	1.8296
深圳市	2.6271	2.3041	1.7013	1.4109	1.7378
珠海市	2.3795	2.3764	1.9472	1.8599	1.8445
汕头市	2.5225	2.3702	1.8433	1.9882	2.0066
江门市	1.8577	0.6679	2.0542	2.0202	1.9189
湛江市	1.8995	1.5008	1.9064	2.0202	2.0094
茂名市	1.9133	1.0272	2.1081	2.0523	2.0140
惠州市	1.8993	0.5932	2.1469	1.9561	1.9167
汕尾市	1.9371	1.8312	2.1540	2.0523	2.0159
阳江市	1.4129	0.9408	2.0014	2.0202	1.9914
东莞市	2.5911	2.2750	2.2122	1.6995	1.9192
中山市	2.5199	2.3318	2.2259	2.0202	1.7416
潮州市	2.1827	2.1735	2.1674	2.0683	2.0220
揭阳市	2.3005	1.6799	2.2088	2.0523	2.0218

城市名称	人均行政区域土地面积	水资源总量	海洋旅游收入	五星级饭店数量	科学技术支出占地方一般公共预算支出比重（%）
北海市	1.7144	2.2420	1.6715	2.0523	2.0103
防城港市	0.0000	1.6001	2.0426	2.0683	2.0438
钦州市	1.1654	1.5834	2.1029	2.0523	2.0305
海口市	2.3446	2.2513	2.1682	1.8920	2.0277
三亚市	1.8805	2.4887	1.4098	1.6033	1.8790

第一，人均行政区域土地面积是海洋旅游与资源环境承载力协调发展的首要障碍指标。

1978年改革开放以来，随着城镇化与工业化进程的快速推进，中国东部沿海地区依托资源、资金、技术、政策等的优势，吸纳外来人口规模与企业数量持续增多，导致人口密度不断增加，城市空间加速扩张，交通与生活空间愈发拥挤，进而使得人均土地面积严重不足，成为影响海洋旅游与资源环境承载力协调发展的首要障碍指标。

深圳市人均行政区域土地面积对两者协调发展的障碍作用最强，障碍度为2.6271%。众所周知，深圳市土地资源非常紧缺，土地空间不足成为最大的瓶颈所在，目前已经进入较为严重的"地荒时代"。根据《中国城市统计年鉴》数据显示，深圳市以全国万分之二的土地面积承载了国内0.9%的人口和2.7%的地区生产总值，虹吸效应十分明显，全市陆域面积1 997.47平方公里，大致相当于上海、广州的1/3，或北京的1/8。另外，根据第七次全国人口普查数据可知，深圳市人口密度为8 791人/平方公里，高居全国所有大中城市的首位，人多地少、土地容量不足、发展空间有限是深圳市经济社会发展必须要解决的首要难题，但从其地理位置和周边区域来看，往南是香港，往西是海，往北是土地成本较高的东莞，用以扩容的面积十分有限。可见，如何增加用地资源，盘活存量空间，合理优化现有土地资源分配方式，全面提升土地利用效率，探索城市有机更新是缓解深圳市土地资源紧张、提高城市承载力的重中之重。同时，在《关于支持深圳中国特色社会主义先行示范区建设的建议》中，指出要实现跨区域统筹，深化深莞惠区域一体化进程，推进多区联动模式，以此打破总量瓶颈。

东莞市和上海市人均行政区域土地面积对两者协调发展的障碍作用次之，障碍度分别为 2.5911% 和 2.5801%。2017 年，东莞市国土空间开放强度高达 46.7%，这一指标接近深圳，远超国际上公认的临界点 30%，可开发土地与用地需求之间的矛盾十分尖锐，传统意义的依靠增量空间拉动经济发展的模式难以为继，另外，东莞市存在土地价格较高、土地市场竞争激烈、后备土地资源不足、土地资源整合难度大、利益均衡机制不完善等一系列问题，亟须通过城市更新破解土地瓶颈。相应地，无论是政府一号文件，还是广东省制造业供给侧结构性改革创新试验区的获批，"拓空间"成为推进东莞市经济社会高质量发展的关键环节。

上海市作为全国经济社会发展的龙头城市，在快速城镇化与工业化面前却受制于土地供应面积的不足。根据《中国城市统计年鉴》数据测算，上海市以不到全国 1‰ 的土地面积，贡献了全国近 1/10 的财政收入。针对于此，上海市正以低增长甚至负增长的土地消耗，支撑经济有效益、有质量、可持续增长。《上海市国土空间近期规划（2021－2025年）》中提出，通过加强规划引导下的土地供应保障、深化推进土地高质量利用、探索国土资源利用计划联动管理、完善国土空间用途管理等方式做好用地保障工作。

第二，水资源总量是海洋旅游与资源环境承载力协调发展的次要障碍指标。

水资源是城市发展的命脉和城市安身立命的根本。水资源短缺是制约沿海城市经济社会发展的关键因素，这与季风气候不稳定、降水季节高度集中、人口与工农业水资源需求量大、水资源污染严重、水资源综合理用率低等有着较为密切的关系。

华北地区作为中国人口最为密集的地区之一，水资源短缺问题尤为严峻，水系中的绝大部分河流目前处于干涸状态，人均水资源量排名全国后三位。究其原因来看，该地区在经济发展过程中，在水资源取之不尽、用之不竭的错误思想指导下，忽视水资源的科学利用，多地盲目实施高耗水项目，导致大量抽取深层地下水，同时也造成水质恶化。可见，解决该地区水资源极度短缺问题，需要多措并举。

盘锦市水资源总量对两者协调发展的障碍作用最强，障碍度2.5673%。盘锦市地处辽河下游，没有独立水源，属于缺水型城市，水资源严重短缺已成为该市经济社会高质量发展和生态文明建设的瓶颈。与此同时，水资源浪费严重、用水粗放、效率不高、节水意识不强等问题也普遍存在。近年来，盘锦市连续遭受严重干旱，旱灾出现的频率和影响范围持续扩大，另外，随着辽河流域工业与农业的迅猛发展以及库下地区水田面积的大幅增加，用水量陡增，盘锦市水资源供需矛盾尤为突出，尤其是在每年的枯水期，形势十分严峻。据《盘锦市统计年鉴》统计可知，盘锦市人均水资源量仅为辽宁省全省的1/3，全国的1/8。科学认识、开发、利用和管理水资源，已经成为盘锦市经济社会发展的重大问题。

沧州市、青岛市、威海市等的水资源总量对两者协调发展的障碍作用次之，障碍度2.5606%、2.5535%、2.5534%。沧州市位于华北中东部地区，降水总量少，降水季节变化与年际变化大，河川径流缺乏，同时人口较为密集，工农业生产用水量大，相应地，人均水资源量低，成为全国严重缺水的地区之一。另外，因过度开采地下水，使得地下水漏斗区面积不断扩大，一定程度上出现地面沉降现象。

青岛市作为全国最严重的缺水地区之一，人均淡水资源储量仅为全国平均水平的1/9，超过95%的城市用水来自引江客水，是一个极度缺水的海洋城市。但是由于近期引江水量入不敷出，棘洪滩水库水位不断下降，水资源供给明显不足，城市供水安全面临挑战，城市水源接近枯竭，不能满足城市供水需求，节约用水刻不容缓。

威海市受到气候条件和特殊地理位置的影响，水资源主要来自大气降水，是典型的"靠天吃水"，属于国际公认的资源性缺水城市。近年来全年累计降雨量不断减少，加上水分蒸发快，同时威海市没有跨境流域的河流，人均水资源占有量仅为573立方米，尚不到全国平均水平的1/4，水资源严峻短缺成为影响城市经济社会发展的最大刚性约束，推进用水方式向集约节约方向转变成为缓解威海市水资源短缺的关键。

第三，海洋旅游收入、五星级饭店数量和科学技术支出占地方一般公共预算支出比重是海洋旅游与资源环境承载力协调发展的潜在障碍指标。

海洋旅游收入指标对海洋旅游与资源环境承载力协调发展的障碍作用排名第三。虽然中国海洋旅游保持平稳发展，海洋旅游增加值持续增加，但是，与日益增长的海洋旅游需求以及蓬勃发展的海洋旅游活动相比，中国沿海城市海洋旅游收入依然不高，两者并不呈现正比。其中：

滨州市海洋旅游收入对海洋旅游与资源环境承载力协调发展的障碍作用最大，障碍度2.2469%，这与其海洋旅游资源禀赋较差、海洋旅游意识不强、海洋旅游开发利用理念滞后且程度不高、海洋旅游运行机制有待完善等有着一定关系，导致海洋旅游发展缺乏对外吸引力，未来需要进一步加强对海洋旅游的宏观规划和引导，深度开发海洋旅游资源，强化旅游企业自身建设，加强海洋旅游人才培养，完善基础设施建设，为滨州市海洋旅游跨越式发展做好服务保障。

锦州市海洋旅游收入对海洋旅游与资源环境承载力协调发展的障碍作用次之，障碍度2.2395%。整体上来看，锦州市海洋旅游发展起步晚，起点低，与周边大连市、秦皇岛市等的海洋旅游强市相比，差距较大，层次偏低，水平不高，虽然锦州市海洋旅游资源单体数量较多且种类丰富，但拳头旅游产品和王牌旅游景区尤为缺乏，影响海洋旅游经济的整体竞争力提升，另外，锦州市海洋旅游发展缺乏科学合理的规划，同时缺乏有序统一的管理格局，基本无法形成竞争合力，未来需要坚持规划先行，制定海洋旅游发展战略体系，进一步整合海洋旅游资源，打造海洋旅游精品，建设"蓝色旅游"线路，推动集团化发展，并加强管理实践。

星级饭店评定既是客观形势发展的需要，也是促进饭店进入规范化、现代化与国际化管理现阶段的需要。五星级饭店作为旅游酒店的最高等级，代表着旅游酒店业最高的服务水准。五星级饭店数量指标对海洋旅游与资源环境承载力协调发展的障碍作用排名第四。其中，秦皇岛市、盘锦市、宁德市、日照市、滨州市、潮州市、防城港市7个沿海城市五星级饭店数量对海洋旅游与资源环境承载力协调发展的障碍作用最强，障碍度均为 2.0683%，一定程度上说明了这些城市五星级饭店相对较少，对于海洋旅游高质量发展的支撑能力不足。上海市五星级饭店数量对海洋旅游与资源环境承载力协调发展的障碍作用最小，无论是五星级饭店的营收规模还是平均出租率，均处于全国前列。根据上海市贸易外经统计处数据显示，上海市 2019 年五星级饭店客房平均出租率68.4%，五星级饭店平均房价 959 元/间天，对于海洋旅游的品质提升和高端引领具有较好的支撑作用。

科学技术支出占地方一般公共预算支出比重指标对海洋旅游与资源环境承载力协调发展的障碍作用排名第五。科学技术是第一生产力，经济社会的高质量发展离不开科学技术的创新，而科学技术的创新离不开财政资金的支持。只有拥有强大的创新能力，才能在激烈的竞争中把握先机、赢得主动。目前来看，无论是海洋旅游发展的技术创新，还是资源环境承载力的技术研究，均缺少一定的技术支持，这与全社会研发投入水平依然较低、基础研究投入力度不足、科技支出各地不均、科技经费管理不到位等有着直接关系。如表 4 - 2 所示，总的来看，东北地区科学技术支出占地方一般公共预算支出比重对两者协调发展的障碍作用较强，经济下行影响下的财政支出压力对其产生严重制约。其中，葫芦岛市科学技术支出占地方一般公共预算支出比重对两者协调发展的障碍作用最强，障碍度 2.0484%，丹东市科学技术支出占地方一般公共预算支出比重对两者协调发展的障碍作用最强，障碍度 2.0465%，未来应通过加大科技经费投入，优化科技支出结构，提高科技支出效率和科技经费管理的有效性，推动科技政策扎实落地等，以保障科研创新创造活动的顺利开展。杭州市作为创新活力之城，其科学技术支出占地方一般公共预算支出比重指标对海洋旅游与资源环境承载力协调发展的障碍作用最弱，通过持续推进技术、资本、人才等创新要素集聚，构建联动创新创业生态系统，建设数字经济、智能创造、生命健康等创新高地，在自主创新能力提升、科技企业培育、高端创新平台建设等诸多领域已经形成先发优势。

二、海洋旅游与资源环境承载力协调发展的子系统障碍因素

基于上述海洋旅游与资源环境承载力协调发展的单项指标障碍度测算结果，发现海洋旅游障碍度（22.7212%）高于资源环境承载力障碍度（17.0591%）。可见，以促进海洋旅游高质量发展为主线，以统筹协调、科学开发、多元供给、创新驱动等为支撑，全面提升海洋旅游发展水平将成为推动两者协调发展的重中之重。

从空间分异特征来看，资源环境承载力障碍度的空间分异程度相对明显，标准差 7.4468。其中，丹东市资源环境承载力障碍作用最强，障碍度 29.0697%，海口市资源环境承载力障碍作用最弱，障碍度 11.8549%。海洋旅游障碍度空间分异特征同样明显，标准差 6.7996。其中，潮州市海洋旅游障碍作用最为突出，障碍度 30.7079%；上海市海洋旅游障碍作用最弱，障碍度 12.3341%（见表 4 - 3）。

表4-3　　中国53个沿海城市海洋旅游与资源环境承载力障碍度

城市名称	海洋旅游障碍度（%）	资源环境承载力障碍度（%）	城市名称	海洋旅游障碍度（%）	资源环境承载力障碍度（%）
天津市	23.6265	19.1062	青岛市	18.2294	17.8057
唐山市	23.4835	21.0173	东营市	24.3249	18.2712
秦皇岛市	21.8149	19.9174	烟台市	20.8007	21.1994
沧州市	26.2762	17.9742	潍坊市	24.2373	17.1164
大连市	16.1951	15.8160	威海市	20.5730	15.3921
丹东市	28.1167	29.0697	日照市	24.7284	16.9506
锦州市	28.1345	19.7632	滨州市	25.5288	18.0589
营口市	27.0185	19.7013	广州市	14.7285	12.4815
盘锦市	24.0719	18.6526	深圳市	15.0104	20.4411
葫芦岛市	27.6993	23.5253	珠海市	19.5569	14.1977
上海市	12.3341	15.6681	汕头市	23.6290	17.7604
南通市	21.5374	15.3788	江门市	23.6509	14.3262
连云港市	24.0109	17.3986	湛江市	25.2962	16.9197
盐城市	24.5000	15.8864	茂名市	25.9820	15.0419
杭州市	14.9473	11.9123	惠州市	22.5587	16.7014
宁波市	16.0507	14.6307	汕尾市	28.2376	16.9581
温州市	22.3169	15.4427	阳江市	25.5713	13.8853
嘉兴市	24.2173	17.2696	东莞市	20.1672	17.7108
绍兴市	22.8543	14.6499	中山市	26.3043	20.9705
舟山市	18.2985	15.1718	潮州市	30.7079	20.3807
台州市	19.7766	13.3560	揭阳市	26.6825	24.6673
福州市	17.5539	14.0527	北海市	23.3140	16.9788
厦门市	18.1280	15.7403	防城港市	26.0817	12.2087
莆田市	22.9849	17.0850	钦州市	27.6441	16.2113
泉州市	20.3529	15.4960	海口市	25.8029	11.8549
漳州市	20.9467	12.8594	三亚市	22.4581	14.1936
宁德市	25.1684	18.9053			

第五章

中国海洋旅游与资源环境承载力
协调发展的实现路径

第一节　中国海洋旅游与资源环境承载力
协调发展的基本原则

一、以人为本原则

以人为本原则即推进人的全面发展，将人民群众放在社会主体地位，是建设和谐社会的根本出发点与落脚点。强调贯彻人民立场，为人民谋幸福，满足人民对美好生活的需要，使海洋旅游发展成果惠及最广大人民群众，是中国共产党领导海洋事业的奋斗目标。2013 年 7 月 30 日，习近平总书记在中共中央政治局第八次集体学习时指出，要下决心采取措施，全力遏制海洋生态环境不断恶化趋势，让我国海洋生态环境有一个明显改观，让人民群众吃上绿色、安全、放心的海产品，享受到碧海蓝天、洁净沙滩①。因此，要坚持以人为本的原则，增强海洋民生福祉，满足人民群众对海产品品质、海洋生态环境、优质亲海空间的诉求，让海洋旅游成果更多地惠及人民，增强人民的幸福感、安全感和获得感。

二、生态优先原则

长期来看，经济优先原则过于追求经济规模和经济利益，忽视资源环境的可持续利用与保护，生态优先原则就是在这一背景下提出的。生态优先原则强调绿色经济效益最大化，践行"绿水青山就是金山银山"的科学发展理念，基本形成"水清、滩净、湾美、岸绿"绿色可持续的海洋生态环境，构建"公开、公平、公正"的法制环境，杜绝海洋旅游发展过程中的"无序、无度、无偿"的三无现象，使海洋旅游发展合理有序进行，保证海洋旅游与海洋资源的可持续发展与利用。

三、协调发展原则

协调发展理念作为党的十八届五中全会提出的五大发展理念之一，有利于正确处理发展中的一系列重大关系。一方面，强调海洋旅游子系统与资源环境承载力子系统的协调发展，注重优化统筹与融合共生，推动不同要素的系统供给，真正实现 $1+1>2$，以此通过优势互补发挥整体效应；另一方面，强调海洋旅游发展的区域协同提升以及生态环境保护的区域协同治理，立足发挥各地比较优势和缩小区域差距，注重区域协调联动、一体化和网络化的渐次实现与有序推进，打造形成共建共享共治模式。

---

① 习近平在中共中央政治局第八次集体学习时强调 进一步关心海洋 认识海洋 经略海洋 推动海洋强国建设不断取得新成就，https：//news. 12371. cn/2013/08/01/ARTI1375300197-482676. shtml。

四、陆海统筹原则

陆海统筹原则是优化沿海地区功能布局，建立陆海空间、产业、资源协调发展新格局的制度保障和坚实基础。"环保不下海、海洋不上岸"是目前陆地环保与海洋环保出现分割局面的鲜明写照。然而，碧海银滩也是绿水青山，是美丽中国建设不可或缺的重要组成部分。未来，应当坚持陆海一体化原则，加强陆海联系，建立覆盖全域的海洋生态环境检测网络，探索建立陆海环境一体化治理体系，完善多部门联合监管陆源污染物排海的工作机制，开展主要入海河口的水质监测，实行环评审批互备。

五、社会效益原则

社会效益原则是海洋旅游发展为社会带来的收入或者为社会做出的贡献，亦称间接经济效益。只有真正实现经济效益、社会效益与生态效益的和谐统一，海洋旅游发展才能成功。因此，海洋旅游发展必须重视社会文化影响，严格遵守海洋旅游目的地的发展规划和政策法规，保证不能影响当地居民的社会生活和文化道德，并且通过海洋旅游发展加快基础设施建设，为当地居民提供就业机会，促进信息沟通和文化交流，得到当地居民和政府的认可与支持。

六、突出特色原则

突出特色原则是海洋旅游发展最重要的一项原则，忽视特色就没有了生命力和吸引力。中国多数沿海旅游城市从旅游项目到服务方式，从人文环境到城市建筑，几乎没有体现自身特色的内容，很难让游客产生异样的感受。未来应该突出海洋的自然美与人文美，尽量保持原始的海洋旅游资源风貌，体现区域海洋文化特色，实现"人无我有，人有我优"，以其独特的魅力吸引国内外游客。

第二节　中国海洋旅游与资源环境承载力协调发展的实现路径

一、借鉴国外先进经验，提升海洋旅游发展品质

20世纪90年代以来，随着工业化与城市化进程的快速推进以及个性化与多样化需求的不断呈现，人们对喧闹、嘈杂的城市环境愈发不适应，开展滨海休闲与度假活动成为共同向往。近年来，美国、法国、西班牙等主要滨海国家的海洋旅游开发进程不断加快，海洋旅游产品内容不断创新，海洋旅游产业体系逐渐形成，海洋旅游目的地向多元化、休闲化方向发展，海洋旅游发展成为其主要经济来源或创汇来源，并成为国民经济发展的重要支柱产业。由于海岸类型的差异，全球海洋旅游目的地有着各具特色的海洋旅游资源，如加勒比海地区有着清澈的海水、良好的气候和温暖的阳光；澳大利亚昆士兰幅员辽阔，珍稀物种丰富，是最早开展生态旅游的地区，有着"阳光之州"之称；泰国普吉岛是东南亚地区最具代表性的旅游胜地，有着原始银白的海滩。从各国海洋旅游开发状况来看，无论是中低端旅游还是高端旅游，坚持生态化的发展模式成为海洋旅游发展的共识，这在很大程度上与其脆弱的生态系统有着直接关系。目前，国外海洋旅游处于高度发展状态，强调生态保护为本、规划引领为先、政府主导为要、文化传承为魂、市场导向为重等原则，可持续旅游是其首要目标和追求，而中国海洋旅游尚处于积极的旅游开发建设过程当中，需要借鉴一些成熟的海洋旅游发展经验，以促进海洋旅游的高质量发展。

（1）建造临时人工沙滩，营造美丽的海岸风情。法国巴黎一直是全球最浪漫的度假胜地之一，但美中不足的就是不靠近海边，没有沙滩，缺少晒日光浴的阳光地带，针对此，巴黎市政府从2002年开始推出"巴黎沙滩节"，即从南部地区调用5 000吨细沙，将其运至塞纳河畔，打造一条从罗浮宫码头到亨利四世码头超过3公里的人工海滩，用棕榈树、细沙、折椅、遮阳伞、吊床等营造出美丽的海岸风情，整个塞纳河沿岸成了热闹非凡的巴黎沙滩，体现出无可替代的魅力。自此以来，每年盛夏季节会有400万人次到此免费享用"巴黎沙滩"，享受阳光沙滩风情。

（2）建设国家海洋公园，探索旅游开发与生态保护的新模式和新路径。国家海洋公园（National Marine Park）又称国家级海洋公园、国家海岸公园、国家海滨公园、国家海洋保护区等，通过建立以海洋景观和海洋生物多样性保护为主，兼顾休憩娱乐、环境教育、海洋科考等内容，使海洋旅游发展与生态环境保护得到共同满足，国家海洋公园建设成为目前国际海洋环境保护区设立的主要模式。美国、加拿大、澳大利亚等率先进行国家海洋公园研究与实践，日本、韩国及东南亚各国也相继加入，在国家海洋旅游公园建设与开发过程中积累了宝贵的实践经验，有利于海洋旅游开发与生态环境保护两方面的均衡，具体包括突出国家海洋公园的公益性特征、强化国家海洋公园的制度保障、管控国家海洋公园的活动强度与范围、开发国家海洋旅游公园的生态型产品、倡导负责任的旅游方式以及践行包容性旅游增长模式等。其中：澳大利亚建成了全球最为庞大的海洋公园系统。1937年在昆士兰格林岛建立了第一个国家海洋公园，成为既能保护海洋生物多样又能兼顾娱乐与休闲活动的多用途海洋公园，另外，大堡礁国家海洋公园每年吸引超过1 400万的国内外游客，产生了较强的综合效益；美国1953年在北卡罗来纳州建成一处国家海洋公园，每年产生上百亿美元的经济效益，既满足了国民游憩的需要，也保护了逐渐萎缩的海岸环境。

中国自2011年5月19日以来，先后批复了五批国家级海洋公园，共计 42 个，在海洋资源利用与生态保护的关系协调中发挥了重要作用，便于有效推进海洋保护区的规范化建设与管理，全面促进沿海地区海洋生态文明建设与社会经济可持续发展。

（3）建立海洋空间规划体系。海洋空间规划理论源于生态学，涉及海洋生态系统、生物多样性和栖息地等多个方面。海洋空间规划体系建构是海洋生态文明体系建设的重要组成，是全球普遍关注的热点研究内容。20 世纪 70 年代以来，作为重要的海洋空间管理工具，世界海洋空间规划体系不断发展和完善，从海洋公园规划、海洋生物区划、海洋功能区划，到微小尺度海洋空间规划、全海洋空间规划，再到海洋空间政策规划与海洋空间精细化规划，其内涵不断延伸（方春洪等，2018），这为生态文明视域下中国海洋空间规划体系构建以及海洋管理工作提供了参考。

英国作为历史悠久的海洋国家，最早于 2002 年在《卑尔根宣言》中表示接受海洋空间规划，承诺探索海洋空间规划的重要作用，并在《通过规划达到可持续发展的社会》中便开始探讨海洋空间规划体系，根据海洋特点和土地利用规划体系，提出构建包括联合王国、国家、区域和地方 4 个层级的英国海洋空间规划体系，之后陆续编制完成《英国海洋空间规划——爱尔兰海试点规划》《克莱德湾海洋空间规划》《马恩岛海洋空间规划》《苏格兰海洋规划》《英格兰南部近海和远海规划》等，2021 年英国完成全部管辖海域的海洋空间规划编制；荷兰的海洋空间规划体系由海洋空间战略、海洋用途区域和海域使用规划构成，1997 年与德国跨界实施《瓦登海海洋空间规划》，之后，《至 2015 北海综合管理战略》《国家国土空间战略》《国家水计划 2009－2015 年》等分别提出海洋空间规划发展战略和海洋空间规划措施，明确海域开发利用对于海岸保护等的目标和举措。另外，智利的海洋空间规划体系由国家海洋政策、国家海岸带和海洋使用发展规划、地区海岸带和海洋功能区划构成；澳大利亚的海洋空间规划体系由国家海洋政策、区域海洋生物区划以及州/领地海洋空间规划构成；美国的海洋空间规划规划体系由国家海洋空间规划政策框架、区域海洋空间规划和州海洋空间规划构成①。

（4）建立海洋保护区体系，并做好指导与管理工作。海洋保护区（Marine Protected Areas，MPAs）一词最早源于 1962 年的世界国家公园大会，成为防止海洋资源过度开发的有效方法。海洋保护区的建立是实现海洋经济可持续发展的重要工具，旨在使海洋保护区管理者有法可依，依法管理。国际自然保护联盟（IUCN）认为海洋保护区是为保护整体或部分环境而保留的潮间带和潮下带地区，以及水体、相关动植物、历史文化特征。根据中国海洋信息网显示，截至 2019 年底，全球建立、承诺或制定海洋保护区大约 17 000 个，总面积大于 2 800 万平方公里，占到全球海洋总面积的 7.9%②。海洋保护区体系作为海洋保护区的顶层设计，是在海洋保护区类型与等级上形成体系，包括自上而下和自下而上两种体系设立方式。其中，加拿大建立了自上而下的海洋保护区体系，从 1995 年 Canada's National Marine Conservation Areas System Plan 的公布，到 29 个"海洋区"及保护区的设立，不仅为保护濒危海洋物种和维护区域生态过程指明方向，也为海洋资源的可持续利用提供模板；美国建立了自上而下的海洋保护区体系，即要求国家海洋大气局与各州、地区、部族等利益相关者联合建立国家级海洋保护区体系。自 1963 年建立第一个海洋保护地即辽宁蛇岛老铁山国家级自然保护以来，中国已经初步建成以海洋自然保护区和海洋特别保护区为代表的海洋保护地网络，截至 2018 年底，共建成 271 处海洋保护区，总面积 12.4 万平方公里，占管辖海域面积的 4.1%。

（5）制定独具特色的海岛旅游发展规划。马尔代夫是印度洋上的群岛国家，也是世界旅游胜地，拥有丰富的海洋资源，坚持规划先行的理念。在海岛旅游开发过程中，马尔代夫尤为重视海岛旅游规划，坚持

---

① 方春洪，刘堃，滕欣，等．海洋发达国家海洋空间规划体系概述［J］．海洋开发与管理，2018，35（4）：51 – 55.

② 全球海洋保护区建设呈现新趋势，http：//www.nmdis.org.cn/c/2020 – 06 – 18/72035. shtml.

"一岛一特色"的海岛旅游发展模式,其海岛旅游规划设计充分考虑到单一海岛的整体性与其他海岛的关联性,重视社会文化氛围的营造和优美自然环境的打造,总体规划、分步实施,一岛一风格,在规划过程中,始终推行"四个一"模式,即:一个海岛只能有一个开发公司租赁,一个海岛只能有一种文化内涵和建筑风格,一个海岛只能建设一个酒店,一个海岛必须有一套完善的后勤服务和休闲娱乐设施,基于此,马尔代夫成为全球最受欢迎的旅游目的地之一以及全球三大潜水胜地之一①。

(6)颁布较为健全的海岸带生态环境法律。海岸带作为连接陆海系统的地理单元,是地球表面生物构成相对复杂且资源丰富的地带,是推进陆海统筹综合管理的关键区域,面向海岸带的生态环境治理尤为重要。美国1972年颁布了《海岸带管理法》,这是全球最早的海洋带生态环境保护法律,之后又陆续修订增加了《海洋保护、研究与自然保护区法》《国家海洋污染规划法》《国家环境政策法》《深水港法》等,相对完备的法律体系使得海岸带生态环境保护取得了显著成效;韩国的海岸带生态环境保护法律以《海岸带管理法》为主,以《湿地保护法》《海洋环境管理法》等为辅,强调营造亲水空间,注重亲水海岸项目开发,禁止破坏景观的行为,并定期开展海岸带整治计划等;欧盟自20世纪90年代以来开始加强海洋环境保护力度,尤其在海洋空间规划与海岸综合管理方面取得了良好成效,其中荷兰建立了海洋开发利用方面的综合管理计划,德国颁布制定的海岸带相关法律和规章有30余部,比利时在海洋总体规划中对各项海洋开发行为进行了空间定位等。

二、贯彻绿色发展理念,推动海洋旅游生态转型

绿色发展是建立在生态环境容量和资源承载力的约束条件下,通过

---

① 赵林林,程梦旎,应佩璇,等. 我国海洋保护地现状、问题及发展对策 [J]. 海洋开发与管理,2019,36 (5):3-7.

"绿色化"的生态保护实践，达到人与自然和谐、绿色资产增值和绿色福利提升的新兴发展模式。近年来，随着经济社会发展进程中资源环境约束的日益强化，学者们开始关注绿色发展问题，并将其作为经济社会可持续发展的衡量标准。需要注意的是，国外并未明确提出"绿色发展"的概念，关于"绿色发展"的研究大多是从人类发展与生态的关系来进行的，通常的提法包括"可持续发展""绿色经济""绿色增长""低碳经济"等，边界相对模糊，但实质上与绿色发展并无太大区别。"绿色发展"对中国来说是一个舶来品，概念内涵的界定、衡量指标的构建及测度以及区域绿色发展状况的分析等是主要研究内容。2005 年 8 月 15 日，时任浙江省委书记的习近平在浙江湖州安吉考察时提出"绿水青山就是金山银山"的论断；2007 年 10 月 25 日，党的十七大报告提出要建设生态文明；2015 年 10 月 29 日，党的十八届五中全会提出五大发展理念，其中，坚持绿色发展就是在中国发起的一次生态革命；2021 年 3 月 15 日，习近平总书记主持召开中央财经委员会第九次会议，其中一项重要议题就是研究实现"碳达峰、碳中和"的基本思路和主要举措，以上这些均是绿色发展理念的深入延续和体现。

随着旅游需求的不断变化，人们开始到大自然中缅怀与自然和谐共处的怀旧情结，开始从身体享乐为主向精神需求为主的生态追求转化。相应地，海洋旅游的发展也必须坚持生态优先和绿色引领，坚持生态化转型的发展趋势和重要方向，贯彻绿色发展这一新发展理念，实现开发与保护并重，践行"绿水青山就是金山银山"的理念，建设绿色可持续的海洋生态环境，推广海洋生态旅游发展模式，最终通过打造形成美丽海洋、绿色海洋、健康海洋、清洁海洋，满足人民群众日益增长的美好的海洋生态环境需求，增强人民群众的获得感、幸福感和安全感。

第一，按照"生态、极致、高端"的发展思路，坚持精准治污与科学治污，以海洋生态环境问题治理为基本导向，贯彻海洋生态文明思想，深入实施"蓝色海湾"综合整治行动、红树林保护修复专项行动、海岸带保护修复工程和渤海综合治理攻坚战行动等，提升局部海域生态系统服务功能，将蓝色碳汇逐渐融入"碳达峰"和"碳中和"行动，加强科学研究，强化生态修复，落实生态修复项目，加强生态保护宣传，构建动态实时监管网络，健全海洋生态预警监测体系，严控海洋旅游开发规模，确保海洋旅游开发不超过资源环境承载力。

第二，坚持"适度开发、保护为主、开发服从保护"的基本原则，以海洋生态环境的持续改善为核心，不断深化基于生态系统的海岸带综合治理模式，始终将海洋生物多样性作为海洋生态保护的重要支撑，严格控制海洋旅游生产活动，对于可建可不建的项目，坚决不能建设；对于必须建设的项目，要依法办理相关手续和环保措施，在经多方沟通与协商之后开工建设，逐步形成陆海统筹的海洋空间规划体系，在此过程中，要将高压执法作为海洋生态环境保护的一把利剑，探索群防群护工作机制，开展联合执法行动，严厉打击破坏海洋生态的行为，坚持系统治理。

第三，坚持陆海统筹，提升生态环境治理能力。健全综合协调机制，强化从源头到末端的全链条治理，强化"陆域—海域"的统筹治理，形成各负其责、齐抓共管的海洋生态环境保护大格局。完善海洋生态环境保护的标准体系，探索建立海洋碳汇监测与评价标准体系，构建保障有力、权责明确的海洋生态环境损害赔偿体系，推进监测监管机构的能力建设，发挥湾长制平台作用，完善湾长管理制度体系，加强入海河流与入海排污口的在线监测与通量监测，开展近岸海域环境质量监测，做好海湾协同联动监测数据的综合分析，形成覆盖省域管辖海域的海洋生态环境保障圈。

三、坚持区域协同发展，构建共建共享旅游格局

区域协同发展是多层次、全方位、多视角的发展，是一项涵盖社会、经济、资源、环境等多个要素的复杂工程，这些要素通过相互配合、分工协作，实现区域资源的优化配置以及经济社会效益的最大化。

区域协同发展的核心观点是立足区域比较优势与缩小区域差距，强调区域之间相互依存、紧密联系、相互合作、共同发展，通过缩小区域差距并保持在一定范围之内，实现协调发展，是贯彻新发展理念和建设现代化经济体系的重要组成，是新时代国家重大战略之一，也是未来世界经济发展的基本趋势。根据已有研究和相关统计可知，中国海洋旅游发展的区域分化特征较为明显，山东、上海、福建、广东四个海洋旅游大省的海洋旅游业增加值之和占全国海洋旅游业增加值的 60% 以上。同时，中国海洋旅游发展存在明显的季节性特征，一定程度上也加剧了海洋旅游的分化特征。坚持海洋旅游区域协同，推动海洋旅游共建共享有利于消除海洋经济一体化发展的制约因素，提高海洋旅游综合效益，培育区域经济发展新的增长极，进而提升区域旅游知名度与竞争力。

2003 年 4 月，厦门、泉州、潮州、汕头、漳州联合推出了"闽南潮汕五市黄金海岸游"旅游项目，重点打造海上丝绸之路旅游线路。福建与台湾两省从合作地缘、文脉、基础等方面来看，具有开展海洋旅游区域合作的独特优势，通过举办首届海峡旅游论坛，签署了《闽台旅游品质保障合作协议》《打造"小三通"黄金旅游通道合作宣言》《闽台旅游产学发展合作协议》等，签订了多项旅游合作项目，对接两岸精品旅游线路，在海峡西岸经济区、海上丝绸之路核心区和中国福建自由贸易试验区等的支持下，推动了闽台海洋旅游可持续发展。2019 年 8 月14 日，围绕海南省"三区一中心"的战略定位，三亚市政府与三沙市政府共同签署了旅游合作框架协议，将稳步开放海岛游、有序推进西沙旅游资源开发与三亚海上旅游合作开发基地中的资源要素高效整合，共建海洋旅游合作发展新格局。2019 年 9 月 5 日，2019 年东亚海洋文化和旅游发展论坛发布了《2019 年东亚海洋文化和旅游合作倡议》，该倡议提出要在 4 个方面加强合作，即：构建海洋文化旅游合作新机制，探索海洋文化旅游合作新途径，开启海洋文化旅游交流合作新模式，营造海洋文化旅游发展新环境。2020 年 5 月 19 日，青岛、烟台、潍坊、威海、日照共同签署《胶东经济圈文化旅游一体化高质量发展合作框架协议》，通过打造海上旅游、"国际葡萄海岸"旅游等拳头文旅产品，推出系列产品线路，协同推动游艇产业、海岛度假旅游等的发展，共创"胶东有礼"品牌，提升胶东经济圈文化旅游的国际影响力。

在经济全球化与区域一体化发展背景下，基于区域协同发展的理论基础与实践经验，未来应在充分论证的基础上，树立区域海洋旅游合作理念，打破各自为政和地方保护主义的发展现状，牢固树立"从大局着眼"的合作精神，强化区域海洋旅游合作，提高区域海洋旅游产业竞争力。具体来看：

第一，建立海洋旅游发展的区域协同机制。在《中共中央国务院关于建立更加有效的区域协调发展新机制的意见》的指导下，深化区域合作机制，优化区域互助机制，完善区域一体化发展机制，建立组织协调机制和利益共享机制，健全区际利益补偿机制，引导社会资金参与基础服务设施与公共服务设施建设，推动建立多元化、可持续的融资机制，构建宽领域、多层次信息平台，完善信息传导渠道，建立成本分摊机制与财政转移支付机制，以此弱化"行政区经济"的影响，消除区域市场壁垒，促进海洋旅游资源要素的自由流动，实现多层次、多样化区域联动，推动解决区域发展的不平衡问题，促进区域相互融通补充。

第二，推进海洋旅游发展的区域要素协同。一是政策协同。由国家文化和旅游部、国家发展和改革委员会等主导，在统一规划基础上，加强优质海洋旅游资源的提升与聚合，培育海洋旅游产业集聚区。二是信息协同。充分利用互联网和大数据技术，推动建立政府主导的信息共享平台，突破信息孤岛的困境。三是产品协同。注重区域协同性和互补性，构建互补性的海洋旅游产品体系，开发各具特色且差异组合的海洋旅游产品，突出海洋旅游主题线路。四是营销协同。基于现代化的营销手段和传播技术，构建全面系统和多维立体的海洋旅游营销推广体系，扩大沿海地区海洋旅游资源的知名度和美誉度。五是品牌协同。丰富海洋旅游品牌内涵，推动品牌的多元化与具象化升级，强化区域品牌的整体营销，加快品牌全方位推广。六是要素协同。持续完善区域海洋旅游公共服务，尤其是海洋旅游交通优化与智慧海洋旅游建设，持续推进旅游厕所革命和旅游集散服务工程，加强海洋旅游人才的培养与交流。

四、加强国际交流合作，参与全球海洋生态治理

1982 年的《联合国海洋法公约》中指出，各国要通过控制、阻止和减少来自陆地人类活动对海洋环境污染的法律法规。联合国环境规划署通过关于保护海洋生态环境免受陆源污染的全球行动计划，旨在协助各国制定改善和保护海洋生态环境的措施与政策。2015 年联合国峰会通过的《2030 年可持续发展议程》，明确了与海洋和滨海直接相关的可持续发展目标。"联合国生态系统恢复十年（2021－2030 年）行动计划"和《联合国海洋科学促进可持续发展十年（2021－2030 年）》均对滨海湿地管理、保护与修复工作提出了全新要求。2019 年 4 月 23 日，习近平总书记在会见多国海军活动的外方代表团团长时指出，"我们人类居住的这个蓝色星球，不是被海洋分割成了各个孤岛，而是被海洋连接成了命运共同体，各国人民安危与共"。

目前，全球海洋旅游产业正迎来大发展的黄金时期，海洋旅游的国际化在给世界带来美好前景的同时，也带来了前所未有的新变革与新挑战，这就需要有更高战略层面的交流与合作。2017 年 9 月 11 日，由中国旅游协会发起的世界旅游联盟正式成立。作为第一个全球性、非政府、非营利、综合性的国际旅游组织，世界旅游联盟以"旅游让世界更美好"为核心理念，旨在分享经验，深化合作，增进共识，推动全球旅游业包容性、可持续发展。未来，在全球气候变化与重大人类活动的双重压迫下，海洋旅游发展的生态环境保护问题需要各国与各地区共同努力，应当树立全球发展思维，加强海洋科技创新，建设海洋监测系统，加快构建海洋命运共同体，将海洋旅游发展积极纳入联合国框架下的全球海洋治理体系，推动海洋保护领域的国际合作。

中国作为发展中的海洋大国，一直积极履行着保护海洋的承诺，主

动参与国际海洋保护合作工作，并于 2019 年 4 月提出了海洋命运共同体理念，成为人类命运共同体思想与发展，契合了各国利益，并顺应了时代潮流。中国已经与葡萄牙、塞舌尔、欧盟等建立了蓝色伙伴关系，与 40 多个国家和国际组织在海洋生态保护等领域签署了合作协议，未来应当以更加积极的姿态贡献全球海洋治理的中国方案，在海洋环境保护、海洋科技、防灾减灾、蓝色经济等领域加强协作与协调，推动海洋治理体系不断完善，逐渐成为全球海洋治理体系的引领者，在海洋环境预报、海洋监测观测、海洋生态保护等多个方面提供中国方案和中国技术。

第三节 中国海洋旅游与资源环境承载力协调发展的保障对策

一、科学制定海洋旅游发展规划

海洋作为一种同质化的旅游资源，必须要有专业性与高水平的规划设计方案。科学的规划与高水平的管理是海洋旅游可持续发展的重要保证。在海洋旅游目的地的规划工作中，要将区域发展总体规划与海洋旅游发展规划有机地衔接起来，将旅游环境容量与环境影响评价纳入海洋旅游发展规划中。在区域发展总体规划中，突出海洋旅游发展规划的重要地位，制定海洋旅游发展目标，实现多规合一，强调海洋旅游环境保护的重要性，在海洋旅游资源和海洋旅游设施等进行详细调查的基础上，融入可持续蓝色经济发展理念，编制海洋旅游发展规划和纲要，加强基于生态系统的管理与规划，做好海洋功能分区和海洋空间规划，基于气候、区位和海岸地貌等要素，合理划定海洋旅游功能区。

海洋旅游发展规划必须符合海洋强国的建设要求和海洋旅游的发展

规律，不能将陆地旅游发展规划照抄照搬至海洋。因此，要在坚持生态原则、特色原则、系统原则、创新原则和动态原则的基础上，根据不同海洋旅游地区的地形地貌、资源、设施、生态环境等条件，制定差异化的海洋旅游空间布局模式与开发建设项目，明确海洋旅游开发的步骤和重点，将海洋旅游开发量控制在正常的生态系统水平上，在维护生态系统稳定性的前提下开展适度开发活动，然后进行海洋旅游开发项目与配套项目的具体规划，并设计海洋旅游地的风格、材料、色彩、标识、空间秩序、环境设施等环境因素，明确建设标准如建筑物的高度与密度、设备线的埋设、海岸线与建筑物的最小距离等。加快开发具有环境亲和力的海洋旅游新产品，研究海洋旅游产品的生命周期，挖掘区域海洋文化，打造形成现代海洋文化，将海洋旅游文化渗透到海洋旅游资源开发与海洋旅游设施建设过程中，使海洋旅游的景点开发、景观建设与之相协调。

二、推进海洋旅游管理体制改革

要解决海洋旅游发展与生态环境之间的矛盾，达到社会经济与资源环境的全方位协调，实现海洋旅游的健康可持续发展，必须对现有管理体制进行全面改革，构建统一、高效、协调的组织保证体系。在此基础上，政府部门要加强统一协调与管理，深化海洋旅游用海、用地、用岛、用滩政策，制定海洋旅游生态准入门槛，推进"去房地产"的发展模式，避免发展中的不科学行为，提升治理能力和治理体系。

加强组织领导，完善海洋旅游统一管理制度，建立海洋旅游发展与生态环境保护相统一的管理协调机制，强化海洋旅游环境管理，加强多部门的共同规划与综合管理，强化土地行政主管部门、林业行政主管部门、海岛行政主管部门以及其他行业部门之间的彼此协调，培育一体化的运行机制，及时解决海洋旅游发展与生态环境保护决策中存在的交叉与分歧问题，将海洋旅游发展与生态环境保护落到实处，为海洋旅游可持续协调发展提供保障。

有效落实责任，做好部门分工。各级政府从深入落实科学发展观的高度出发，高标准制定海洋旅游发展战略和发展规划，加强海洋旅游规划管理，合理设置海洋旅游景点和海洋旅游设施，按照分级管理体制，逐级逐个部门落实责任，认真抓好组织实施，并加强实施管理。各职能部门将海洋旅游开发与生态环境保护项目列入部门专项规划，按照职责分工，有计划组织项目建设实施，做好技术把关和业务指导工作，同时，与上级对应部门做好衔接工作，避免海洋旅游的盲目开发与短期行为。

三、完善海洋旅游生态保护法律

完整、和谐、稳定的海洋生态系统是海洋旅游高质量发展的基础，依法兴旅是海洋旅游生态化转型的客观需要。实施海洋旅游发展的过程，也是海洋依法建设的过程。完善的法律规章制度能够保证依法用海和依法管海，能够为海洋旅游发展构建良好的法制环境，便于将海洋旅游发展纳入法制化轨道。考虑到中国滨海地区生态环境问题较为严峻，同时目前滨海地区海洋旅游发展的法律制度尚不成熟，因此，构建滨海地区海洋旅游发展的生态环境保护法律体系对于实现滨海地区的最大价值以及保障海洋旅游业的可持续发展具有紧迫性和必要性。

第一，制定海洋旅游生态环境保护法律法规。将海洋旅游发展的生态环境保护问题嵌入《中华人民共和国海洋环境保护法》，在上位法律法规的科学指导下，各区域因地制宜，建立并出台与之相配套的实施细则、条例、规章等，使海洋旅游资源开发、生态环境保护和综合管理等有法可依，保证管理者和经营者有章可循。

第二，完善海洋旅游生态环境保护执法机制。切实做好环境督查与执法工作，强化执法监督检查及巡查，及时发现问题、排查问题、解决问题，制定破坏海洋资源与海洋生态环境的行为，规范海洋旅游开发秩序，保证法律法规的实施成效。明确各执法主体的地位及职责权限，明确执法程序，建立行之有效的执法体系。各执法部门定期开展联合抽查执法活动，就海岸带生态环境保护事项建立共同记录，建立协作型执法机制，达到联合惩戒的目的。强化多元化执法，明确排污费、环境税、赔偿基金等经济调节手段，加大对环境污染行为的惩罚力度，明确刑事责任处理范围。

四、加大海洋旅游环境治理投入

海洋治理（ocean governance）是用以表示那些用于管理海洋区域私人和公共的行为，以及管理资源与活动制度的结构与构成。虽然中国海洋旅游资源众多，但是海洋旅游产品开发仍处于初级阶段，存在产品结构单一、同质化问题突显、环境破坏严重、观光与度假低端项目较多等问题。针对此，需要在海洋旅游环境治理过程中加大对多个要素的投入，包括资金要素投入、技术要素投入、人力资源要素投入、基础设施要素投入等方面。具体来看：

在海洋旅游环境治理资金投入方面，创新海洋旅游投融资政策，积极发挥政府财政投资的导向作用，提高资金利用效率，建立多元化、多渠道的投融资机制，鼓励和引导企业与社会组织进行投资，强化基础设施建设。

在海洋旅游环境治理技术投入方面，增加海洋基础研究的高技术投入，搭建海洋科技创新平台，建成海洋产业企业研发中心和公共服务平台，加快海洋旅游发展的对外开放进程，开展国际技术合作与交流，推动海洋科技创新能力实现跃升，建成海洋监测与海洋动力遥感观测卫星星座，初步形成海洋立体观测网，增强海洋预报防灾减灾能力。

在海洋旅游环境治理人力资源投入方面，针对旅游者、旅游从业者和当地群众，依托全国海洋意识教育基地、国家海洋博物馆等，借助海洋节庆活动和知名会展论坛等，大力宣传海洋旅游环境保护知识，加强海洋环境科技研究成果转化，积极发展海洋科技教育事业，提高海洋旅游环境治理的公众参与度，增强旅游从业者和社会公众的海洋环境保护意识，组织志愿者清洁海岸活动，鼓励海洋旅游目的地居民开展海洋美化与海洋装饰活动，通过建立海洋旅游教育体制和教育结构，完善海洋文化教育体系和海洋专业人才培养体系，加快海洋旅游人才队伍建设，构建包含多种教育方式的培训机构，提高海洋旅游从业人员的素质，提高海洋旅游环境品味，加速海洋知识进学校、进课堂、进教材。

在海洋旅游环境治理基础设施投入方面，制定海洋旅游环境治理领域基础设施专项规划，建成功能完备、安全高效、布局合理、绿色低碳的现代化海洋旅游环境治理基础设施体系，构建海洋旅游环境治理基础设施重点工程项目库，通过多种方式吸引更多社会资本推动项目实施，加快补齐海洋旅游环境治理基础设施短板，全面提升海洋旅游环境污染治理能力，增强海洋旅游环境监管效能，实现管理能力的现代化。

五、推动海洋文化旅游繁荣发展

结合海洋旅游的发展态势以及文化与旅游的融合趋势，未来将本着发挥文化资源优势，弘扬中华海洋文化的宗旨，从推进海洋文化旅游融合发展、完善海洋文化旅游相关政策、加强海洋文化教育、提高全民海洋意识、把握海洋文化内涵，建构海洋文化旅游产品体系、加强海洋文化传播等多个方面出发，推动海洋文化旅游繁荣发展。

第一，推进海洋文化旅游融合发展。文化是旅游业发展的灵魂，是区域差异最重要的"识别码"，旅游业发展是文化的载体，是文化魅力提升的重要依托，文化和旅游融合发展能够在很大程度上增强文化自信，有利于中华文化的传承以及旅游产业由观光型向体验型的转变。海洋文化是与海洋相关且源于海洋的文化，包括人类对海洋的认识、利用、管理、维护以及与海洋相关的制度与法律，与陆地文化相比更具开放性和进取性的特点，主要构成是海洋民俗文化、海洋历史文化和海防军事文化等。从"海洋强国"战略到"21世纪海上丝绸之路"倡议再到"海洋命运共同体"理念的提出，中国海洋文化建设进入高速发展阶段。海洋文化旅游作为一种全新的旅游方式正在悄然兴起。在经济全球化背景下，大力推进海洋文化与海洋旅游的深度融合已然成为海洋经济内涵式发展的必然要求。中国作为古老的文明古国，历史上依托庞大的商船队，曾抵达东亚、西亚、东南亚和非洲东海岸，甚至有研究指出商代移民东渡经过太平洋和阿留申群岛到达墨西哥，成为最早到过美洲大陆的移民，在如此浩瀚的背景下，中国海洋文化旅游精彩而厚重，有着色彩缤纷、内涵深厚、种类繁多、富于东方特色的海洋文化。总的来看，中国海洋文化旅游资源可以分为有形的海洋文化旅游资源和无形的海洋文化旅游资源。其中有形的海洋文化旅游资源包括历史事件发生地、水下考古文物、港口、海堤、海塘、滨海历史文化名城、古渔村、蓬莱仙阁等宗教建筑、海防海战遗迹、贝丘文化遗址、历史人物遗迹、海洋博物馆等；无形的海洋文化旅游资源包括文学艺术作品、民间文艺、传统技艺、祭海习俗、海洋旅游节庆活动、海洋科普教育等①。

第二，完善海洋文化旅游相关政策。为了进一步凸显海洋文化的重要性，鼓励海洋文化与海洋旅游实现进一步融合，国家层面出台了一系列政策对其进行驱动（见表5-1）。其中，2015年12月17日发布的《全国海洋文化发展纲要》是中国海洋文化领域出台的第一份政府文件，提出了推进海洋文化建设的目标与路径，这为中国海洋文化发展指明了方向。

---

① 历史事件发生地是指历史上发生过与海洋文化活动相关事件的地方，如山东省烟台市市区北部海域的芝罘岛，因秦始皇统一六国后曾三次东巡并登临于此，而吸引了无数游客来此寻幽探胜；贝丘文化遗址是远古先民捕捞各种水生贝类动物，剔食其肉之后，将其外壳遗弃并堆放一处，久而久之形成大小不一的贝壳堆积物，在这些堆积物中又夹杂着古代人类使用过的石器、蚌器、陶器、骨器等生产生活工具；水下考古文物是指遗存于某些水域的具有历史、艺术和科学价值的人类文化遗产；祭海是一门古老而又深沉的文化，是渔民传承不息的民俗节日，历经几百年而不息，是因为人之初与海结下了永不破解的缘分；民间文艺是渔民、航海船工、跑码头等人们的口传故事、号子、小调和杂技绝活等。

表 5 – 1　　　　　　　中国海洋文化旅游产业相关政策

发布时间	文件名称	海洋文化旅游产业政策内容
2015 年 12 月 17 日	《全国海洋文化发展纲要》	中国海洋文化领域出台的第一份政府文件，提出要发挥海洋文化遗产资源在旅游业中的重要作用，打造海洋文化遗产旅游品牌，培育以海洋文化遗产为支撑的体验旅游、海岛和渔村休闲旅游线路
2017 年 6 月 13 日	《服务业创新发展大纲（2017—2025 年）》	积极发展海洋旅游和文化产业额，推动基础较好的区域建设特色海洋服务集群
2018 年 8 月 29 日	《关于促进海洋经济高质量发展的实施意见》	加强海洋文化场馆建设及文化遗产保护，加强渤海湾沿海及海域国家海洋文化展示聚集区建设，重点支持江苏沿岸及海域海洋文化产业、浙江沿岸海岸及海域海洋文化和福建沿岸及海域海洋文化创意产业的发展
2019 年 8 月 23 日	《关于进一步激发文化和旅游消费潜力的意见》	支持邮轮游艇旅游等业态发展，促进文化、旅游和现代技术的相互融合，发展新一代沉浸式体验型文化和消费内容，提升文化的数字化水平
2021 年 6 月 4 日	《"十四五"文化和旅游发展规划》	高质量推进"一带一路"文化旅游发展，办好海上丝绸之路国际艺术节，推进南海及沿海重点水域水下文物的调查和考古发掘与保护，推进海上丝绸之路的文化保护与利用

　　此外，中国 11 个沿海省份在各自国民经济和社会发展"十四五"规划中多次提及与海洋文化旅游相关的内容，涉及打造特色海洋文化旅游带、大力发展海洋文化旅游产业、大力发展海丝文化旅游等（见表5 – 2）。

表 5 – 2　　中国沿海省市国民经济和社会发展"十四五"规划中
涉及的海洋文化旅游内容

规划文件	海洋文化旅游相关内容
《辽宁省国民经济和社会发展第十四个五年规划和二〇三五年远景目标纲要》	深入挖掘区域历史人文资源，加强重点海域水下文化遗产调查和水下考古发掘，整合锦州市红色文化主题和滨海旅游资源

规划文件	海洋文化旅游相关内容
《天津市国民经济和社会发展第十四个五年规划和二〇三五年远景目标纲要》	健全现代文化产业体系，打造特色海洋文化旅游带
《山东省国民经济和社会发展第十四个五年规划和二〇三五年远景目标纲要》	多元发展海洋文化，提升海洋文化交流合作，推进琅琊台等大遗址保护和考古研究，推进蓬莱登州古城等振兴发展，优化文旅融合发展布局，提升打造仙境海岸文化旅游带，重点建设海上游威海项目与日照阳光海岸品质提升工程
《江苏省国民经济和社会发展第十四个五年规划和二〇三五年远景目标纲要》	推进海上丝绸之路遗迹申遗
《上海市国民经济和社会发展第十四个五年规划和二〇三五年远景目标纲要》	推进黄浦江文化创新带建设，建设浦江旅游品牌，开发水乡特色旅游项目，整合滨河沿岸文化场馆与活动空间，保护和活化外滩、北外滩、民生码头等沿江文化遗产
《浙江省国民经济和社会发展第十四个五年规划和二〇三五年远景目标纲要》	协调推进"海上丝绸之路"联合申遗，提升"丝绸之路周"文化交流活动影响，建设国际丝绸之路和跨文化交流中心，谋划打造滨海文化旅游产业带重大平台
《福建省国民经济和社会发展第十四个五年规划和二〇三五年远景目标纲要》	持续推进"人文海丝"与"海丝茶道"重点工程建设，提升海上丝绸之路福州国际旅游节、海上丝绸之路泉州国际艺术节、海上丝绸之路国际舞蹈艺术交流周、厦门南洋文化节、莆田世界妈祖文化论坛等平台影响力，加强"海丝"文化遗产保护传承，推动更多"海丝"题材文化艺术精品"走出去"，加强湄洲妈祖庙文化教育交流基地建设，办好世界妈祖文化论坛
《广东省国民经济和社会发展第十四个五年规划和二〇三五年远景目标纲要》	深入开展"广东文化精品丝路行"，联合打造具有丝路特色的旅游线路和旅游产品，推进海上丝绸之路申报世界文化遗产，加大对古港、海防遗址等的保护力度，深入推进潮汕文化等特色文化研究阐发和教育传播行动，构建国际一流的高品质滨海景观公路旅游带
《广西壮族自治区国民经济和社会发展第十四个五年规划和2035年远景目标纲要》	大力发展海洋文化旅游业，培育发展邮轮旅游等新业态新模式，推进海上丝绸之路·北部湾沿海史迹申报世界文化遗产，打造全国非遗主题旅游线路，推动创建北部湾渔文化国家级文化生态保护区，大力发展海丝文化旅游

第三，加强海洋文化教育，提高全民海洋意识。海洋文化教育即传播海洋文化，是文化软实力提升的核心，决定着人类以何种观念认识与

利用海洋，以何种理念处理人与海洋之间的冲突与摩擦。国民海洋意识是海洋文化繁荣发展的重要组成部分，只有强化国民海洋意识，才能够为加快建设海洋强国提供强有力的支持。2008年的《国家海洋事业发展规划纲要》将普遍增强全民海洋意识①作为2020年中国海洋事业发展的目标之一，指出要大力弘扬海洋文化，增强全民海洋意识，加强海洋文化遗产的挖掘和保护，建立并完善海洋管理的公众参与机制。具体来看，通过相关主体和部门的共同努力，丰富海洋文化教育的方式，构建新时代特色海洋文化体系，建设海洋文化公共基础设施，打造海洋文化交流与传播平台，创新海洋文化遗产传承途径与保护方式，培养海洋文化专业人才，提高国民海洋科学素养，强化海洋生态可持续发展意识，引导青少年亲近海洋，形成热爱海洋、关心海洋的情感等，一方面要增加国民对国家海洋文化的认同感，另一方面要增强国家海洋文化的国际感召力。

第四，把握海洋文化内涵，建构海洋文化旅游产品体系。中国的海洋文化始于历史悠久的耕海牧渔和扬帆远航，兴于海洋强国建设进程。1978年改革开放尤其是2012年党的十八大以来，中国海洋文化伴随海洋事业的发展而发展，体现着国家关于海洋的思想、观念与习俗。推动海洋文化旅游的繁荣发展，需要深入把握海洋文化基本内涵，在继承古代优良海洋文化基础上，结合新时代海洋强国建设要求，不断适应海洋文化的新要求，建构海洋文化旅游产品体系，如海上丝绸之路海洋文化旅游产品、郑和遗迹海洋文化旅游产品、宗教海洋文化旅游产品、抗倭史迹海洋文化旅游产品、近代海战遗迹海洋文化旅游产品、近现代优秀建筑海洋文化旅游产品、水下考古海洋文化旅游产品、名人名著海洋文化旅游产品、海洋民俗文化旅游产品和海洋科技文化旅游产品等。

---

① 根据北京大学海洋研究院编制的《国民海洋意识发展指数（MAI）研究报告（2017）》可知，中国国民海洋意识发展指数虽然相较2016年有了明显提升，但是总体上仍然偏低，平均得分仅为63.71，同时各地国民海洋意识状况差异较大，呈现由沿海向内陆依次递减的趋势，其中北京居于榜首，上海、海南分列二、三位，未来国民海洋意识仍有较大的提升潜力。

第五，依托各级各类媒体平台，加强海洋文化传播。海洋文化的凝聚力和影响力不仅取决于思想内容，还取决于传播能力。推动海洋文化的繁荣发展，需要遵循文化传播规律，以价值理念的传承发展为重点，做好海洋文化传播工作，使海洋文化传得更广、传得更开，形成爱海、强海的社会氛围，提升中国海洋文化的感召力和影响力。另外，海洋文化的传播需要形成连续和持续的行为，并结合网络数字化建立有效的传播途径。

第六章

结论与展望

第一节　主要结论

本书以中国 53 个沿海城市为实证研究区域，以 2019 年为研究时间节点，在系统梳理海洋旅游与资源环境承载力相关概念、相关理论以及国内外研究现状的基础上，科学构建海洋旅游与资源环境承载力评价指标体系，并运用乘法集成赋权与综合指数法进行综合测度，进而运用耦合协调度模型和障碍度模型，对海洋旅游与资源环境承载力的协调发展特征及其障碍因素进行诊断，最后根据实证研究结果，提出中国海洋旅游与资源环境承载力协调发展的实现路径和保障对策。总结来看，主要得出以下四点结论：

第一，中国海洋旅游发展水平平均值为 0.9855，从空间分异来看，上海市海洋旅游发展水平最高，潮州市海洋旅游发展水平最低，两者相差 4.36 倍；从三大海洋经济圈来看，海洋旅游发展水平呈现东部海洋经济圈 > 南部海洋经济圈 > 北部海洋经济圈；从海洋旅游三大子系统来看，大致呈现海洋旅游环境保障 > 海洋旅游发展状态 > 海洋旅游要素支撑，平均值分别为 0.4187、0.4112 和 0.1556。就海洋旅游环境保障而言，大致呈现生态环境保障 > 经济环境保障 > 社会环境保障，平均值分别为 0.6667、0.4398 和 0.1497；就海洋旅游发展状态而言，大致呈现海洋旅游资源禀赋 > 海洋旅游影响程度 > 海洋旅游运营业绩，平均值分别为 0.8508、0.2090 和 0.1737；就海洋旅游要素支撑而言，大致呈现医疗支撑 > 交通运输支撑 > 通信支撑 > 科技支撑，平均值分别为 0.2070、0.1987、0.1451 和 0.0716。

第二，中国资源环境承载力平均值 1.3522，从空间分异来看，杭州市资源环境承载力水平最高，汕头市资源环境承载力水平最低，两者相差 1.76 倍；从三大海洋经济圈来看，资源环境承载力水平呈现东部海洋经济圈 > 南部海洋经济圈 > 北部海洋经济圈，与海洋旅游发展水平一致；从资源环境承载力三大子系统来看，大致呈现生态环境承载力 > 社会经济支撑力 > 自然资源承载力，平均值分别为 0.5678、0.5388 和 0.2455；就生态环境承载力而言，海口市生态环境承载力水平最高，取值 0.9600，丹东市生态环境承载力水平最低，取值 0.3811；就社会经济支撑力而言，深圳市社会经济支撑力最强，取值 0.8845，潮州市社会经济支撑力最差，取值 0.3647；就自然资源承载力而言，防城港市自然资源承载力最强，取值 0.7964，厦门市自然资源承载力最差，取值 0.0524。

第三，中国海洋旅游与资源环境承载力处于（0.3，0.5］的低水平拮抗耦合阶段，耦合度平均值 0.4876，34 个沿海城市的耦合度高于平均水平，以东莞市和大连市海洋旅游与资源环境承载力耦合度最高，取值 0.5000，19 个沿海城市耦合度低于平均水平，以防城港市海洋旅游与资源环境承载力耦合度最低，取值 0.4562，三大海洋经济圈海洋旅游与资源环境承载力的耦合度大小呈现东部海洋经济圈 > 北部海洋经济圈 > 南部海洋经济圈；中国海洋旅游与资源环境承载力的协调度整体一般，协调度平均值 0.7518，25 个沿海城市的协调度高于平均水平，较为集中的分布于长江三角洲和珠江三角洲地区，以上海市海洋旅游与资源环境承载力协调度最高，取值 0.9731，28 个沿海城市的协调度低于平均水平，相对集中的分布于辽宁半岛和山东半岛地区，以潮州市海洋旅游与资源环境承载力协调度最低，取值 0.6228，三大海洋经济圈海洋旅游与资源环境承载力的协调度大小呈现东部海洋经济圈＞南部海洋经济圈＞北部海洋经济圈。此外，从海洋旅游与资源环境承载力的协调类型来看，上海、广州、杭州、深圳 4 个沿海城市属于优质协调型，漳州、天津、舟山等 9 个沿海城市属于良好协调型，钦州、莆田、连云港等 26 个沿海城市属于中级协调型，潮州、葫芦岛、锦州等 14 个沿海城市属于初级协调型。

第四，就单项指标的障碍度而言，除生活垃圾无害化处理率指标的障碍度较低以外，其余单项指标的障碍度差别不大，平均值 ∈ [1.8806%，1.8869%]，人均行政区域土地面积、水资源总量、海洋旅游收入、五星级饭店数量以及科学技术支出占地方一般公共预算支出比重是中国海洋旅游与资源环境承载力协调发展的前 5 位障碍指标，其中人均行政区域土地面积是海洋旅游与资源环境承载力协调发展的首要障碍指标，深圳市行政区域土地面积对两者协调发展的障碍作用最强，水资源总量是海洋旅游与资源环境承载力协调发展的次要障碍指标，盘锦市水资源总量对两者协调发展的障碍作用最强，海洋旅游收入、五星级饭店数量以及科学技术支出占地方一般公共预算支出比重是海洋旅游与资源环境承载力协调发展的潜在障碍指标。就子系统的障碍度而言，海洋旅游子系统是海洋旅游与资源环境承载力协调发展的主要障碍子系统，障碍度22.7212%，资源环境承载力子系统是海洋旅游与资源环境承载力协调发展的次要障碍子系统，障碍度 17.0591%。

第二节　未来展望

21 世纪是海洋的世纪，海洋与国家的繁荣和民族的兴旺紧密联系在一起，海洋在国民经济与地缘政治中的地位显著提升。中国作为一个海洋大国，海洋事业发展历史久远。早在春秋战国时期，齐国就已通过渔盐之利充实着经济资源，秦汉时"海上丝绸之路"初步形成，唐宋时丝绸、瓷器和茶叶通过"海上丝绸之路"大规模出口，造船技术与航海水平达到世界领先，对外交往十分频繁，明朝时郑和下西洋将中国古代海洋事业推向顶峰。新中国成立初期，以毛泽东同志为核心的第一代中央领导集体，总结中国饱受西方列强海侵的历史教训，提出"海防是今后国防前线""建设强大海军"等的战略方针，并建立海洋管理机构，兴办海洋教育，开展海洋科学研究，恢复提升传统海洋渔业，推动中国海洋事业快速发展。进入改革开放和社会主义现代化建设新时期，党和国家领导人做出"进军海洋，造福人民""发展海洋事业，振兴国家经济"等的重要指示，提出"实施海洋开发，发展海洋产业"等的战略部署突发事件，海洋事业上升为国家发展战略，先后组织开展全国海岸带与海涂资源综合调查以及海岛资源综合调查，正式实施《中华人民共和国海洋环境保护法》《中华人民共和国海域使用管理法》《中华人民共和国海岛保护法》等，首次开启南极科考征程，并建立长城站、黄河站等，同时在国际海洋科学合作中发挥着越来越重要的作用。党的十八大以来，习近平总书记针对海洋发展做出一系列重要的论述，确立了以海强国、依海富国、人海和谐与合作共赢的发展道路，通过改革海洋管理体制、打造海洋命运共同体、推进海洋生态修复专项行动、加强南海岛礁建设等一系列重大举措，有力推动了中国海洋事业的跨越式发展。经过长期探索与实践，中国海洋事业总体进入了历史最好时期，海洋经济持续快速发展，海洋科技创新获得重大突破，海洋生态文明建设深入推进，全民海洋意识显著增强，并成为全球海洋治理的重要贡献者。

阳光、沙滩、海浪、海鲜……独特的海洋资源与缤纷的海洋风景吸引着越来越多的游客开展海洋旅游活动。在新时代中国社会主要矛盾发生转变的背景下，大力发展海洋旅游，既是发挥中国海洋资源优势、提升海洋经济和旅游经济整体实力、建设海洋强国的重大举措，也是满足人民群众多元化与个性化需求、发展幸福导向型产业，建设幸福中国的必然选择，有利于优化旅游产业结构，提升旅游产业品质，增强旅游市场吸引力，其发展状况直接影响区域经济社会发展水平与国家海洋发展战略布局。

如前所述，海洋旅游开发既为沿海及岛屿经济社会发展带来诸多收益，能够满足游客多元化与个性化的需求，促进当地社会文化的繁荣发展，也对资源环境的可持续带来一定的负面影响，而且有些破坏是不可以逆转的。近年来，中国海洋旅游逐渐从高速增长转向优质发展阶段，综合带动效应愈发突出。海洋旅游的快速发展迫切要求对海洋资源的合理开发利用、海洋环境保护与可持续发展等关键问题进行科学研究，为海洋旅游业的高质量发展提供保障。中国沿海地区长期形成的向海洋要资源、要空间、要动能的"向海索地"惯性思维催生了大规模的围填海活动，虽然在一定程度上缓解了沿海资源要素紧张的局面，为沿海产业集聚发展和基础设施建设提供了承载空间，但是掠夺式与粗放式的海洋开发模式带来了海洋生态系统退化、濒危海洋生物减少等问题，导致自然岸线锐减，滨海湿地面积大幅减少，海洋生态环境不容乐观。根据《2019年中国海洋生态环境状况公报》可知，2019年中国海洋生态环境整体稳中向好，但同样存在部分海洋生态系统呈现亚健康和不健康状态、入海河流水质总体呈现轻度污染等的问题，一定程度上影响海洋旅游持续性与高质量发展。

在大力实施国家海洋强国战略与旅游强国战略背景下，海洋旅游资源开发类型将更加综合，海洋旅游发展空间将向纵深不断拓展，海洋旅游活动类型将更加丰富多彩，新兴海洋旅游业态将不断涌现。与此同时，海洋旅游的持续性与高质量发展对资源环境承载力的要求也会不断提高，需要实现两者的全面协调。众所周知，海洋旅游与资源环境承载力的全面协调发展既是一项复杂系统的工程，也是一个繁重艰巨的任务，时效性很强，需要循序渐进。本书以中国沿海城市为例，对海洋旅游与资源环境承载力评价指标体系构建及综合评价、特征分析与实现路径等方面的探讨是较为初步的，今后将在尺度选择、指标选取、方法应用、机制分析等方面进行更为深入的探索。

（一）理论研究需要进一步的深化和拓展

本书按照"综合评价—特征分析—实现路径"的研究范式初步构建中国海洋旅游与资源环境承载力协调发展的理论框架体系，具有一定的参考价值。但是，海洋旅游可持续发展作为一个相对复杂的科学问题，涉及到海洋学、生态学、旅游管理、环境学等多个学科领域，研究难度较大，今后应对海洋旅游与资源环境承载力协调发展的理论框架体系进行更为系统的总结，进一步拓展和深化理论研究内容。

（二）空间尺度需要进一步的深入和扩展

本书对中国53个沿海城市海洋旅游与资源环境承载力综合评价、协调发展及其实现路径等的分析是较为笼统的。鉴于不同区域海洋旅游与资源环境承载力的特征与机制等存在差异，今后应针对海洋旅游典型城市和特殊区域开展更为微观具体的研究，另外还要针对不同类型海洋旅游目的地开展全方位的比较研究，逐渐完善实证研究体系。

（三）数据方法需要进一步的完善和丰富

本书主要采用统计年鉴数据和传统数学模型对海洋旅游与资源环境承载力的综合评价、协调发展特征及障碍因素等进行定量分析，基本遵循传统的要素协调发展研究思路，今后将继续坚持理论与实践相结合，开展实地调研与问卷调查，深入咨询海洋旅游的实际工作进展，获取第一手资料，并充分利用移动互联网、Python等的大数据载体，更为真实有效地探寻区域海洋旅游与资源环境承载力发展现状。

参 考 文 献

［1］白福臣，徐璐．中国高端海洋产业发展政策研究［J］．科技管理研究，2015，35（16）：41－46．

［2］蔡礼彬，罗威．基于扎根理论与文本分析的海洋旅游目的地意象研究——以夏威夷为例［J］．世界地理研究，2019，28（4）：201－210．

［3］蔡礼彬，王晨琳．近年来国外海洋旅游研究综述［J］．旅游论坛，2018，11（4）：31－42．

［4］柴寿升，吕华．中国海洋旅游市场开发的现状分析［J］．海岸工程，2002（1）：75－79．

［5］柴寿升，赵建春．海洋旅游危机事件及其管理体系构建研究［J］．国土与自然资源研究，2011（6）：53－56．

［6］柴勇．环境保护视域下海岛旅游可持续开发模式分析［J］．改革与战略，2017，33（4）：131－133．

［7］常立侠，唐焕丽．广东海岛旅游开发新视角：世界知名旅游岛对广东海岛开发的启示［J］．海洋开发与管理，2015，32（7）：59－63．

［8］车亮亮，张荣荣，韩雪．基于CiteSpace的中国海岛旅游研究知识图谱分析［J］．旅游论坛，2018，11（4）：43－54．

［9］陈超．可持续发展理念下的环渤海经济圈海洋旅游开发探析［J］．环渤海经济瞭望，2019（9）：88－89．

［10］陈东景，刘玉，司玉洁．海洋生态经济系统适应性管理绩效测度与障碍因素诊断——以山东省为例［J］．海洋环境科学，2020，40

（6）：185 – 192.

[11] 陈娟. 中国海洋旅游资源可持续发展研究 [J]. 海岸工程，2003（1）：103 – 108.

[12] 陈梅，刘晶晶，崔枫，等. 邮轮旅游者未来价值评估与潜类分析模型——以大陆、香港和台湾为例 [J]. 人文地理，2017，32（2）：152 – 160.

[13] 陈晓，李悦铮. 环渤海主要滨海城市旅游竞争力定量研究 [J]. 经济地理，2008，28（1）：158 – 162.

[14] 陈扬乐，王琳. 海洋旅游导论 [M]. 天津：南开大学出版社，2003.

[15] 陈哲锋. 海南海洋旅游产业发展对策分析 [J]. 旅游纵览（下半月），2020，317（4）：129 – 130.

[16] 程钰，王晶晶，张悦. 30年来"生态环境"主题的研究进展——主题脉络、知识演进与内容述评 [J]. 中国人口·资源与环境，2021，31（9）：189 – 201.

[17] 池源，石洪华，孙景宽，等. 城镇化背景下海岛资源环境承载力评估 [J]. 自然资源学报，2017，32（8）：1374 – 1384.

[18] 崔凤军，杨永慎. 产业结构对城市生态环境的影响评价 [J]. 中国环境科学，1998，18（2）：166 – 169.

[19] 戴靖怡. 旅游型海岛旅游产业—社会经济—生态环境耦合协调度实证分析——以山东省长岛县为例 [J]. 浙江海洋大学学报：人文科学版，2020，37（2）：24 – 31.

[20] 单春红，崔莎莎. 海域承载力视角下中国滨海旅游业的发展战略选择研究 [J]. 中国海洋大学学报：社会科学版，2016（4）：14 – 19.

[21] 邓颖颖. 21世纪"海上丝绸之路"建设背景下中国—东盟旅游合作探析 [J]. 广西社会科学，2015（12）：40 – 45.

[22] 邓颖颖. 以海洋公园为合作模式促进南海旅游合作 [J]. 海南大学学报：人文社会科学版，2014，32（3）：43 – 49.

［23］狄乾斌，韩雨汐．熵视角下的中国海洋生态系统可持续发展能力分析［J］.地理科学，2014，34（6）：664－671.

［24］丁德文，徐惠民，丁永生，等．关于"国家海洋生态环境安全"问题的思考［J］.太平洋学报，2005（10）：60－64.

［25］丁黎黎，杨颖，李慧．区域海洋经济高质量发展水平双向评价及差异性［J］.经济地理，2021，41（7）：31－39.

［26］丁黎黎，郑海红，刘新民．海洋经济生产效率、环境治理效率和综合效率的评估［J］.中国科技论坛，2018（3）：48－57.

［27］董朝阳，童亿勤，薛东前，等．海岛旅游文化景观特征及影响因素分析——以舟山桃花岛为例［J］.陕西师范大学学报：自然科学版，2018，46（5）：98－107.

［28］董玉明．海洋旅游学［M］.北京：海洋出版社，2003.

［29］董玉明．中国海洋旅游业的发展与地位研究［J］.海洋科学进展，2003，20（1）：26－28.

［30］董志文，李龙芹．中国滨海城市海洋旅游竞争力测度与评价研究［J］.海南大学学报（人文社会科学版）.

［31］董志文，孙静，李钰菲．中国沿海城市海洋旅游发展水平测度［J］.统计与决策，2018（19）：130－134.

［32］段佩利，刘曙光，尹鹏，等．城市群开发强度与资源环境承载力耦合协调的实证［J］.统计与决策，2019，35（8）：49－52.

［33］段佩利，刘曙光，尹鹏，等．中国沿海城市开发强度与资源环境承载力时空耦合协调关系［J］.经济地理，2018，38（5）：60－67.

［34］段学军，王雅竹，康珈瑜，等．村镇建设资源环境承载力的理论基础与测算体系［J］.资源科学，2020，42（7）：1236－1248.

［35］樊杰，孔维锋，刘汉初，等．对第二个百年目标导向下的区域发展机遇与挑战的科学认知［J］.经济地理，2017，37（1）：1－7.

［36］樊杰，周侃，王亚飞．全国资源环境承载能力预警（2016版）的基点和技术方法进展［J］.地理科学进展，2017，36（3）：266－276.

［37］樊杰．资源环境承载力专题序言［J］．地理科学进展，2017，36（3）：1．

［38］方创琳，周成虎，顾朝林，等．特大城市群地区城镇化与生态环境交互耦合效应解析的理论框架及技术路径［J］．地理学报，2016，71（4）：531－550．

［39］方叶林，黄震方，段忠贤，等．中国旅游业发展与生态环境耦合协调研究［J］．经济地理，2013，33（12）：195－201．

［40］封志明，李鹏．承载力概念的源起与发展：基于资源环境视角的讨论［J］．自然资源学报，2018，33（9）：1475－1489．

［41］封志明，杨艳昭，闫慧敏，等．百年来的资源环境承载力研究：从理论到实践［J］．资源科学，2017，39（3）：379－395．

［42］封志明，游珍，杨艳昭，等．基于三维四面体模型的西藏资源环境承载力综合评价［J］．地理学报，2021，76（3）：645－662．

［43］盖美，宋强敏．辽宁沿海经济带海洋资源环境经济系统承载力及协调发展研究［J］．资源开发与市场，2018，34（6）：759－765．

［44］盖美，朱静敏，孙才志，等．中国沿海地区海洋经济效率时空演化及影响因素分析［J］．资源科学，2018，40（10）：1966－1979．

［45］高乐华，高强．海洋生态经济系统交互胁迫关系验证及其协调度测算［J］．资源科学，2012，34（1）：173－184．

［46］高维全，王玉霞，韩雪．海岛旅游效率空间格局演变及影响因素研究——以中国12个海岛县（区）为例［J］．海洋通报，2020，39（4）：416－425．

［47］高维全，王玉霞．长山群岛旅游产业与生态环境协调发展研究［J］．地域研究与开发，2017，36（3）：103－107．

［48］葛全胜，杨林生，等．雄安新区资源环境承载力评价和调控提升研究［J］．中国科学院院刊，2017，32（11）：1206－1215．

［49］谷明．国外滨海旅游研究综述［J］．旅游学刊，2008，23（11）：87－94．

[50] 郭鲁芳. 浙江海洋旅游可持续发展对策研究 [J]. 江苏商论, 2005（12）：103 – 105.

[51] 国家海洋局. 中国 21 世纪海洋议程 [M]. 北京：海洋出版社，1996.

[52] 韩增林. 中国海洋产业研究进展与展望 [J]. 经济地理, 2016，36（1）：89 – 96.

[53] 郝庆，封志明，赵丹丹，等. 自然资源治理的若干新问题与研究新趋势 [J]. 经济地理, 2019，39（6）：1 – 6.

[54] 侯京淮. 海洋旅游资源开发对海洋经济可持续发展的影响 [J]. 经济与管理, 2020（11）：156 – 160.

[55] 胡蓓蓓，徐爱荣，高姗. 区域旅游承载力与高铁网络的耦合机制与协同策略 [J]. 旅游学刊, 2021，36（12）：8 – 10.

[56] 胡春燕. 关于推动中国海洋节庆发展的思考 [J]. 中国海洋大学学报：社会科学版, 2014（6）：36 – 40.

[57] 胡德坤，晋玉. 新时代中国海洋观及其对国际海洋治理的影响 [J]. 国际问题研究, 2021（5）：73 – 89.

[58] 黄少辉. 中国海洋旅游产业 [M]. 广州：广东经济出版社，2011.

[59] 黄蔚艳，朱晓辉. 海洋旅游安全管理 [M]. 北京：海洋出版社，2017.

[60] 黄蔚艳. 海洋旅游危机事件的预防机制研究——基于海洋旅游者视角 [J]. 山东大学学报：哲学社会科学版, 2010（4）：124 – 128.

[61] 黄蔚艳. 海洋旅游者危机认知实证研究——以舟山市旅游者为个案 [J]. 经济地理, 2010，30（5）：865 – 870.

[62] 黄细嘉，谌欣，王佳. 旅游用地经济效益与生态环境的集约度—协调度研究——以江西省国家级风景名胜区为例 [J]. 企业经济, 2017，36（10）：114 – 119.

[63] 黄贤金，宋娅娅. 基于共轭角力机制的区域资源环境综合承

载力评价模型 [J]. 自然资源学报, 2019, 34 (10): 2103 – 2112.

[64] 纪建悦, 唐若梅, 孙筱蔚. 海洋科技创新, 海洋产业结构升级与海洋全要素生产率——基于中国沿海 11 省份门槛效应的实证研究 [J]. 科技管理研究, 2021, 41 (16): 73 – 80.

[65] 贾鸿雁. 中国的海洋旅游文化资源及其开发 [J]. 中国海洋大学学报: 社会科学版, 2006 (2): 8 – 11.

[66] 贾跃千, 李平. 海洋旅游和海洋旅游资源的分类 [J]. 海洋开发与管理, 2005, 22 (2): 77 – 81.

[67] 江金波, 唐金稳. 珠江三角洲旅游创新的协调发展研究——基于二象对偶理论视角 [J]. 地理研究, 2018, 37 (9): 1751 – 1761.

[68] 姜鹏鹏, 王晓云. 中国滨海旅游城市竞争力分析——以大连、青岛、厦门和三亚为例 [J]. 旅游科学, 2008, 22 (5): 12 – 18.

[69] 金文姬, 沈哲. 海洋经济研究丛书: 海洋旅游产品开发 [M]. 杭州: 浙江大学出版社, 2013.

[70] 匡巧娟, 赵书彬. 旅游型无居民海岛环境承载力评价体系的建立和应用——以海南省蜈支洲岛为例 [J]. 海洋开发与管理, 2018, 35 (6): 66 – 70.

[71] 李博, 史钊源, 韩增林, 等. 环渤海地区人海经济系统环境适应性时空差异及影响因素 [J]. 地理学报, 2018, 73 (6): 1121 – 1132.

[72] 李华, 符全胜, 蔡永立. 滨海型城区旅游地竞争力评价体系构建 [J]. 上海海事大学学报, 2007, 28 (3): 69 – 74.

[73] 李华, 高强, 丁慧媛. 中国海洋经济发展的生态环境响应变化及影响因素分析 [J]. 统计与决策, 2020, 36 (20): 114 – 118.

[74] 李卉妍, 王浩, 隋姗姗, 等. 海南国际旅游岛建设中人才综合管理创新路径研究 [J]. 科学管理研究, 2016, 34 (2): 74 – 77.

[75] 李继东. 江门海洋生态旅游资源开发战略初探 [J]. 生态经济, 2015, 31 (5): 111 – 114.

[76] 李京梅, 许玲. 青岛市蓝色经济区建设的海洋资源承载力评

价 [J].中国海洋大学学报：社会科学版，2013（6）：8－13.

[77] 李隆华，俞树彪.海洋旅游学导论 [M].杭州：浙江大学出版社，2005.

[78] 李梦程，李世泰，王成新，等.中国海岛型旅游目的地生态安全综合评价与障碍因素研究 [J].海洋科学，2020，44（5）：76－86.

[79] 李梦程，王成新，薛明月，等.中国海岛旅游发展与生态环境耦合协调评价与影响因素研究 [J].世界地理研究，2021，30（5）：1048－1060.

[80] 李梦媛，丁黎黎，薛岳梅.海洋经济对中国外汇收入的带动效应研究——以滨海旅游业为例 [J].浙江海洋大学学报：人文科学版，2020，37（5）：20－28.

[81] 李平，盛红.海洋旅游研究初探 [J].海岸工程，2001，20（1）：58－63.

[82] 李平，史晓源.中国滨海城市海洋旅游竞争力影响因素分析 [J].浙江海洋大学学报（人文科学版），2019，36（1）：40－48.

[83] 李平.海洋旅游可持续发展战略研究 [J].海洋开发与管理，2000（3）：7－11.

[84] 李瑞，郭娟，马子笑，等.中国滨海地区入境旅游市场结构特征分析 [J].经济地理，2013，33（12）：202－207.

[85] 李瑞，吴殿廷，朱桃杏，等.基于内涵界定的中国滨海旅游发展模式研究 [J].热带地理，2012，32（5）：527－536.

[86] 李淑娟，李满霞.我国滨海城市旅游经济与生态环境耦合关系研究 [J].商业研究，2016（2）：185－192.

[87] 李淑文，李素霞，杨小婷，等.滨海旅游对北海银滩生态环境的影响 [J].科技创新与应用，2018（14）：41－43.

[88] 李文峰，姜佳将.全要素协同：国内海洋旅游综合改革路径研究——以舟山群岛为例 [J].浙江学刊，2013（6）：205－209.

[89] 李燕.基于灰色关联度分析的北部湾海洋旅游业发展影响因

素及对策研究 [J]. 西南师范大学学报（自然科学版），2019，44（1）：56－61.

[90] 李应济，张本. 海洋开发与读本 [M]. 北京：海洋出版社，2007.

[91] 李悦铮，李鹏升，黄丹. 海岛旅游资源评价体系构建研究 [J]. 资源科学，2013，35（2）：304－311.

[92] 李悦铮. 发挥海洋旅游资源优势，加快大连旅游业发展 [J]. 人文地理，2001（5）：93－96.

[93] 李昭楠，胡垚坤，刘七军，等. 内陆干旱区资源环境承载力预警评价与模拟分析——来自宁夏的实证分析 [J]. 生态经济，2021，37（11）：209－215.

[94] 刘欢，杨德进，王红玉. 国内外海洋旅游研究比较与未来展望 [J]. 资源开发与市场，2016，32（11）：1398－1403.

[95] 刘佳，高峰，张生瑞. 滨海旅游目的地游客感知价值的影响因素研究——以广西北海银滩国家级旅游度假区为例 [J]. 中国生态旅游，2021，11（4）：644－657.

[96] 刘佳，贾楠. 中国滨海旅游研究热点领域与演化路径分析——基于科学知识图谱视角 [J]. 资源开发与市场，2018，34（6）：844－849.

[97] 刘佳，李莹莹，王娟. 中国沿海地区旅游环境承载力与城镇化水平动态关联性分析 [J]. 商业研究，2017（4）：178－185.

[98] 刘佳，于水仙，王佳. 滨海旅游环境承载力评价与量化测度研究——以山东半岛蓝色经济区为例 [J]. 中国人口·资源与环境，2012，22（9）：163－170.

[99] 刘江宜，窦世权，黎清华，等. 旅游海岛水资源环境承载能力研究 [J]. 生态经济，2019，35（10）：130－135.

[100] 刘江宜，窦世权，牟德刚. 海岛资源环境承载能力评价研究——以广西涠洲岛为例 [J]. 中国渔业经济，2020，38（6）：109－120.

[101] 刘俊，保继刚. 英国传统海滨度假地衰退研究——综述与启

示 [J]. 旅游学刊, 2007, 22 (1): 49-54.

[102] 刘凯, 任建兰, 张理娟, 等. 人地关系视角下城镇化的资源环境承载力响应——以山东省为例 [J]. 经济地理, 2016, 36 (9): 77-84.

[103] 刘敏. 环境经济社会学视野下的海岛旅游开发及其反思——青岛市 L 岛的实地研究 [J]. 中国海洋大学学报: 社会科学版, 2019 (4): 16-22.

[104] 刘世栋, 高峻. 旅游活动对滨海浴场水环境影响研究 [J]. 中国环境监测, 2013, 29 (2): 1-4.

[105] 刘蜀凤, 李柏文. 航空和邮轮旅游市场开发经验对铁路旅游的启示 [J]. 旅游学刊, 2021, 36 (12): 6-8.

[106] 刘伟. 海洋旅游学 [M]. 北京: 中国旅游出版社, 2016.

[107] 刘文政, 朱瑾. 资源环境承载力研究进展: 基于地理学综合研究的视角 [J]. 中国人口·资源与环境, 2017, 27 (6): 75-86.

[108] 楼筱环. 生态型海洋旅游发展对策研究——以舟山群岛为例 [J]. 生态经济, 2008 (12): 122-125.

[109] 卢亚丽, 徐帅帅, 沈镭, 等. 河南省资源环境承载力的时空差异研究 [J]. 干旱区资源与环境, 2019, 33 (2): 16-21.

[110] 卢亚丽, 徐帅帅, 沈镭, 等. 生态型海洋旅游发展对策研究——以舟山群岛为例 [J]. 自然资源学报, 2021, 36 (11): 2811-2824.

[111] 吕一河, 傅微, 李婷, 等. 区域资源环境综合承载力研究进展与展望 [J]. 地理科学进展, 2018, 37 (1): 130-138.

[112] 骆永明. 中国海岸带可持续发展中的生态环境问题与海岸科学发展 [J]. 中国科学院院刊, 2016, 31 (1): 1133-1142.

[113] Mohd Nizam Basiron. 海洋旅游在东南亚的发展 [M]. 马来西亚: 马来西亚旅游局, 1999.

[114] 马彩华, 赵志远, 游奎. 略论海洋生态文明建设与公众参与 [J]. 中国软科学, 2010 (S1): 172-177.

[115] 马华栋, 王平, 温玉波, 等. 基于生态足迹分析的南澳岛旅

游业可持续发展评估 [J]．海洋开发与管理，2021，38（8）：61－66．

[116] 马立强．海洋文化旅游休闲产业竞争优势构建：产业集聚的视角 [J]．东南大学学报：哲学社会科学版，2015，17（6）：84－91．

[117] 马丽卿，胡卫伟．产业转型期的长三角区域海洋旅游特色产品链构建 [J]．人文地理，2009，24（2）：125－128．

[118] 马丽卿，胡卫伟．长三角地区海洋旅游产业集群成因及核心竞争力策略 [J]．现代经济探讨，2009（5）：52－56．

[119] 马丽卿，朱永猛．产业融合背景下的海洋旅游综合管理体制研究：以浙江为视点 [M]．北京：海洋出版社，2015．

[120] 马丽卿．海岛型旅游目的地的特征及开发模式选择——以舟山群岛为例 [J]．经济地理，2011，31（10）：1740－1744．

[121] 马丽卿．海洋旅游学 [M]．北京：海洋出版社，2013．

[122] 马仁峰，盛雨婷．海洋潜水旅游地研究历程、关键领域与展望 [J]．中国海洋大学学报（社会科学版），2022（2）：48－62．

[123] 马仁峰，吴杨，张旭亮，等．浙、台海洋旅游研究动态及两岸旅游合作新思维 [J]．资源开发与市场，2015，31（2）：239－244．

[124] 马耀峰，张春晖，薛华菊，等．中国旅游业"十三五"规划须关注的几个问题 [J]．旅游科学，2016，30（1）：16－24．

[125] 马勇，何彪．中国海滨旅游开发的战略思考 [J]．世界地理研究，2005，14（1）：102－107．

[126] 马勇，李丽霞，任洁．神农架林区旅游经济—交通状况—生态环境协调发展研究 [J]．经济地理，2017，37（10）：215－220．

[127] 马勇，唐海燕．交旅融合背景下高铁与旅游高质量协同发展研究 [J]．旅游学刊，2021，36（12）：10－12．

[128] 毛汉英，余丹林．区域承载力定量研究方法探讨 [J]．地球科学进展，2001，16（4）：549－555．

[129] 牛方曲，孙东琪．资源环境承载力与中国经济发展可持续性模拟 [J]．地理学报，2019，74（12）：2604－2613．

[130] 彭飞，韩增林，杨俊，等. 基于 BP 神经网络的中国沿海地区海洋经济系统脆弱性时空分异研究 [J]. 资源科学，2015，37（12）：2441 - 2450.

[131] 亓朋，艾洪山，徐昱东，等. 中国各地区生态福利绩效评价及贸易开放影响效应研究 [M]. 北京：经济管理出版社，2020.

[132] 秦海旭，段学军，赵海霞，等. 南京市资源环境承载力监测预警研究 [J]. 长江流域资源与环境，2020，29（12）：2727 - 2736.

[133] 邱慧青，肖建红. 基于海洋生态产品的海岛旅游绿色发展经济激励额度评估 [J]. 中国人口·资源与环境，2017，27（4）：128 - 135.

[134] 曲金良. 海洋旅游文化发展中的几个问题 [J]. 青岛海洋大学学报（社会科学版），1999（1）：88 - 91.

[135] 任建兰，常军，张晓青，等. 黄河三角洲高效生态经济区资源环境综合承载力研究 [J]. 山东社会科学，2013（1）：140 - 145.

[136] 邵海琴，吴卫，王兆峰. 长江经济带旅游资源绿色利用效率与新型城镇化的时空耦合协调 [J]. 经济地理，2021，41（8）：204 - 213.

[137] 沈功斌，张永波. 基于信息技术的海洋旅游安全保障体系研究 [J]. 信息技术与信息化，2016（10）：78 - 83.

[138] 石培华，陆明明，穆怀彦，等. 海洋旅游发展中的中国模式 [M]. 北京：中国旅游出版社，2021.

[139] 宋立杰. 论海洋旅游开发过程中的外部性问题及其对策 [J]. 海洋开发与管理，2004（1）：18 - 21.

[140] 宋一兵. 中国—东盟海洋旅游经济圈研究初探 [J]. 东南亚纵横，2010（7）：16 - 19.

[141] 苏子龙，袁国华，郝庆，等. 广西近岸海域生态环境承载力与滨海旅游经济耦合发展研究 [J]. 广西社会科学，2018（4）：37 - 43.

[142] 孙才志，李博，郭建科，等. 改革开放以来中国海洋经济地理研究进展与展望 [J]. 经济地理，2021，41（10）：117 - 126.

[143] 孙佼佼，谢彦君. 矛盾的乌托邦：邮轮旅游体验的空间生

产——基于扎根理论的质性分析 [J]. 旅游学刊, 2019, 34 (11): 41 -50.

[144] 孙静, 杨俊, 席建超. 中国海洋旅游基地适宜性综合评价研究 [J]. 资源科学, 2016, 38 (12): 2244 -2255.

[145] 孙晓东, 侯雅婷. 邮轮旅游的负效应与责任性研究综述 [J]. 地理科学进展, 2017, 36 (5): 569 -584.

[146] 孙晓东, 倪荣鑫. 中国邮轮游客的产品认知, 情感表达与品牌形象感知——基于在线点评的内容分析 [J]. 地理研究, 2018, 37 (6): 1159 -1180.

[147] 孙晓东, 武晓荣, 冯学钢. 邮轮旅游季节性特征: 基于北美市场的实证分析 [J]. 旅游学刊, 2015, 30 (5): 117 -126.

[148] 孙永胜, 佟连军. 吉林省限制开发区域资源环境承载力综合评价 [J]. 自然资源学报, 2021, 36 (3): 634 -645.

[149] 谭红日, 刘沛林, 李伯华. 基于网络文本分析的大连市旅游目的地形象感知 [J]. 经济地理, 2021, 41 (3): 231 -239.

[150] 唐峰陵, 许爱华. 滨海旅游开发对生态环境影响的策略研究——以北海市为例 [J]. 乐山师范学院学报, 2015, 30 (11): 69 -73.

[151] 唐健雄, 刘雨婧. 基于"三生"系统的典型旅游城市人居环境演变过程及机制研究——以张家界市为例 [J]. 地理研究, 2021, 40 (6): 1803 -1822.

[152] 唐少霞, 侯璇音, 赵志忠, 等. 海南东部沿海居民对滨海旅游开发影响的感知差异分析 [J]. 生态经济, 2014, 30 (9): 129 -134.

[153] 田里, 柯又萌. 西南地区旅游经济对生态环境影响的实证研究——基于 VAR 模型 [J]. 社会科学家, 2021 (2): 40 -44.

[154] 田深圳, 李雪铭, 杨俊, 等. 东北三省城市拟态与现实人居环境时空耦合协调特征与机制 [J]. 地理学报, 2021, 76 (4): 781 -798.

[155] 佟玉权. 海洋旅游旅游资源分类体系研究 [J]. 大连海事大学学报 (社会科学版), 2007, 6 (2): 61 -64.

[156] 王大悟. 海洋旅游开发研究——兼论舟山海洋文化旅游和谐

发展的策略［J］. 旅游科学，2005，19（5）：5.

［157］王丹，鹿红. 论中国海洋生态文明建设的理论基础和现实诉求［J］. 理论月刊，2015（1）：26－29.

［158］王富玉. 国际热带滨海旅游城市发展道路探析［M］. 北京：中国旅游出版社，2000.

［159］王辉，石莹，武雅娇，等. 海岛旅游地"陆岛旅游一体化"的测度与案例实证［J］. 经济地理，2013，33（8）：153－157.

［160］王佳，黄细嘉，张广海，等. 中国沿海地区旅游经济预警评价时空差异研究［J］. 商业经济与管理，2015（3）：64－74.

［161］王洁，黄华. 国外邮轮旅游环境影响研究进展及其启示［J］. 世界地理研究，2017，26（5）：136－146.

［162］王静，袁昕怡，陈晔，等. 面向可持续城市生态系统管理的资源环境承载力评价方法与实践应用——以烟台市为例［J］. 自然资源学报，2020，35（10）：2371－2384.

［163］王娟，张广海. 国外观鲸旅游的研究进展与启示［J］. 世界地理研究，2013，22（4）：91－99.

［164］王亮，刘慧. 基于PS－DR－DP理论模型的区域资源环境承载力综合评价［J］. 地理学报，2019，74（2）：340－352.

［165］王淼，贺义雄. 中国海洋旅游资源资产的产权界定与产权关系探讨［J］. 旅游科学，2006，20（4）：38－41.

［166］王强. 海岸带资源环境承载力约束下岸线功能格局演变与调控［M］. 北京：科学出版社，2022.

［167］王少剑，崔子恬，林靖杰，等. 珠三角地区城镇化与生态韧性的耦合协调研究［J］. 地理学报，2021，76（4）：973－991.

［168］王新越，伍烨轩. 中国东部地区国内旅游消费与城镇化协调关系研究［J］. 地理科学，2018，38（7）：1139－1147.

［169］王学萱. 区域海洋旅游竞争力提升研究——以山东省为例［J］. 东岳论丛，2015，36（4）：103－107.

[170] 王泽宇, 崔正丹, 韩增林, 等. 中国现代海洋产业体系成熟度时空格局演变 [J]. 经济地理, 2016, 36 (3): 99 – 108.

[171] 王泽宇, 卢函, 孙才志. 中国海洋资源开发与海洋经济增长关系 [J]. 经济地理, 2017, 37 (11): 117 – 126.

[172] 王泽宇, 卢雪凤, 韩增林, 等. 中国海洋经济增长与资源消耗的脱钩分析及回弹效应研究 [J]. 资源科学, 2017, 39 (9): 1658 – 1669.

[173] 王泽宇, 卢雪凤, 韩增林. 海洋资源约束与中国海洋经济增长——基于海洋资源 "尾效" 的计量检验 [J]. 地理科学, 2017, 37 (10): 1497 – 1506.

[174] 王泽宇, 张震, 韩增林, 等. 区域海洋经济对国家海洋战略的响应测度 [J]. 资源科学, 2016, 38 (10): 1832 – 1845.

[175] 王兆峰, 陈青青. 长江经济带旅游产业与生态环境交互胁迫关系验证及协调效应研究 [J]. 长江流域资源与环境, 2021, 30 (11): 2581 – 2593.

[176] 王兆峰, 孙姚. 长江中游城市群旅游产业集聚对生态效率影响及区域差异分析 [J]. 长江流域资源与环境, 2021, 30 (4): 796 – 807.

[177] 王兆峰, 赵松松. 长江中游城市群旅游资源环境承载力与国土空间功能空间一致性研究 [J]. 长江流域资源与环境, 2021, 30 (5): 1027 – 1039.

[178] 王振波, 张蔷, 张晓瑞, 等. 基于资源环境承载力的合肥市增长边界划定 [J]. 地理研究, 2013, 32 (12): 2302 – 2311.

[179] 魏敏. 中国滨海旅游度假区的开发及保护研究 [J]. 中国社会科学院研究生院学报, 2010 (3): 78 – 83.

[180] 魏宁宁, 张全景, 林奕冉, 等. 旅游承载力评估在海滩旅游管理中的应用 [J]. 经济地理, 2019, 39 (3): 210 – 217.

[181] 翁钢民, 杨秀平, 李慧盈. 国内外旅游环境承载力研究的发展历程与展望 [J]. 生态经济, 2015, 31 (8): 129 – 132.

[182] 吴大放, 胡悦, 刘艳艳, 等. 城市开发强度与资源环境承载力

协调分析——以珠三角为例 [J]. 自然资源学报，2020，35（1）：82-94.

[183] 吴浩，江志猛，林安琪，等. 基于隐性—韧性—显性的武汉城市资源环境承载力空间特征 [J]. 地理学报，2021，76（10）：2439-2457.

[184] 吴士存. 世界著名岛屿经济体选论 [M]. 北京：世界知识出版社，2006.

[185] 吴迎新. 海上丝绸之路沿线国家和地区合作研究——以海洋产业竞争优势及合作为中心 [J]. 中山大学学报：社会科学版，2016，56（2）：188-197.

[186] 向宝惠，王灵恩. 中国海洋海岛旅游发展战略探讨 [J]. 生态经济，2012（9）：141-145.

[187] 向丽，胡珑瑛. 长江经济带旅游产业与城市人居环境耦合协调研究 [J]. 经济问题探索，2018（4）：80-89.

[188] 项怡娴，苏勇军，邹智深，等. 浙江海洋旅游产业发展综合研究 [M]. 杭州：浙江大学出版社，2018.

[189] 肖建红，程文虹，赵玉宗，等. 群岛旅游资源非使用价值评估嵌入效应研究——以舟山群岛为例 [J]. 旅游学刊，2021，36（7）：132-148.

[190] 肖建红，高雪，胡金焱，等. 群岛旅游地海洋旅游资源非使用价值支付意愿偏好研究——以山东庙岛群岛、浙江舟山群岛和海南三亚及其岛屿为例 [J]. 中国人口·资源与环境，2019，29（8）：168-176.

[191] 肖建红，于庆东，刘康，等. 海岛旅游地生态安全与可持续发展评估——以舟山群岛为例 [J]. 地理学报，2011，66（6）：842-852.

[192] 肖建红，赵玉宗，王飞. 珊瑚礁旅游资源保护非使用价值评估嵌入效应研究——以三亚4个典型潜水旅游景区为例 [J]. 旅游科学，2020，34（5）：80-95.

[193] 熊建新，陈端吕，谢雪梅. 基于状态空间法的洞庭湖区生态承载力综合评价研究 [J]. 经济地理，2012，32（11）：138-142.

[194] 徐成元，王磊. 邮轮旅游供应链的旅行社激励机制研究：组

织游客奖励还是营销推广扶持？[J]. 旅游科学，2020，34（1）：71 - 87.

[195] 徐福英，刘涛. 山东半岛蓝色经济区海洋生态旅游发展研究 [J]. 资源开发与市场，2012，28（1）：85 - 87.

[196] 徐虹，杨红艳，韩林娟. 中外邮轮旅游研究回顾与展望——基于研究对象演变的分析 [J]. 旅游科学，2019，33（2）：1 - 18.

[197] 徐美，刘春腊. 湖南省资源环境承载力预警评价与警情趋势分析 [J]. 经济地理，2020，40（1）：187 - 196.

[198] 徐勇，张雪飞，李丽娟，等. 中国资源环境承载约束地域分异及类型划分 [J]. 中国科学院院刊，2016，31（1）：34 - 43.

[199] 徐昱东. 俄罗斯地区营商环境与中资进入的区位选择研究 [M]. 北京：中国社会科学出版社，2019.

[200] 许照成，张璟. 中国海洋文化旅游研究综述及发展趋势 [J]. 海洋开发与管理，2013，30（6）：6105 - 110.

[201] 薛纪萍，阎伍玖. 海岛旅游可持续发展评价指标体系研究 [J]. 资源开发与市场，2008，36（10）：878 - 880.

[202] 杨德进，史银辉，陈佩瑶. 我国海洋型城市旅游竞争力评价及提升路径研究 [J]. 海洋开发与管理，2022，39（3）：33 - 42.

[203] 杨俊，葛雨婷，席建超，等. 长海县海岛旅游化效应时空分异研究 [J]. 地理学报，2016，71（6）：1075 - 1087.

[204] 杨秀平，翁钢民. 旅游环境承载力研究综述 [J]. 旅游学刊，2019，34（4）：96 - 105.

[205] 杨正先，张志锋，韩建波，等. 海洋资源环境承载能力超载阈值确定方法探讨 [J]. 地理科学进展，2017，36（3）：313 - 319.

[206] 衣保中，李铭洋. 中国旅游产业与区域经济发展耦合协调关系研究 [J]. 社会科学战线，2021（9）：255 - 260.

[207] 衣博文，史达. 文化适应与文化认同：基于中国邮轮游客的行为研究 [J]. 云南民族大学学报：哲学社会科学版，2021，38（2）：19 - 29.

[208] 尹鹏，曹艳英，段佩利，等. 基于 CiteSpace – VOSviewer 的海岛生态旅游研究可视化分析 [J]. 鲁东大学学报（自然科学版），2019，35（3）：250 – 257.

[209] 尹鹏，刘曙光，段佩利. 海岛型旅游目的地脆弱性及其障碍因子分析——以舟山市为例 [J]. 经济地理，2017，37（10）：234 – 240.

[210] 尹鹏，王富喜，段佩利. 中国基本公共服务效率与城镇化质量的时空耦合关系研究 [J]. 地理科学，2021，41（4）：571 – 579.

[211] 游长江，何鑫，田良. 基于全球比较的中国热带海洋性岛屿综合旅游环境容量指数测度研究 [J]. 旅游学刊，2021，36（1）：135 – 145.

[212] 岳文泽，王田雨. 资源环境承载力评价与国土空间规划的逻辑问题 [J]. 中国土地科学，2019，33（3）：1 – 8.

[213] 张超，蒋金龙，余兴光，等. 中国海岛旅游环境承载力研究述评 [J]. 海洋开发与管理，2015，32（6）：10 – 15.

[214] 张丛林，焦佩锋. 中国参与全球海洋生态环境治理的优化路径 [J]. 人民论坛，2021（9）：85 – 87.

[215] 张广海，董志文. 可持续发展理念下的海洋旅游开发研究 [J]. 中国人口·资源与环境，2004，14（3）：39 – 42.

[216] 张广海，刘佳. 青岛市海洋旅游资源及其功能区划 [J]. 资源科学，2006，28（3）：137 – 142.

[217] 张广海，刘佳. 山东半岛城市群旅游环境承载力地域差异与功能分区 [J]. 地域研究与开发，2008，27（4）：77 – 80.

[218] 张广海，刘佳. 中国海洋旅游功能区划研究 [M]. 北京：海洋出版社，2013.

[219] 张环宙. 浙江省海洋旅游发展对策研究 [J]. 浙江社会科学，2013（10）：145 – 148.

[220] 张嘉逸. 中国海洋旅游业供给侧改革的思考 [J]. 山西财经大学学报，2017，39（S1）：30 – 31.

[221] 张瑞霞，江海旭. 国内外海岛旅游研究综述 [J]. 经济研究

导刊，2013（14）：215 – 217.

［222］张舒平．山东海洋经济发展四十年：成就，经验，问题与对策［J］．山东社会科学，2020（7）：153 – 157.

［223］张晓辉．依托海洋民俗发展海洋旅游经济［J］．中国科技信息，2008（10）：133.

［224］张延．基于离散选择回归模型的中日海洋旅游产品选择对比研究［J］．经济地理，2011，31（3）：504 – 508.

［225］张言庆，马波，范英杰．邮轮旅游产业经济特征、发展趋势及对中国的启示［J］．北京第二外国语学院学报，2010，183（7）：26 – 33.

［226］张言庆，马波，刘涛．国际邮轮旅游市场特征及中国展望［J］．旅游论坛，2010，3（4）：468 – 472.

［227］张佑印，马耀峰，李创新．国内海洋旅游市场规模特征及繁荣度研究［J］．地域研究与开发，2015，34（6）：98 – 103.

［228］张佑印．中国海洋旅游市场特征及目的地响应研究［M］．北京：中国环境出版集团有限公司，2015.

［229］张佑印．中国潜在海洋旅游者决策行为与预期偏好［J］．资源科学，2016，38（4）：588 – 598.

［230］张振克，毕墨，吴皓天．中国海岸与海洋旅游面临的挑战与发展战略［J］．中国生态旅游，2021，11（4）：536 – 547.

［231］章恒全，刘明轩，张陈俊，等．陆域产业结构演进对海洋环境的动态影响研究——以长江流域与东海沿岸地区为例［J］．长江流域资源与环境，2020，29（7）：1586 – 1596.

［232］赵宏波，马延吉，苗长虹．基于熵值—突变级数法的国家战略经济区环境承载力综合评价及障碍因子——以长吉图开发开放先导区为例［J］．地理科学，2015，35（12）：1525 – 1532.

［233］赵书虹，白梦，阮梦枝，等．云南省旅游资源与生态安全协调发展的时空演化特征及障碍因子分析［J］．地理科学，2021，41（3）：493 – 503.

［234］郑德凤，徐文瑾，姜俊超．中国水资源—承载力与城镇化质量演化趋势及协调发展分析［J］．经济地理，2021，41（2）：72-81.

［235］郑贵斌，刘娟，牟艳芳．山东海洋文化资源转化为海洋文化产业现状分析与对策思考［J］．海洋开发与管理，2011，28（3）：90-94.

［236］郑向敏．中国沿海岛屿旅游发展与安全管理［J］．人文地理，2007，96（4）：86-89.

［237］钟敬秋，高梦凡，潘婧雪．基于DEA模型的滨海旅游业高质量发展全要素生产率评价研究——以中国53个沿海城市为例［J］．海洋经济，2021，11（1）：80-89.

［238］周彬，徐金铭，虞虎．海岛旅游研究进展与启示——以国际英文期刊载文为例［J］．中国生态旅游，2021，11（4）：548-566.

［239］周彬，钟林生，陈田，等．舟山群岛旅游生态健康动态评价［J］．地理研究，2015，34（2）：306-318.

［240］周国忠，张春丽．中国海洋旅游发展的回顾与展望［J］．经济地理，2005，25（5）：724-727.

［241］周国忠．海洋旅游产品调整优化研究——以浙江省为例［J］．经济地理，2006（5）：875-878.

［242］周国忠．基于协同论，"点—轴系统"理论的浙江海洋旅游发展研究［J］．生态经济，2006（7）：114-118.

［243］周侃，樊杰．中国欠发达地区资源环境承载力特征与影响因素——以宁夏西海固地区和云南怒江州为例［J］．地理研究，2015，34（1）：39-52.

［244］周明飞．浙江海洋旅游业的可持续发展分析与控制［J］．旅游学刊，1999（1）：5.

［245］朱佳玮，孙文章，岳秀峰．基于滨海环境资源特点的大连旅游承载状态评价［J］．地理科学，2021，41（4）：664-673.

［246］朱佳玮，王尔大，孙文章．基于蒙特卡洛模拟的滨海旅游环境承载力影响因素重要性排序研究——以大连滨海景区为例［J］．运筹

与管理, 2021, 30 (10): 47 – 52.

[247] 邹新梅. 马来西亚海洋经济发展: 国家策略与制度建构 [J]. 东南亚研究, 2020 (3): 79 – 98.

[248] Agardy M T. Accommodating ecotourism in multiple use planning of coastal and marine protected areas [J]. Ocean & Coastal Management, 1993, 20 (3): 219 – 239.

[249] Anfuso G, Williams A T, Hernandez J A C, et al. Coastal scenic assessment and tourism management in western Cuba [J]. Tourism Management, 2014, 42: 307 – 320.

[250] Avila – Foucat V S, Rodriguez – Robayo K J. Determinants of livelihood diversification: The case wildlife tourism in four coastal communities in Oaxaca, Mexico [J]. Tourism Management, 2018, 69: 223 – 231.

[251] Biggs D, Hicks C C, Cinner J E, et al. Marine tourism in the face of global change: The resilience of enterprises to crises in Thailand and Australia [J]. Ocean & Coastal Management, 2015, 105: 65 – 74.

[252] Birch T, Reyes E. Forty years of coastal zone management (1975 ~ 2014): Evolving theory, policy and practice as reflected in scientific research publications [J]. Ocean & Coastal Management, 2018, 153: 1 – 11.

[253] Bojanic D C, Lo M. A comparison of the moderating effect of tourism reliance on the economic development for islands and other countries [J]. Tourism Management, 2016, 53: 207 – 214.

[254] Burak S, Doğan E, Gazioğlu C. Impact of urbanization and tourism on coastal environment [J]. Ocean & Coastal Management, 2004, 47 (9): 515 – 527.

[255] Catlin J, Jones R. Whale shark tourism at Ningaloo Marine Park: A longitudinal study of wildlife tourism [J]. Tourism Management, 2010, 31 (3): 386 – 394.

[256] Chen D, Liu Z, Luo Z, et al. Bibliometric and visualized anal-

ysis of emergy research [J]. Ecological Engineering, 2016, 90: 285 – 293.

[257] Chen T C, Ku K C, Ying T C. A process – based collaborative model of marine tourism service system – The case of Green Island area, Taiwan [J]. Ocean & Coastal Management, 2012, 64: 37 – 46.

[258] De Juan S, Gelcich S, Fernandez M. Integrating stakeholder perceptions and preferences on ecosystem services in the management of coastal areas [J]. Ocean & Coastal Management, 2017, 136: 38 – 48.

[259] D'Lima C, Welters R, Hamann M, et al. Using regional geographic scale substitution to value coastal wildlife tourism: Implications for stakeholders, conservation and management [J]. Ocean & Coastal Management, 2016, 128: 52 – 60.

[260] Dogru T, Marchio E A, Bulut U, et al. Climate change: Vulnerability and resilience of tourism and the entire economy [J]. Tourism Management, 2019, 72: 292 – 305.

[261] Drius M, Bongiorni L, Depellegrina D, et al. Tackling challenges for Mediterranean sustainable coastal tourism: An ecosystem service perspective [J]. Science of the Total Environment, 2019, 652: 1302 – 1317.

[262] Duan P L, Wang Y Q, Yin P. Remote Sensing Applications in Monitoring of Protected Areas: A Bibliometric Analysis [J]. Remote Sensing, 2020, 12 (5).

[263] Gu M, Wong P P. Coastal zone management focusing on coastal tourism in a transitional period of China [J]. Ocean & Coastal Management, 2008, 51 (1): 1 – 24.

[264] Hall C M. Trends in ocean and coastal tourism: the end of the last frontier? [J]. Ocean & Coastal Management, 2001, 44 (9): 601 – 618.

[265] Hardiman N, Burgin S. Recreational impacts on the fauna of Australian coastal marine ecosystems [J]. Journal of Environmental Manage-

ment, 2010, 91 (11): 2096 – 2108.

[266] Hunt C V, Harvey J J, Miller A, et al. The Green Fins approach for monitoring and promoting environmentally sustainable scuba diving operations in South East Asia [J]. Ocean & Coastal Management, 2013, 78: 35 – 44.

[267] Ioppolo G, Saija G, Salomone R. From coastal management to environmental management: The sustainable eco-tourism program for the mid-western coast of Sardinia (Italy) [J]. Land Use Policy, 2013, 31: 460 – 471.

[268] Jiménez – García M, Ruiz – Chico J, Peña – Sánchez A R, et al. A Bibliometric Analysis of Sports Tourism and Sustainability (2002 ~ 2019) [J]. Sustainability2020 (12): 2840.

[269] Johnson A G, Samakovlis I. A bibliometric analysis of knowledge development in smart tourism research [J]. Journal of Hospitality and Tourism Technology, 2019, 10 (4): 600 – 623.

[270] Kurniawan F, Adrianto L, Bengen D G, et al. Vulnerability assessment of small islands to tourism: The case of the Marine Tourism Park of the Gili Matra Islands, Indonesia [J]. Global Ecology and Conservation, 2016, 6: 308 – 326.

[271] Lis A, Sudolska A, Tomanek M. Mapping Research on Sustainable Supply – Chain Management [J]. Sustainability, 2020, 12 (10).

[272] Liu J, Liu N, Zhang Y M, et al. Evaluation of the non-use value of beach tourism resources: A case study of Qingdao coastal scenic area, China [J]. Ocean & Coastal Management, 2019, 168: 63 – 71.

[273] Liu J, Zhang J F, Fu Z B. Tourism eco-efficiency of Chinese coastal cities – Analysis based on the DEA – Tobit model [J]. Ocean & Coastal Management, 2017, 148: 164 – 170.

[274] Liu W B, Cao Z F. Positive Role of Marine Tourism on Econom-

ic Stimulus in Coastal Area [J]. Journal of Coastal Research, 2018 (83): 217 – 220.

[275] Md Khudzari J, Kurian J, Tartakovsky B, et al. Bibliometric analysis of global research trends on microbial fuel cells using Scopus database [J]. Biochemical Engineering Journal, 2018, 136: 51 – 60.

[276] Merigó J M, Mulet – Forteza C, Valencia C, et al. Twenty years of Tourism Geographies: a bibliometric overview [J]. Tourism Geographies, 2019, 21 (5): 881 – 910.

[277] Mestanza – Ramon C, Capa M S, Saavedra H F, et al. Integrated Coastal Zone Management in Continental Ecuador and Galapagos Islands: Challenges and Opportunities in a Changing Tourism and Economic Context [J]. Sustainability, 2019, 11 (22).

[278] Michailidou A V, Vlachokostas C, Moussiopoulos N. Interactions between climate change and the tourism sector: Multiple – criteria decision analysis to assess mitigation and adaptation options in tourism areas [J]. Tourism Management, 2016, 55: 1 – 12.

[279] Miller M L, Auyong J. Coastal zone tourism: A potent force affecting environment and society [J]. Marine Policy, 1991, 15 (2): 75 – 99.

[280] Miller M L. The rise of coastal and marine tourism [J]. Ocean & Coastal Management, 1993, 21 (1 – 3): 181 – 199.

[281] Moom H, Han H. Destination attributes influencing Chinese travelers' perceptions of experience quality and intentions for island tourism: A case of Jeju Island [J]. Tourism Management Perspectives, 2018, 28: 71 – 82.

[282] Moreno A, Amelung B. Climate Change and Coastal & Marine Tourism: Review and Analysis [J]. Journal of Coastal Research, 2009, 56 (56): 1140 – 1144.

[283] Moreno A, Becken S. A climate change vulnerability assessment

methodology for coastal tourism [J]. Journal of Sustainable Tourism, 2009, 17 (4): 473 –488.

[284] Moscardo G, Pearce P, Green D, et al. Understanding Coastal and Marine Tourism Demand from Three European Markets: Implications for the Future of Ecotourism [J]. Journal of Sustainable Tourism, 2001, 9 (3): 212 –227.

[285] Ong L T J, Smith R A. Perception and reality of managing sustainable coastal tourism in emerging destinations: the case of Sihanoukville, Cambodia [J]. Journal of Sustainable Tourism, 2014, 22 (2): 256 – 278.

[286] Orams M. Marine Tourism: Development, Impacts and Management [M]. London: Routledge, 1999.

[287] Orams M. 1996 World congress on coastal and marine tourism [J]. Tourism Management, 1997, 18 (2): 115 –117.

[288] Papageorgiou M. Coastal and marine tourism: A challenging factor in Marine Spatial Planning [J]. Ocean & Coastal Management, 2016, 129: 44 –48.

[289] Pathak A, Beynen P E, Akiwumi F A, et al. Impacts of climate change on the tourism sector of a Small Island Developing State: A case study for the Bahamas [J]. Environmental Development, 2020.

[290] Pratt S. The economic impact of tourism in SIDS [J]. Annals of Tourism Research, 2015, 52: 148 –160.

[291] Pritchard A. Statistical Bibliography or Bibliometrics? [J]. Journal of Documentation, 1969, 25 (4): 348 –349.

[292] Ruhanen L, Weiler B, Moyle B D, et al. Trends and patterns in sustainable tourism research: a 25 – year bibliometric analysis [J]. Journal of Sustainable Tourism, 2015, 23 (4): 517 –535.

[293] Scott D, Simpson M C, Sim R. The vulnerability of Caribbean

coastal tourism to scenarios of climate change related sea level rise [J]. Journal of Sustainable Tourism, 2012, 20 (6): 883 – 898.

[294] Seekamp E, Jurjonas M, Bitsura – Meszaros K. Influences on coastal tourism demand and substitution behaviors from climate change impacts and hazard recovery responses [J]. Journal of Sustainable Tourism, 2019, 27 (5): 629 – 648.

[295] Serrano L, Sianes A, Ariza – Montes A. Using Bibliometric Methods to Shed Light on the Concept of Sustainable Tourism [J]. Sustainability, 2019 (11): 6964.

[296] Shasha Z T, Geng Y, Sun H P, et al. Past, current, and future perspectives on eco-tourism: a bibliometric review between 2001 and 2018 [J]. Environmental Science and Pollution Research, 2020, 27 (19): 23514 – 23528.

[297] Simpson M C. Community Benefit Tourism Initiatives—A conceptual oxymoron? [J]. Tourism Management, 2008, 29 (1), 1 – 18.

[298] Stanchev H, Stancheva M, Young R. Implications of population and tourism development growth for Bulgarian coastal zone [J]. Journal of Coastal Conservation, 2015, 19 (1): 59 – 72.

[299] Stewart M C. Sustainable tourism development and marine conservation regimes [J]. Ocean & Coastal Management, 1993, 20 (3): 201 – 217.

[300] Sun R H, Gao J. An Overview of the Environmental Impacts of Coastal Tourism [J]. Advanced Materials Research, 2012, 362 – 365.

[301] Thiele M T, Pollnac R B, Christie P. Relationships between coastal tourism and ICM sustainability in the central Visayas region of the Philippines [J]. Ocean & Coastal Management, 2005, 48 (3): 378 – 392.

[302] Thur S M. User fees as sustainable financing mechanisms for marine protected areas: An application to the Bonaire National Marine Park [J]. Marine

Policy, 2010, 34 (1): 63 – 69.

[303] Tian X, Geng Y, Zhong S Z, et al. A bibliometric analysis on trends and characters of carbon emissions from transport sector [J]. Transportation Research Part D – Transport and Environment, 2018, 59: 1 – 10.

[304] van Eck N J, Waltman L. Software survey: VOSviewer, a computer program for bibliometric mapping [J]. Scientometrics, 2010, 84 (2): 523 – 538.

[305] Waligo V M, Clarke J, Hawkins R. Implementing sustainable tourism: A multi-stakeholder involvement management framework [J]. Tourism Management, 2013, 36: 342 – 353.

[306] Wang J Y, Liu Y S. Tourism – Led Land – Use Changes and their Environmental Effects in the Southern Coastal Region of Hainan Island, China [J]. Journal of Coastal Research, 2013, 29 (5): 1118 – 1125.

[307] Wesley A, Pforr C. The governance of coastal tourism: unravelling the layers of complexity at Smiths Beach, Western Australia [J]. Journal of Sustainable Tourism, 2010, 18 (6): 773 – 792.

[308] Wong P P. Coastal tourism development in Southeast Asia: relevance and lessons for coastal zone management [J]. Ocean & Coastal Management, 1998, 38 (2): 89 – 109.

[309] Yang J, Ge Y T, Ge Q S, et al. Determinants of island tourism development: The example of Dachangshan Island [J]. Tourism Management, 2016, 55 (55): 261 – 271.

[310] Yang Y F, Reniers G, Chen G H, Goerlandt F. A bibliometric review of laboratory safety in universities [J]. Safety Science, 2019, 120: 14 – 24.

[311] Yu L, Wang G, Marcouiller D W. A scientometric review of pro-poor tourism research: Visualization and analysis [J]. Tourism Management

Perspectives, 2019, 30: 75 – 88.

［312］ Ziegler J A, Silberg J N, Araujo G, et al. Applying the precautionary principle when feeding an endangered species for marine tourism ［J］. Tourism Management, 2019, 72: 155 – 158.

附　录

2005～2020 年中国主要海洋产业增加值变动情况

单位：亿元

年份	海洋渔业	海洋油气业	海洋矿业	海洋盐业	海洋化工业	海洋生物医药业	海洋电力业	海水利用业	海洋船舶工业	海洋工程建筑业	海洋交通运输业	滨海旅游业
2020	4 712	1 494	190	33	532	451	237	19	1 147	1 190	5 711	13 924
2019	4 715	1 541	194	31	1 157	443	199	18	1 182	1 732	6 427	18 086
2018	4 801	1 477	71	39	1 119	413	172	17	997	1 905	6 522	16 078
2017	4 676	1 126	66	40	1 044	385	138	14	1 455	1 841	6 312	14 636
2016	4 641	869	69	39	1 017	336	126	15	1 312	2 172	6 004	12 047
2015	4 352	939	67	69	985	302	116	14	1 441	2 092	5 541	10 874
2014	4 293	1 530	53	63	911	258	99	14	1 387	2 103	5 562	8 882
2013	3 872	1 648	49	56	908	224	87	12	1 183	1 680	5 111	7 851

续表

年份	海洋渔业	海洋油气业	海洋矿业	海洋盐业	海洋化工业	海洋生物医药业	海洋电力业	海水利用业	海洋船舶工业	海洋工程建筑业	海洋交通运输业	滨海旅游业
2012	3 652	1 570	61	74	784	172	70	11	1 331	1 075	4 802	6 972
2011	3 287	1 730	53	93	691	99	49	10	1 437	1 096	3 957	6 258
2010	2 813	1 302	49	53	565	67	28	10	1 182	808	3 816	4 838
2009	2 509	748	21	55	611	59	12	15	828	658	3 748	3 725
2008	2 216	874	9	59	542	58	8	8	762	411	3 858	3 438
2007	1 904	769	5	50	209	40	5	4	448	342	3 414	3 242
2006	1 902	683	8	44	140	26	588	116	252	135	1 060	4 706
2005	2 011	467	8	52	79	17	606	113	176	103	1 145	2 031

资料来源：2005～2020 年《中国海洋经济统计公报》。

表 B　全球海岛旅游目的地的竞争力排名（分群岛型和非群岛型）

海岛类型	排名	海岛名称	国家/地区	主指标	海岛旅游资源	海岛接待能力	海岛可进入性	海岛满意度
群岛型海岛旅游目的地	1	南爱琴海群岛	希腊	66.25	65.97	57.18	69.24	80.98
	2	爱奥尼亚群岛	希腊	63.36	51.36	53.83	71.62	85.15
	3	塔斯马尼亚群岛	澳大利亚	59.98	68.08	70.19	40.80	51.89

续表

海岛类型	排名	海岛名称	国家/地区	主指标	海岛旅游资源	海岛接待能力	海岛可进入性	海岛满意度
	4	塞浦路斯群岛	希腊	59.85	52.33	48.16	69.01	80.46
	5	温哥华群岛	加拿大	56.01	48.83	64.84	39.41	63.06
	6	弗雷泽群岛	澳大利亚	48.99	74.02	39.14	31.73	60.91
	7	安达曼和尼科巴群岛	印度	46.48	60.60	40.63	64.73	25.18
	8	婆罗洲群岛	文莱	45.56	43.92	41.44	50.40	50.17
	9	法属波利西亚群岛	法属波利西亚	45.44	61.28	41.04	25.21	58.92
群岛型海岛旅游目的地	10	斐济群岛	斐济共和国	42.83	68.74	39.46	23.66	43.31
	11	舟山群岛	中国	42.30	55.23	38.51	55.27	23.59
	12	伊莎贝拉群岛	厄瓜多尔	40.37	48.81	37.88	18.22	59.45
	13	大火地群岛	智利	40.29	30.26	42.75	25.82	60.25
	14	纽芬兰群岛	加拿大	39.32	30.07	38.25	27.36	62.75
	15	亚历山大群岛	美国	38.89	22.74	41.01	29.47	60.39
	16	帕劳群岛	帕劳共和国	37.84	44.36	38.40	41.75	26.30
	17	维多利亚群岛	加拿大	35.05	49.17	37.90	25.44	25.45
	18	科迪亚克群岛	美国	33.79	25.90	38.67	29.13	36.97
	19	阿留申群岛	美国	28.63	24.47	37.81	28.36	15.34

续表

海岛类型	排名	海岛名称	国家/地区	主指标	海岛旅游资源	海岛接待能力	海岛可进入性	海岛满意度
非群岛型海岛旅游目的地	1	西西里岛	意大利	81.57	66.55	88.80	77.88	86.25
	2	撒丁岛	意大利	76.33	59.97	81.28	72.43	86.91
	3	爪哇岛	印度尼西亚	75.05	63.08	85.64	67.98	73.68
	4	台湾岛	中国	74.41	63.45	87.26	71.92	62.99
	5	科里蒂	希腊	71.49	60.90	67.67	72.57	88.22
	6	斯里兰卡	斯里兰卡	71.38	75.25	70.72	74.78	65.33
	7	海南岛	中国	70.30	66.87	72.02	69.54	71.14
	8	吕宋岛	菲律宾	69.00	64.82	90.60	62.34	38.28
	9	马略卡岛	西班牙	68.37	57.82	69.10	66.62	79.17
	10	棉兰老岛	菲律宾	65.78	70.59	75.77	58.68	49.02
	11	苏门答腊岛	印度尼西亚	65.57	66.46	67.78	67.27	58.71
	12	新加坡	新加坡	65.42	63.41	73.64	83.53	33.06
	13	西兰岛	丹麦	63.77	41.04	82.03	79.65	34.80
	14	特内里费岛	西班牙	63.68	60.60	63.05	51.70	80.19
	15	婆罗洲	马来西亚	63.52	66.37	68.52	64.35	50.20
	16	北海道	日本	63.15	34.60	87.56	55.61	52.01
	17	马达加斯加	马达加斯加	62.25	73.13	58.12	70.57	50.98

续表

海岛类型	排名	海岛名称	国家/地区	主指标	海岛旅游资源	海岛接待能力	海岛可进入性	海岛满意度
非群岛型海岛旅游目的地	18	大加纳利岛	西班牙	61.55	60.01	60.78	51.63	74.68
	19	巴厘岛	印度尼西亚	60.53	53.15	64.78	54.14	66.14
	20	乌瑟多姆岛	德国	60.27	42.74	54.28	82.29	66.65

资料来源：中国旅游研究院《全球海岛旅游目的地的竞争力排名研究报告》。

注：因非群岛数量过多，这里只列出前20位。

表C 中国海洋博物馆基本概况

名称	所在地区	基本概况
中国国家海洋博物馆	天津滨海新区	总建筑面积8万平方米，设置六大展区15个展厅，世界上最大的海洋博物馆，是中国海洋事业的文化里程碑，是展示中华海洋文明的代表性博物馆，地位堪比故宫博物院，有着"海上故宫"之称
中国航海博物馆	上海浦东新区	占地面积2.48万平方米。国内首个以航海为主题的国家级航海博物馆，2010年7月向社会开放。国内展示面积2.1万平方米，室内有航海历史馆、船舶馆、海事与海上安全馆、拓展海历史馆、船员馆等六大展馆，展品内容包括第一批中小学研学实践教育基地，以及航海体育与休闲、渔船与捕鱼、海军陆航捕鱼两个专题展区
中国人民解放军海军博物馆	山东省青岛市	陆地面积141.1亩，海域面积225亩，1989年10月向社会开放。国内唯一一座反映中国海军发展的军事博物馆，是人民海军的精神高地，历史高地和文化高地。全国国防教育示范基地、爱国主义教育示范基地。海军博物馆分为室内，海上和陆上三大展区，室内是人民海军历史基本陈列，海上是中国海军创建以来服役的小型水面舰艇，陆上是海军创建以来服役以建以来服役的小型水面舰艇、海军岸防装备、海军陆战装备、海军航空装备等，座的码头6个泊位

续表

名称	所在地区	基本概况
中国船政文化博物馆	福建省福州市	建筑面积4 100平方米。国内首个以船政为主题的博物馆，颇具现代建筑风格。通过珍贵图片、文物、模型以及各种仿真场景，运用现代化手段展示中国船政在近代中国工业制造、新式教育、先进科技等方面取得的丰硕成果，折射出中国民族特有的传统文化神韵。第一层是船政序厅，第二层是船政概览，总体概况，第三层是船政教育，第四层是船政工业与科技，第五层是海军根基，突出近海海军将领
海外交通史博物馆	福建省泉州市	总占地面积3.5万平方米，建筑面积1.73万平方米。国家一级博物馆，国内专门反映古代海交通史的展示中心的博物馆，中国海交史教育基地，全国百个爱国主义教育示范基地。现有7个固定教育基地，爱国主义教育基地。以中世界泉州港历史为主轴心，再现中国古代海洋文化。陈列，主要展包括泉州湾古船陈列馆、泉州港与古代海外交通史陈列馆、中国舟船世界陈列馆、泉州海交民俗文化陈列馆等
广东海上丝绸之路博物馆	广东省阳江市	又称南海一号博物馆，主要展出沉寂于海底800多年的宋代商贸海船，总建筑面积1.75万平方米，5A级景区，2009年12月向社会开放。博物馆是以文物保护为核心，以生态环境保护为原则的世界一流的现代化专业性水下博物馆。主要由"一馆两中心"即广东海上丝绸之路博物馆、海上丝绸之路学研究中心与研发中心构成，设有水晶宫、陈列馆、藏品仓等设施
深圳蛇口海洋博物馆	广东省深圳市	展厅面积800平方米，馆藏实物标本270余种，2017年6月向社会开放。南山区唯一一处海洋为主题的博物馆，旨在倡导海洋保护理念，普及海洋知识，促进人海和谐共生。博物馆包括海洋生态与贝类海洋生物、海洋生态文明保护与建设、贝类海洋生物进化及应用、海洋生态与路学通过声光电等现代化技术及应用，展现海洋生物的奇妙世界
宁海海洋生物博物馆	浙江省宁波市	全国唯一一家县级科普馆，中国十大最美湿地场馆，华东地区第一个海洋生物博物馆，宁波市优秀基层科普场馆，集收藏、展示、科普、研究，由民间收藏家黄仁普创办。建筑面积150余2 000平方米，展厅面积1 250平方米，馆藏3 000多件海洋生物标本或化石，其中珊瑚标本数量均位居全国同类博物馆之首

资料来源：各海洋博物馆官方网站。

表 D　中国国家级海洋牧场示范区名单

批次（时间）	国家级海洋牧场示范区名单	所在海域	批次（时间）	国家级海洋牧场示范区名单	所在海域
第一批（2015 年）	辽宁省东港海域国家海洋牧场示范区	东港市丹东海域	第一批（2015 年）	山东省荣成北部海域国家级海洋牧场示范区	荣成市北部海域
	辽宁省盘山县海域国家级海洋牧场示范区	盘锦市盘山县海域		山东省牟平区北部海域国家级海洋牧场示范区	烟台市牟平区北部海域
	大连市獐子岛海域国家级海洋牧场示范区	长海县獐子岛海域		山东省爱莲湾海域国家级海洋牧场示范区	荣成市爱莲湾海域
	大连市海洋岛海域国家级海洋牧场示范区	长海县海洋岛海域		青岛市石雀滩海域国家级海洋牧场示范区	黄岛区石雀滩海域
	河北省山海关海域国家级海洋牧场示范区	秦皇岛市山海关区山海关海域		青岛市崂山湾海域国家级海洋牧场示范区	崂山区崂山湾海域
	河北省祥云湾海域国家级海洋牧场示范区	唐山市海港经济开发区祥云湾海域		江苏省海州湾海域国家级海洋牧场示范区	连云港市海州湾海域
	河北省新开口海域国家级海洋牧场示范区	秦皇岛市昌黎县新开口海域		浙江省中街山列岛海域国家级海洋牧场示范区	舟山市普陀区岱山县中街山列岛海域
	山东省芙蓉岛西部海域国家级海洋牧场示范区	莱州市芙蓉岛西部海域		浙江省马鞍列岛海域国家级海洋牧场示范区	舟山市嵊泗县马鞍列岛海域

批次(时间)	国家级海洋牧场示范区名单	所在海域
第一批(2015年)	宁波市渔山列岛海域国家级海洋牧场示范区	象山县渔山列岛海域
	广东省万山海域国家级海洋牧场示范区	珠海市万山海洋开发试验区
	广东省龟龄岛东海域国家级海洋牧场示范区	汕尾市龟龄岛东海域
	天津市大神堂海域国家级海洋牧场示范区	天津市汉沽区大神堂海域
第二批(2016年)	辽宁省锦州海域国家级海洋牧场示范区	锦州市海域
	大连市财神岛海域国家级海洋牧场示范区	长海县财神岛海域
	大连市蚂蚁岛海域国家级海洋牧场示范区	金普新区蚂蚁岛海域
	大连市大长山岛海域国家级海洋牧场示范区	长海县大长山岛海域
第二批(2016年)	大连市小长山岛海域国家级海洋牧场示范区	长海县小长山岛海域
	河北省北戴河海域国家级海洋牧场示范区	秦皇岛北戴河海滨
	河北省北戴河新区外侧海域国家级海洋牧场示范区	秦皇岛北戴河新区外侧海域
	河北省乐亭县海域国家级海洋牧场示范区	乐亭县滦河口西南海域
	河北省新开口海域通源国家级海洋牧场示范区	秦皇岛北戴河新开口海域
	山东省岚山区东部海域国家级海洋牧场示范区	日照市岚山区东部海域
	山东省莱州市太平湾海域明波国家级海洋牧场示范区	烟台莱州市太平湾海域
	山东省荣成市南部海域好当家国家级海洋牧场示范区	荣成市南部海域

续表

批次（时间）	国家级海洋牧场示范区名单	所在海域	批次（时间）	国家级海洋牧场示范区名单	所在海域
第二批（2016年）	山东省庙岛群岛北部海域国家级海洋牧场示范区	烟台市长岛县庙岛群岛北部海域	第二批（2016年）	广东省汕尾市遮浪角西海域国家级海洋牧场示范区	汕尾市红海湾遮浪角西海域
	山东省荣成市桑沟湾海域国家级海洋牧场示范区	荣成市桑沟湾海域		广西壮族自治区防城港市白龙珍珠湾海域国家级海洋牧场示范区	防城港市白龙珍珠湾海域
	青岛市崂山湾海域龙盘国家级海洋牧场示范区	崂山区湾海域	第三批（2017年）	辽宁省葫芦岛市觉华岛南部近岸海域国家级海洋牧场示范区	辽宁省葫芦岛市觉华岛南部近岸海域
	青岛市灵山湾海域西海岸国家级海洋牧场示范区	黄岛区灵山湾海域西海岸		大连市王家岛海域富谷国家级海洋牧场示范区	大力那是庄河市王家岛镇
	青岛市灵山湾海域西海岸国家级海洋牧场示范区	黄岛区灵山湾海域西海岸		大连市石城岛海域上品堂国家级海洋牧场示范区	大连市庄河市石城岛西南部海域
	上海市长江口海域国家级海洋牧场示范区	上海市崇明县长江口海域		大连市海洋岛海域益得国家级海洋牧场示范区	大连市海洋岛海域
	浙江省南麂列岛海域国家级海洋牧场示范区	平阳县南麂列岛海域		大连市平岛海域鑫玉龙国家级海洋牧场示范区	大连市普兰市皮口镇平岛海域
	广东省南澳岛海域国家级海洋牧场示范区	汕头市南澳县南澳岛南海域		河北省秦皇岛市塔子口海域国家级海洋牧场示范区	河北省秦皇岛市塔子口海域

续表

批次（时间）	国家级海洋牧场示范区名单	所在海域
第三批（2017年）	河北省秦皇岛市滦河口海域国家级海洋牧场示范区	河北省秦皇岛市滦河口海域
	河北省秦皇岛市北戴河人造河口新区远国家级海洋牧场示范区	河北省北戴河新区海域
	山东省庙岛群岛东部海域佳益国家级海洋牧场示范区	山东省烟台市庙岛群岛东部海域
	山东省俚岛东部海域国家级海洋牧场示范区	山东省荣成市爱伦湾海域
	山东省海州湾海域顺风国家级海洋牧场示范区	山东省日照市海州湾海域
	山东省琵琶口海域富瀚国家级海洋牧场示范区	山东省海阳市琵琶口外部海域
	山东省金山港东部海域东宇国家级海洋牧场示范区	山东省烟台市牟平区金山港东部海域
	山东省黄家塘湾海域万宝国家级海洋牧场示范区	山东省日照市黄家塘海域
第三批（2017年）	青岛市斋堂岛海域斋堂国家级海洋牧场示范区	青岛市黄岛区斋堂岛至海西胡家山海域
	江苏省南黄海海域国家级海洋牧场示范区	江苏省南部海域
	浙江省台州市椒江大陈海域国家级海洋牧场示范区	浙江省台州市椒江大陈海域
	浙江省温州市洞头海域国家级海洋牧场示范区	浙江省洞头区东南部海域
	广东省汕尾市陆丰金厢南海域国家级海洋牧场示范区	广东省汕尾市陆丰金厢南海域
	广东省阳江山外东海域国家级海洋牧场示范区	广东省阳江市海陵岛东北、江城区山外东以南海域
	广东省茂名市大放鸡岛海域国家级海洋牧场示范区	广东省茂名市大放鸡岛海域
	广东省遂溪江洪港海域国家级海洋牧场示范区	广东省湛江市遂溪县江洪港西部海域

续表

批次 （时间）	国家级海洋牧场示范区名单	所在海域	批次 （时间）	国家级海洋牧场示范区名单	所在海域
第四批 （2018年）	辽宁省葫芦岛市绥中县海域贝贝昌隆国家级海洋牧场示范区	辽宁省葫芦岛市绥中县海域	第四批 （2018年）	山东省海阳市琵琶口西海域恒源国家级海洋牧场示范区	山东省烟台海阳市近海海域
	大连市大长山岛海域龙腾湾国家级海洋牧场示范区	大连市长海县大长山岛海域		山东省荣成市临洛湾海域烟墩角国家级海洋牧场示范区	山东省荣成市临洛湾海域
	大连市大李家海域迈童国家级海洋牧场示范区	大连市金普新区大李家海域		山东省荣成市荣成湾南部海域马山国家级海洋牧场示范区	山东省荣成市荣成湾南部海域
	大连市七顶山海域新时代国家级海洋牧场示范区	大连市金普新区七顶山海域		山东省龙口市屺·岛海域金海洋级海洋牧场示范区	山东省烟台市龙口市屺·岛海域
	大连市大长山岛海域金砣国家级海洋牧场示范区	大连市长海县大长山岛海域		山东省烟台市长岛庙岛群岛东部海域大洋国家级海洋牧场示范区	山东省烟台市长岛县庙岛群岛东部海域
	河北省唐山市龙岛海域海之都国家级海洋牧场示范区	唐山国际旅游岛附近海域		青岛市薛家岛海域听长虹国家级海洋牧场示范区	青岛市黄岛区薛家岛海域
	山东省日照市刘家湾海域水产集团国家级海洋牧场示范区	山东省日照市刘家湾海域		青岛市崂山湾海域华润博达国家级海洋牧场示范区	青岛市崂山区崂山湾女儿岛海域
	山东省烟台市刘家旺海域宗哲国家级海洋牧场示范区	山东省烟台市刘家旺海域		青岛市竹岔岛海域老尹家国家级海洋牧场示范区	青岛市黄岛区竹岔岛海域

续表

批次（时间）	国家级海洋牧场示范区名单	所在海域
第四批（2018年）	青岛市凤凰岛海域金沙滩国家级海洋牧场示范区	青岛市黄岛区凤凰岛海域
	福建省莆田市南日岛海域国家级海洋牧场示范区	福建省莆田市秀屿区南日岛海域
	广东省湛江市硇洲岛海域国家级海洋牧场示范区	广东省湛江市硇洲岛海域
	广东省珠海市外伶仃海域国家级海洋牧场示范区	广东省珠海市外伶仃海域
	深圳市大鹏湾海域国家级海洋牧场示范区	深圳市大鹏新区大鹏湾海域
	广西壮族自治区北海市银滩南部海域国家级海洋牧场示范区	广西壮族自治区北海市银滩南部海域
	辽宁省东港市东山镇海域大鹿岛国家级海洋牧场示范区	辽宁省东港市海域
	大连金普新区杏树屯海域鹏兴国家级海洋牧场示范区	辽宁省大连市金普新区杏树屯海域
第五批（2019年）	大连小长山岛海域中旺国家级海洋牧场示范区	辽宁省大连市长岛县海域
	大连长海县海域联友国家级海洋牧场示范区	辽宁省大连市长海县海域
	河北省唐山市大清河口海域唐山国家级海洋牧场示范区	河北省唐山市国际游岛海域
	河北省秦皇岛昌黎海域国昌国家级海洋牧场示范区	河北省秦皇岛市昌黎县海域
	河北省唐山滦河口南部海域东之荣国家级海洋牧场示范区	河北省唐山市乐亭县海域
	山东省威海小石岛海域西港国家级海洋牧场示范区	山东省威海市火炬高技术产业开发区海域
	山东省烟台开发区西部海域安源国家级海洋牧场示范区	山东省烟台市开发区西海域
	山东省烟台养马岛海域海尚国家级海洋牧场示范区	山东省烟台市养马海域

续表

批次（时间）	国家级海洋牧场示范区名单	所在海域
第五批（2019年）	山东省威海双岛湾海域华瀚国家级海洋牧场示范区	山东省威海市双岛湾海域
	山东省日照黄家塘海域欣惠国家级海洋牧场示范区	山东省日照市黄家塘湾海域
	山东省荣成王家湾海域人和国家级海洋牧场示范区	山东省威海市荣成市海域
	山东省日照山海天海域天东国家级海洋牧场示范区	山东省日照市山海天东部海域
	山东省烟台长岛南北隍城海域南隍城国家级海洋牧场示范区	山东省烟台市长岛县海域
	山东省威海双岛湾海域双岛湾国家级海洋牧场示范区	山东省威海市双岛湾海域
	青岛灵山湾海域聚大洋国家级海洋牧场示范区	山东省青岛市黄岛区灵山岛西北部、龙门顶码头东北海域
	青岛灵山湾海域明天国家级海洋牧场示范区	山东省青岛市黄岛区灵山湾海域
第五批（2019年）	青岛斋堂海域浩然国家级海洋牧场示范区	山东省青岛市黄岛区斋堂岛东北部海域
	辽宁省丹东孤山镇海域大鹿岛国家级海洋牧场示范区	辽宁省东港市海域
	广东省惠州小星山海域国家级海洋牧场示范区	广东省惠州市小星山海域
	广东省阳江西青洲岛风电融合海域国家级海洋牧场示范区	广东省阳江市阳西县西南部青洲岛海域
	广东省吴川博茂海域国家级海洋牧场示范区	广东省吴川市博茂海域
第六批（2020年）	海南省三亚蜈支洲岛海域国家级海洋牧场示范区	海南省三亚海棠湾海域
	辽宁省盘锦辽河口海域浩洋国家级海洋牧场示范区	盘山县辽河口南部海域
	辽宁省葫芦岛龙港海域磨盘岛国家级海洋牧场示范区	葫芦岛市龙港区南部海域

续表

批次（时间）	国家级海洋牧场示范区名单	所在海域	批次（时间）	国家级海洋牧场示范区名单	所在海域
第六批（2020年）	辽宁省葫芦岛兴城海域赫远国家级海洋牧场示范区	兴城市南部海域	第六批（2020年）	河北省秦皇岛滦河口东海域纳森国家级海洋牧场示范区	昌黎县滦河口东部海域
	大连市庄河王家岛海域王洋国家级海洋牧场示范区	庄河市王家岛海域		山东省烟台砣矶岛东部海域天安国家级海洋牧场示范区	烟台市蓬莱区砣矶岛东部海域
	大连市大长山岛海域壮元国家级海洋牧场示范区	长海县大长山岛东北部海域		山东省威海双岛湾海域愉泰国家级海洋牧场示范区	威海市火炬高技术产业开发区双岛湾海域
	大连市大长山岛海域耀扬国家级海洋牧场示范区	长海县大长山岛北部近岸海域		山东省东营河口区近海海域康华国家级海洋牧场示范区	东营市河口区近海海域
	大连市大长山岛南部海域水湾国家级海洋牧场示范区	长海县大长山岛南部海域		山东省长岛小黑山岛海域中平国家级海洋牧场示范区	烟台市蓬莱区小黑山岛西部海域
	大连市七顶山海域好客海洋国家级海洋牧场示范区	大连市金普新区普兰店湾海域		山东省荣成靖海湾海域鑫弘国家级海洋牧场示范区	荣成市靖海湾东部海域
	河北省秦皇岛香溪河海域之洋国家级海洋牧场示范区	秦皇岛市北戴河新区洋河口南部海域		山东省烟台芷苑海域老东礁国家级海洋牧场示范区	烟台市蓬莱区砣矶岛老东礁海域
	河北省秦皇岛滦河口海域振利国家级海洋牧场示范区	昌黎县滦河口东南部海域		山东省荣成鸨岛兴国家级海洋牧场示范区	荣成市鸨岛海域

续表

批次（时间）	国家级海洋牧场示范区名单	所在海域	批次（时间）	国家级海洋牧场示范区名单	所在海域
第六批（2020年）	青岛市田横岛东南部海域国家级海洋牧场示范区	青岛市田横岛东南部海域	第七批（2022年）	大连市大长山岛海域禹龙国家级海洋牧场示范区	长海大长山岛海域
	青岛市灵山湾海域大栏石国家级海洋牧场示范区	青岛市西海岸新区灵山湾海域		大连市大长山岛海域权发国家级海洋牧场示范区	长海大长山岛海域
	青岛市斋堂岛海域鑫智国家级海洋牧场示范区	青岛市西海岸新区斋堂岛东北部海域		大连市长海县海域东晟国家级海洋牧场示范区	长海海域
	浙江省嵊泗东部海域黄礁国家级海洋牧场示范区	嵊泗县东部海域		河北省秦皇岛大蒲河口东部海域七里渔国家级海洋牧场示范区	北戴河新区近海海域
	浙江省舟山普陀东部海域桃花岛国家级海洋牧场示范区	舟山市普陀区桃花岛海域		河北省秦皇岛滦河口三丰国家级海洋牧场示范区	昌黎近海海域
	广西钦州三娘湾西南海域国家级海洋牧场示范区	钦州市三娘湾东南部海域		山东省烟台合汇·岛海温流水国家级海洋牧场示范区	龙口屺·岛海域
	广西北海冠头岭西南海域精工南珠国家级海洋牧场示范区	北海市海城区冠头岭西南部海域		山东省荣成苏山岛海靖海国家级海洋牧场示范区	荣成苏山岛海域
	海南省海口东海岸海域国家级海洋牧场示范区	海口市东海岸海域		山东省日照大公岛东部海域金溪湾国家级海洋牧场示范区	日照大公岛东部海域

续表

批次（时间）	国家级海洋牧场示范区名单	所在海域	批次（时间）	国家级海洋牧场示范区名单	所在海域
第七批（2022 年）	青岛市灵山湾海域水产供销国家级海洋牧场示范区	青岛灵山湾海域	第七批（2022 年）	福建省福清东瀚海域美源国家级海洋牧场示范区	福清东瀚海域
	青岛市斋堂岛海域敬武国家级海洋牧场示范区	青岛斋堂岛海域		广东省阳江南鹏岛海域中广核国家级海洋牧场示范区	阳江海陵岛海域
	江苏省连云港秦山岛东部海域国家级海洋牧场示范区	海州湾近海海域		海南省临高头洋湾海域国家级海洋牧场示范区	临高头洋海域
	浙江省舟山普陀东部海域六横国家级海洋牧场示范区	普陀东部海域		海南省万宁洲仔岛海域国家级海洋牧场示范区	万宁洲仔岛海域
	浙江省瑞安北麂岛海域国家级海洋牧场示范区	瑞安北麂海域			

资料来源：农业农村部、海洋牧场 MRA、海洋开发咨询。

表 E 中国沿海城市高等级海洋旅游景区及满意度评价

城市	高等级海洋旅游景区（等级）	好评数	全部点评数	满意度%
天津市	天津泰达航母主题公园景区（4A）	5 068	5 762	0.8796
	国家海洋博物馆景区（4A）	173	253	0.6838
	大沽口炮台遗址博物馆景区（4A）	1 159	1 227	0.9446
	天津海昌极地海洋世界景区（4A）	8 169	9 550	0.8554
	天山海世界米立方水上乐园（4A）	888	1 076	0.8253
	天津东疆湾景区（4A）	437	655	0.6672
唐山市	唐山国际旅游岛月岛景区（含三岛旅游码头）（4A）	672	977	0.6878
	曹妃甸湿地景区（4A）	99	124	0.7984
	唐山国际旅游岛菩提岛景区（4A）	178	227	0.7841
	曹妃甸区妈祖文化旅游城（3A）	124	150	0.8267
	曹妃甸十里海河河豚小镇（3A）	35	42	0.8333
秦皇岛市	山海关景区（5A）	2 430	3 015	0.8060
	乐岛海洋王国（4A）	2 028	2 287	0.8868
	碧螺塔海上酒吧公园（4A）	1 940	2 402	0.8077
	秦皇求仙入海处景区（4A）	1 245	1 536	0.8105

城市	高等级海洋旅游景区（等级）	好评数	全部点评数	满意度%
秦皇岛市	新澳海底世界（4A）	1 489	2 300	0.6474
	秦皇岛市南戴河国际娱乐中心（4A）	846	994	0.8511
	渔岛海洋温泉景区（4A）	1 399	1 673	0.8362
	沙雕海洋乐园（4A）	1 920	2 116	0.9074
	山海关古城民俗博物馆（3A）	140	189	0.7407
	碣石山景区（3A）	55	77	0.7143
沧州市	黄骅海盐博物馆（3A）	2	2	1.0000
	沧州渤海新区世欢乐园（3A）	15	20	0.7500
	沧州市渤海新区贝壳湖景区（3A）	2	3	0.6667
	黄骅港工业旅游景区（3A）	10	23	0.4348
	滨海恒大文化旅游城（3A）	1	1	1.0000
大连市	大连老虎滩海洋公园（5A）	18 778	21 586	0.8699
	金石滩风景名胜区（5A）	2 614	2 999	0.8716
	棒棰岛景区（4A）	802	959	0.8363
	圣亚海洋世界（4A）	14 114	16 521	0.8543
	大连旅顺潜艇博物馆（4A）	192	242	0.7934

城市	高等级海洋旅游景区（等级）	好评数	全部点评数	满意度%
大连市	仙浴湾旅游度假区（4A）	26	37	0.7027
	将军石旅游景区（4A）	44	44	1.0000
	长海海王九岛旅游度假景区（3A）	52	66	0.7879
	旅顺东鸡冠山景区（4A）	122	154	0.7922
	旅顺白玉山景区（4A）	390	485	0.8041
	长海县大山长岛镇风景区（3A）	78	117	0.6667
	黑岛旅游度假区（3A）	26	34	0.7647
丹东市	大鹿岛景区（4A）	104	171	0.6082
	獐岛旅游景区（4A）	78	100	0.7800
锦州市	笔架山旅游区（4A）	1 801	2 144	0.8400
营口市	团山国家级海洋公园（4A）	1	6	0.1667
	仙人岛白沙湾黄金海岸景区（4A）	21	34	0.6176
	西炮台遗址（3A）	1	1	1.0000
	鲅鱼圈区小望海生态旅游度假区（3A）	3	8	0.3750
	鲅鱼圈熊岳海滨旅游度假区（3A）	10	12	0.8333

城市	高等级海洋旅游景区（等级）	好评数	全部点评数	满意度%
盘锦市	红海滩风景区（5A）	3 524	4 401	0.8007
	苇海鼎翔旅游度假区（4A）	100	132	0.7576
	辽河绿水湾景区（3A）	25	26	0.9615
葫芦岛市	觉华岛旅游度假区（4A）	190	308	0.6169
	葫芦岛市龙湾海滨风景区（4A）	431	563	0.7655
	防城港东兴市京岛风景名胜区（4A）	4	5	0.8000
防城港市	防城港市江山半岛白浪滩旅游景区（4A）	243	327	0.7431
	防城港市西湾旅游区（4A）	1	1	1.0000
	东兴市北仑河口景区（3A）	52	54	0.9630
三亚市	大小洞天旅游区（5A）	5 174	5 856	0.8835
	南山文化旅游区（5A）	20 395	22 019	0.9262
	蜈支洲岛海岛旅游区（5A）	33 042	38 110	0.8670
	三亚西岛海洋文化旅游区（4A）	6 048	7 348	0.8231
	天涯海角游览区（4A）	25 598	29 806	0.8588
	三亚亚龙湾热带天堂森林公园（4A）	28 897	33 567	0.8609

续表

城市	高等级海洋旅游景区（等级）	好评数	全部点评数	满意度/%
三亚市	鹿回头风景区（4A）	17 052	18 945	0.9001
	三亚大东海旅游区（3A）	51	68	0.7500
	亚龙湾海底世界（3A）	767	1 070	0.7168
	三亚凤凰岭海誓山盟景区（3A）	1 989	2 237	0.8891
	金山城市沙滩景区（4A）	1 366	1 704	0.8016
	碧海金沙景区（4A）	3 739	4 222	0.8856
上海市	上海海洋水族馆（4A）	31 552	34 860	0.9045
	上海长风公园·长风海洋世界景区（4A）	8 544	10 184	0.8390
	上海海湾国家森林公园（4A）	3 343	3 970	0.8421
	中国航海博物馆（4A）	4 224	4 396	0.9609
	上海炮台湾景区（4A）	17	18	0.9444
	上海上港邮轮城（4A）	40	47	0.8511
	上海东滩湿地公园（4A）	1 372	1 736	0.7903
	上海海昌海洋公园（4A）	25 297	28 422	0.8900
	上海滨海森林公园（3A）	383	515	0.7437
	上海老码头景区（3A）	388	458	0.8472

城市	高等级海洋旅游景区（等级）	好评数	全部点评数	满意度/%
南通市	南通启东市黄金海滩景区（3A）	780	928	0.8405
连云港市	连云港市东海水晶文化旅游区（4A）	23	30	0.7667
	连云港市东海西双湖景区（4A）	33	38	0.8684
	连云港市海上云台山景区（4A）	1 158	1 346	0.8603
	连云港市渔湾景区（4A）	1 159	1 290	0.8984
	连云港连岛景区（4A）	2 006	2 612	0.7680
	连云港秦山岛景区（3A）	31	40	0.7750
	连云港市海州湾海洋乐园（3A）	69	88	0.7841
	连云港赣榆海州湾旅游度假区（3A）	95	124	0.7661
盐城市	盐城市大丰港海洋世界景区（4A）	289	369	0.7832
	盐城海盐历史文化风景区（4A）	73	103	0.7087
	浪石金滩（4A）	1 574	1 689	0.9319
杭州市	萧山区杭州长乔极地海洋公园景区（4A）	8 136	9 339	0.8712
	淳安县钓鱼岛景区（3A）	174	186	0.9355

续表

城市	高等级海洋旅游景区（等级）	好评数	全部点评数	满意度/%
嘉兴市	海宁盐官观潮景区（4A）	1 233	1 550	0.7955
绍兴市	杭州湾海上花田景区（4A）	1 323	1 471	0.8994
宁波市	宁波老外滩（4A）	1 295	1 548	0.8366
	宁波海洋世界（4A）	2 503	2 658	0.9417
	石浦渔港古城景区（4A）	899	1 320	0.6811
	象山县石浦中国渔村景区（4A）	1 402	1 819	0.7708
	海天一洲景区（4A）	726	901	0.8058
	杭州湾新区海皮岛景区（4A）	1 246	1 410	0.8837
	宁海县宁波湾横山岛景区（3A）	15	47	0.3191
	中国港口博物馆（3A）	24	28	0.8571
	宁波东钱湖小普陀景区（3A）	1 404	1 482	0.9474
温州市	茅洋蟹钳港景区（3A）	29	45	0.6444
	洞头景区（4A）	120	159	0.7547
	平阳县南麂列岛景区（4A）	84	106	0.7925
温州市	洞头区东岙景区（3A）	78	125	0.6240
	洞头区鹿西岛景区（3A）	107	156	0.6859
	欧乐湾海洋生态养生旅游景区（3A）	65	127	0.5118
	苍南县渔寮景区（3A）	153	208	0.7356
舟山市	普陀山风景名胜区（5A）	23 967	25 862	0.9267
	普陀朱家尖大旅游景区（4A）	1 073	1 230	0.8724
	舟山桃花岛风景旅游区（4A）	280	358	0.7821
	嵊泗东海五渔村（4A）	61	98	0.6224
	沈家门渔港小镇景区（4A）	195	245	0.7959
	十里金滩特色小镇景区（3A）	22	26	0.8462
	嵊泗县花鸟岛景区（3A）	124	419	0.2959
	普陀白沙岛景区（3A）	8	26	0.3077
	岱山县秀山岛风景区（3A）	53	67	0.7910
台州市	玉环市大鹿岛景区（4A）	246	310	0.7935
	三门县蛇蟠岛景区（4A）	625	749	0.8344
	椒江区台州海洋世界（4A）	1 271	1 355	0.9380

续表

城市	高等级海洋旅游景区（等级）	好评数	全部点评数	满意度%	城市	高等级海洋旅游景区（等级）	好评数	全部点评数	满意度%
台州市	三名县三特渔村农家乐园景区（3A）	18	25	0.7200	泉州市	福建中国闽台缘博物馆（4A）	177	177	1.0000
	玉环市东沙渔村景区（3A）	95	105	0.9048		惠安崇武古城风景区（4A）	730	1 037	0.7040
	玉环市鸡山岛景区（3A）	189	245	0.7714		南头战地文化渔村（3A）	20	23	0.8696
	临海市龙湾海滨景区（3A）	3	14	0.2143		泉州台商投资区八仙过海欢乐堡（3A）	18	61	0.2951
	玉环市干江镇白马岙景区（3A）	22	33	0.6667		漳州滨海火山自然生态风景区（4A）	1 067	1 565	0.6818
福州市	福州市中国船政文化景区（4A）	46	57	0.8070	漳州市	漳州市金汤湾旅游区（4A）	14	14	1.0000
	福州罗源湾海洋世界旅游区（4A）	2 720	3 062	0.8883		漳州市东山马銮湾景区（4A）	209	241	0.8672
	永泰欧乐堡海洋世界（4A）	293	341	0.8592		漳州漳浦天福"唐山过台湾"石雕园（4A）	60	65	0.9231
	平潭综合实验区坛南湾—海坛古城旅游区（4A）	371	507	0.7318		东山风动石景区（4A）	1 122	1 343	0.8354
	福建长乐显应宫（3A）	92	117	0.7863		漳州漳浦翡翠湾滨海度假区（4A）	73	112	0.6518
	福清东壁岛旅游度假区（3A）	64	113	0.5664		漳州市龙文区福建省海丝钟表博物馆（3A）	1	1	1.0000
	平潭石牌洋景区（3A）	89	126	0.7063		龙海市白塘湾旅游区（3A）	1 129	1 203	0.9385
	平潭仙人井景区（3A）	159	201	0.7910		漳浦县HOORAY欢乐岛（3A）	20	22	0.9091
莆田市	莆田市湄洲岛国家旅游度假区（5A）	650	780	0.8333	宁德市	福鼎市牛郎岗海滨景区（3A）	394	498	0.7912
	莆田后海渔村（3A）	102	145	0.7034		宁德三都澳斗姆风景区（3A）	115	145	0.7931

城市	高等级海洋旅游景区（等级）	好评数	全部点评数	满意度%
青岛市	崂山风景区 (5A)	10 975	13 072	0.8396
	青岛银海国际游艇俱乐部 (4A)	44	52	0.8462
	青岛奥帆中心 (4A)	1 886	2 286	0.8250
	青岛极地海洋世界 (4A)	17 967	20 322	0.8841
	金沙滩景区 (4A)	1 281	1 490	0.8597
	大珠山风景名胜区 (4A)	1 821	1 854	0.9822
	琅琊台风景区 (4A)	665	753	0.8831
	灵山湾城市休闲旅游区 (4A)	40	41	0.9756
	中国海军博物馆 (3A)	6 645	6 611	1.0051
	崂山石湾景区 (3A)	20	25	0.8000
	唐岛湾景区 (3A)	115	130	0.8846
东营市	黄河口生态旅游区 (5A)	1 088	1 490	0.7302
	东营区盐文化博物馆 (3A)	7	7	1.0000
	利丰温泉旅游度假区 (3A)	2	2	1.0000
烟台市	烟台市蓬莱阁（三仙山·八仙过海）旅游景区 (5A)	8 417	10 098	0.8335
烟台市	烟台金沙滩海滨公园 (4A)	349	435	0.8023
	蓬莱海洋极地世界 (4A)	2 271	2 689	0.8446
	养马岛旅游度假区 (4A)	592	830	0.7133
	烟台山景区 (4A)	1 211	1 438	0.8421
	烟台市长岛旅游景区 (4A)	4 105	4 765	0.8615
	烟台海昌渔人码头旅游景区 (4A)	126	173	0.7283
	烟台莱州黄金海岸生态旅游景区 (3A)	1 120	1 204	0.9302
	招远辛庄滨海旅游度假区 (3A)	35	45	0.7778
	长岛海上景区 (3A)	156	163	0.9571
	烟台清泉海洋（牧场）公园 (3A)	21	21	1.0000
潍坊市	潍坊欢乐海沙滩景区 (4A)	4	9	0.4444
	昌乐白浪沙滩湿地公园 (3A)	7	9	0.7778
	滨海白浪河景区 (3A)	131	139	0.9424
	弘润温泉 (3A)	201	201	1.000 0
	寿光极地海洋世界 (3A)	423	479	0.8831

续表

城市	高等级海洋旅游景区（等级）	好评数	全部点评数	满意度%
威海市	威海市刘公岛景区（5A）	12 945	14 181	0.9128
	荣成市成山头风景名胜区（4A）	2 825	3 545	0.7969
	大乳山山滨海旅游度假区（4A）	236	323	0.7307
	乳山银滩海旅游度假区（4A）	323	405	0.7975
	林海湾旅游区（4A）	45	56	0.8036
	威海海滨生态公园风景带·怀乡号游轮（4A）	77	99	0.7778
	威海荣成市那香海景区（4A）	5	16	0.3125
	威海小石岛旅游景区（3A）	29	46	0.6304
	威海康博尔海洋健康博览园（3A）	10	12	0.8333
	荣成市东楮岛风景区（3A）	1	2	0.5000
	海螺湾休闲驿区（3A）	4	5	0.8000
日照市	万平口海滨风景区（4A）	2 474	3 197	0.7739
	刘家湾赶海园（4A）	558	695	0.8029
	日照市海滨国家森林公园（4A）	2 549	3 245	0.7855
	日照海洋公园（4A）	7 469	8 021	0.9312
	多岛海景区（3A）	4	7	0.5714
日照市	顺风阳光海洋牧场（3A）	6	6	1.0000
	万宝滨海风景区（3A）	107	125	0.8560
滨州市	滨州市黄河三角洲生态文化游岛（4A）	28	39	0.7179
广州市	广州市南海神庙景区（4A）	386	441	0.8753
	广州南沙天后宫（4A）	504	634	0.7950
	广州市南沙滨海湿地景区（4A）	1	2	0.5000
	广州渔人码头多彩小镇（3A）	120	147	0.8163
深圳市	深圳市华侨城旅游度假区（5A）	1 185	1 533	0.7730
	深圳市西部海上田园旅游区（4A）	586	620	0.9452
	深圳玫瑰海岸文化旅游度假区（3A）	277	382	0.7251
珠海市	珠海市东澳岛旅游度假区（4A）	351	576	0.6094
	珠海市外伶仃岛旅游度假区（4A）	681	970	0.7021
	珠海桂山岛风景区（3A）	94	185	0.5081

续表

城市	高等级海洋旅游景区（等级）	好评数	全部点评数	满意度%
汕头市	汕头市碧石风景名胜区（4A）	23	26	0.8846
	汕头市中海度假村景区（4A）	1 157	1 166	0.9923
	汕头市南澳岛生态旅游区（4A）	1 095	1 672	0.6549
	汕头市潮阳莲花峰风景区（4A）	89	113	0.7876
	汕头市龙湖区妈屿岛旅游区（3A）	44	71	0.6197
江门市	江门市新会古兜温泉旅游度假村（4A）	7	22	0.3182
	江门市川岛旅游度假区（4A）	273	317	0.8612
	江门市那琴半岛地质海洋公园（4A）	13	23	0.5652
	江门市石板沙疍家风情岛（3A）	16	38	0.4211
湛江市	湛江市金沙湾滨海休闲旅游区（4A）	19	39	0.4872
	湛江市鼎龙湾国际海洋旅游度假区（4A）	87	116	0.7500
	湛江市雷州天成台旅游度假村（3A）	1	2	0.5000
茂名市	茂名市放鸡岛海上游乐世界（4A）	527	717	0.7350
	茂名市浪漫海岸景区（4A）	1 172	1 343	0.8727
	茂名市南海旅游岛·中国第一滩景区（4A）	207	268	0.7724

城市	高等级海洋旅游景区（等级）	好评数	全部点评数	满意度%
惠州市	惠州市海滨温泉旅游度假区（4A）	2 013	2 097	0.9599
	惠州·巽寮国际滨海旅游度假区（4A）	1 421	1 976	0.7191
	惠州市碧甲海湾旅游度假区（3A）	39	46	0.8478
	惠州海龟湾旅游区（3A）	5	72	0.0694
汕尾市	汕尾市凤山祖庙旅游区（4A）	160	212	0.7547
	汕尾红海湾旅游区（4A）	76	142	0.5352
	汕尾市陆丰福山妈祖旅游区（3A）	2	3	0.6667
阳江市	阳江市海陵岛大角湾海上丝路旅游区（5A）	1 068	1 416	0.7542
	阳江市东平镇大澳渔村景区（3A）	9	11	0.8182
	阳江市阳西县沙扒湾海天旅游区（3A）	264	355	0.7437
	阳江市海陵岛北洛秘境景区（3A）	35	61	0.5738
	阳江市敏捷欢乐黄金海岸景区（3A）	638	646	0.9876
中山市	中山市帆鲨海洋文化馆景区（3A）	11	16	0.6875

续表

城市	高等级海洋旅游景区（等级）	好评数	全部点评数	满意度%
潮州市	潮州市绿岛旅游度假区（4A）	88	143	0.6154
揭阳市	揭阳市惠来县海滨度假村景区（3A）	53	68	0.7794
北海市	北海海底世界（4A）	5 891	6 769	0.8703
	北海海洋之窗（4A）	1 099	1 580	0.6956
	北海涠洲岛国家地质公园鳄鱼山景区（4A）	10 222	12 858	0.7950
	北海市金海湾红树林生态旅游区（4A）	4 490	5 285	0.8496
	北海汉闾文化景区（4A）	27	44	0.6136
	涠洲岛圣堂景区（4A）	373	511	0.7299
	《印象·1876》北海历史文化景区（4A）	32	39	0.8205
	合浦县梦幻海滨体育文化园（3A）	12	15	0.8000
	北海贝雕博物馆（3A）	44	59	0.7458
	北海南珠博物馆（3A）	148	207	0.7150
	合浦县古海角景区（3A）	8	10	0.8000
	涠洲岛石螺口景区（3A）	140	195	0.7179
	涠洲岛滴水丹屏景区（3A）	296	383	0.7728

城市	高等级海洋旅游景区（等级）	好评数	全部点评数	满意度%
钦州市	钦州三娘湾景区（4A）	363	573	0.6335
	钦州龙门群岛海上生态公园（3A）	50	59	0.8475
	广西钦州保税港区国际商品直销中心旅游景区（3A）	10	15	0.6667
	钦州湾辣椒槌浚海旅游度假区（3A）	8	10	0.8000
	广西钦州北部湾望岭国际滑翔伞基地（3A）	1	1	1.0000
海口市	海口假日海滩旅游区（4A）	1 393	1 623	0.8583
	海口白沙门公园（3A）	220	262	0.8397
厦门市	厦门鼓浪屿旅游区（5A）	37 346	44 423	0.8407
	厦门集美鳌园景区（4A）	274	332	0.8253
	厦门市胡里山炮台（4A）	17 281	17 564	0.9839
	厦门英雄三岛战地观光园（3A）	127	146	0.8699
	厦门大嶝小镇·台湾免税公园（3A）	12	15	0.8000

注：满意度评价中的好评数和全部点评数源于携程旅行、去哪儿网等，满意度即各景区好评数占全部点评数的比重。

表F　2019年中国沿海城市海洋旅游景区网络关注度情况

海洋旅游景区名称（等级）	搜索关键词	网络关注度（整体日均值）	海洋旅游景区名称（等级）	搜索关键词	网络关注度（整体日均值）
国家海洋博物馆（4A）	国家海洋博物馆	510	漳州滨海火山自然生态风景区（4A）	漳州火山岛	779
天津海昌极地海洋世界景区（4A）	天津海昌极地海洋世界	510	漳州市东山马銮湾景区（4A）	马銮湾	251
山海关景区（5A）	山海关	2 091	福鼎市牛郎岗海滨景区（3A）	牛郎岗	142
乐岛海洋王国（4A）	乐道	206	崂山风景区（5A）	崂山风景区	928
秦皇岛市南戴河国际娱乐中心（4A）	南戴河	686	奥帆中心（4A）	奥帆中心	228
大连老虎滩海洋公园·海洋极地馆（5A）	老虎滩	415	青岛极地海洋世界（4A）	青岛极地海洋世界	718
大连金石滩国家旅游度假区（5A）	金石滩	559	金沙滩景区（4A）	青岛金沙滩	657
大连棒棰岛宾馆景区（4A）	棒棰岛	393	大珠山风景名胜区（4A）	大珠山	231
大连圣亚海洋世界景区（4A）	圣亚海洋世界	526	琅琊台风景区（4A）	琅琊	326
白玉山景区（4A）	白玉山	215	黄河口生态旅游区（5A）	黄河口生态旅游区	155
长海县大山长岛镇风景区（3A）	大长山岛	231	烟台蓬莱阁（三仙山·八仙过海）旅游区（5A）	蓬莱阁、八仙过海	3 775
大连黑岛旅游度假区（3A）	黑岛	399	烟台金沙滩海滨公园（4A）	烟台金沙滩	191
丹东大鹿岛（4A）	大鹿岛	400	蓬莱海洋极地世界（4A）	蓬莱海洋极地世界	302

续表

海洋旅游景区名称（等级）	搜索关键词	网络关注度（整体日均值）	海洋旅游景区名称（等级）	搜索关键词	网络关注度（整体日均值）
丹东獐岛（4A）	獐岛	214	养马岛旅游度假区（4A）	养马岛	912
丹东太阳岛旅游度假区（3A）	太阳岛	567	烟台山旅游景区（4A）	烟台山景区	177
锦州市滨海新区笔架山风景区（4A）	锦州笔架山	273	烟台市长岛旅游景区（4A）	长岛、长岛旅游	1 995
鲅鱼圈海旅游度假区（3A）	鲅鱼圈旅游	299	滨海白浪河景区（3A）	白浪河	117
盘锦红海滩国家风景廊道景区（5A）	盘锦红海滩	427	刘公岛景区（5A）	刘公岛	998
金山城市沙滩景区（4A）	金山沙滩	130	成山头景区（4A）	成山头	381
碧海金沙景区（4A）	碧海金沙	343	乳山银滩旅游度假区（4A）	乳山银滩	528
上海海洋水族馆（4A）	上海海洋水族馆	1 135	威海荣成市那香海景区（4A）	那香海	307
上海长风公园·长风海洋世界景区（4A）	长风海洋世界	273	广州市南海神庙景区（4A）	南海神庙	329
上海海湾国家森林公园（4A）	上海海湾国家森林公园	328	广州南沙天后宫（4A）	南沙天后宫	617
中国航海博物馆（4A）	中国航海博物馆	213	广州市南沙滨海湿地景区（4A）	南沙湿地、南沙湿地公园	94
上海海昌海洋公园（4A）	上海海昌海洋公园	1 971	深圳华侨城旅游度假区（5A）	华侨城	1 531

续表

海洋旅游景区名称（等级）	搜索关键词	网络关注度（整体日均值）	海洋旅游景区名称（等级）	搜索关键词	网络关注度（整体日均值）
南通市海碧海银沙景区（3A）	碧海银沙	305	深圳市西部海上田园旅游区（4A）	海上田园	390
连云港市海上云台山景区（4A）	连云港上云台山	6 199	深圳玫瑰海岸文化旅游度假区（3A）	玫瑰海岸	458
连云港市连岛旅游度假区（4A）	连岛	230	珠海市东澳岛旅游度假区（4A）	东澳岛	810
连云港市灌云开山岛景区（3A）	开山岛	389	珠海市外伶仃岛旅游度假区（4A）	外伶仃岛	825
桐庐县浪石金滩景区（4A）	浪石金滩	84	珠海桂山岛风景区（3A）	桂山岛	296
石浦渔港古城景区（4A）	石浦渔港	142	汕头南澳岛生态旅游区（4A）	南澳岛、南澳岛旅游攻略	1 599
海天一洲景区（4A）	海天一洲	277	汕头市潮阳莲花峰风景区（4A）	潮阳莲花峰	8
宁海县宁海湾横山岛景区（3A）	横山岛	83	汕头市龙湖区妈屿岛旅游区（3A）	妈屿岛	1
宁波东钱湖小普陀景区（3A）	小普陀	171	湛江市雷州天成台旅游度假村（3A）	雷州天成台	2
洞头景区（4A）	洞头	556	茂名市放鸡岛海上游乐世界（4A）	放鸡岛	532
平阳县南麂列岛景区（4A）	南麂列岛	199	茂名市浪漫海岸景区（4A）	浪漫海岸	214
苍南县渔寮景区（3A）	渔寮	159	惠州·巽寮国际滨海旅游度假区（4A）	巽寮、巽寮湾	232
海宁县盐官观潮景区（4A）	海宁盐官观潮	14	汕尾市凤山祖庙旅游区（4A）	凤山祖庙	14

续表

海洋旅游景区名称（等级）	搜索关键词	网络关注度（整体日均值）	海洋旅游景区名称（等级）	搜索关键词	网络关注度（整体日均值）
普陀山风景名胜区（5A）	普陀山/普陀山风景名胜区/普陀山旅游攻略	5 849	汕尾红海湾旅游区（4A）	汕尾红海湾	329
普陀区朱家尖旅游景区（4A）	朱家尖	876	阳江市海陵岛大角湾海上丝路旅游区（5A）	海陵岛	1 593
舟山桃花岛风景旅游区（4A）	舟山桃花岛	253	阳江市东平镇大澳渔村景区（3A）	大澳渔村	154
嵊泗东海五渔村（4A）	五渔村	471	阳江市阳西县沙扒湾海天旅游区（3A）	沙扒湾	372
嵊泗县花鸟岛景区（3A）	花鸟岛	867	北海海底世界（4A）	北海海底世界	342
岱山县秀山岛风景区（3A）	秀山岛	158	北海南珠博物馆（3A）	南珠	200
玉环市大鹿岛景区（4A）	大鹿岛	400	钦州三娘湾景区（4A）	三娘湾	282
三门县蛇蟠岛景区（4A）	蛇蟠岛	301	海口假日海滩旅游区（4A）	假日海滩	225
椒江区台州海洋世界（4A）	台州海洋世界	279	大小洞天旅游区（5A）	大小洞天	333
福州罗源湾海洋世界旅游区（4A）	罗源湾	172	南山文化旅游区（5A）	南山文化旅游区	234
福建长乐显应宫（3A）	长乐显应宫	18	蜈支洲岛旅游区（5A）	蜈支洲岛	913
福清东壁岛旅游度假区（3A）	东壁岛	110	三亚西岛海洋文化旅游区（4A）	三亚西岛	252

续表

海洋旅游景区名称（等级）	搜索关键词	网络关注度（整体日均值）	海洋旅游景区名称（等级）	搜索关键词	网络关注度（整体日均值）
平潭石牌洋景区（3A）	石牌洋	83	天涯海角游览区（4A）	天涯海角	1 280
厦门鼓浪屿旅游区（5A）	鼓浪屿、鼓浪屿景区、鼓浪屿攻略	4 434	三亚亚龙湾热带天堂森林公园（4A）	三亚亚龙湾	304
厦门集美鳌园景区（4A）	集美鳌园	140	鹿回头风景区（4A）	鹿回头	239
厦门胡里山炮台（4A）	胡里山炮台	479	三亚大东海旅游区（3A）	三亚大东海	234
莆田湄洲岛国家旅游度假区（5A）	湄洲岛	1 054	亚龙湾海底世界（3A）	亚龙湾海底世界	189
惠安崇武古城风景区（4A）	崇武古城	525	三亚凤凰岭海誓山盟景区（3A）	海誓山盟	427

表G　2019年中国沿海城市海洋旅游测算结果

城市名称	海洋旅游资源禀赋	海洋旅游运营业绩	海洋旅游影响程度	海洋旅游发展状态	科技支撑	交通运输支撑	医疗支撑	通信支撑	海洋旅游要素支撑	经济环境保障	社会环境保障	生态环境保障	海洋旅游环境保障	海洋旅游发展水平
天津市	0.9084	0.2052	0.2160	0.4432	0.2005	0.7662	0.5217	0.2513	0.4349	0.4441	0.2662	0.6808	0.4637	1.3418
唐山市	0.8611	0.1162	0.1657	0.3810	0.0143	0.1966	0.2920	0.1141	0.1542	0.4259	0.1322	0.6497	0.4026	0.9378
秦皇岛市	0.9502	0.3351	0.4314	0.5722	0.0053	0.1189	0.1156	0.0489	0.0722	0.4777	0.0369	0.6382	0.3843	1.0287

续表

城市名称	海洋旅游资源禀赋	海洋旅游运营业绩	海洋旅游影响程度	海洋旅游发展状态	交通运输支撑	科技支撑	医疗支撑	通信支撑	海洋旅游要素支撑	经济环境保障	社会环境保障	生态环境保障	海洋旅游环境保障	海洋旅游发展水平
沧州市	0.8438	0.1325	0.1260	0.3674	0.0632	0.0051	0.2679	0.0968	0.1083	0.2342	0.0684	0.6116	0.3047	0.7804
大连市	0.9608	0.1973	0.7179	0.6254	0.2342	0.0495	0.3118	0.1302	0.1815	0.4914	0.2492	0.6832	0.4746	1.2814
丹东市	0.8562	0.0791	0.1106	0.3486	0.0420	0.0001	0.0822	0.0310	0.0388	0.1585	0.0198	0.6113	0.2632	0.6506
锦州市	0.8550	0.0109	0.0580	0.3080	0.0515	0.0084	0.0972	0.1085	0.0664	0.1741	0.0431	0.6134	0.2769	0.6512
营口市	0.7630	0.0907	0.2138	0.3558	0.0985	0.0019	0.0941	0.0325	0.0567	0.2680	0.0396	0.5966	0.3014	0.7140
盘锦市	0.8814	0.0989	0.1651	0.3818	0.0665	0.0010	0.0590	0.0222	0.0372	0.4373	0.0283	0.6463	0.3706	0.7896
葫芦岛市	0.8293	0.0524	0.1446	0.3421	0.0157	0.0001	0.0789	0.0306	0.0313	0.1563	0.0353	0.6099	0.2672	0.6406
上海市	0.9732	0.3597	0.5994	0.6441	0.6098	0.7103	1.0000	1.0000	0.8300	0.7729	1.0000	0.9443	0.9057	2.3798
南通市	0.7915	0.0675	0.1385	0.3325	0.1573	0.0288	0.2675	0.1291	0.1456	0.6305	0.2121	0.6668	0.5031	0.9813
连云港市	0.9097	0.1429	0.2234	0.4253	0.1326	0.0184	0.1522	0.0647	0.0920	0.3417	0.0734	0.6743	0.3631	0.8804
盐城市	0.8173	0.0177	0.0840	0.3063	0.1766	0.0241	0.2334	0.0963	0.1326	0.3890	0.1414	0.6508	0.3937	0.8326
杭州市	0.9229	0.5177	0.2202	0.5536	0.4671	0.2585	0.6074	0.3652	0.4245	0.7493	0.3904	0.7170	0.6189	1.5971
宁波市	0.8750	0.5261	0.3737	0.5916	0.2105	0.1412	0.3268	0.2058	0.2211	0.6986	0.2694	0.6584	0.5421	1.3548
温州市	0.8589	0.3488	0.2724	0.4934	0.1794	0.0247	0.3340	0.1933	0.1829	0.3500	0.2307	0.6205	0.4004	1.0766
嘉兴市	0.8714	0.1997	0.0542	0.3751	0.0942	0.0169	0.1732	0.0937	0.0945	0.5541	0.1327	0.6187	0.4351	0.9047

续表

城市名称	海洋旅游资源禀赋	海洋旅游运营业绩	海洋旅游影响程度	海洋旅游发展状态	交通运输支撑	科技支撑	医疗支撑	通信支撑	海洋旅游要素支撑	经济环境保障	社会环境保障	生态环境保障	海洋旅游环境保障	海洋旅游发展水平
绍兴市	0.7596	0.0693	0.0580	0.2956	0.1732	0.0488	0.1854	0.0891	0.1241	0.5630	0.1484	0.6587	0.4567	0.8765
舟山市	0.9852	0.9053	0.3016	0.7307	0.0950	0.0111	0.0456	0.0233	0.0437	0.5739	0.0364	0.6573	0.4225	1.1969
台州市	0.8001	0.4796	0.2513	0.5103	0.1456	0.0332	0.2254	0.1251	0.1323	0.4106	0.1606	0.6570	0.4094	1.0520
福州市	0.8930	0.2548	0.4526	0.5334	0.2139	0.0236	0.2786	0.1585	0.1686	0.5940	0.2650	0.6778	0.5123	1.2144
厦门市	0.9690	0.3960	0.2913	0.5521	0.2913	0.0701	0.1620	0.3710	0.2236	0.7015	0.1425	0.6982	0.5140	1.2897
莆田市	0.8417	0.0564	0.1096	0.3359	0.0741	0.0042	0.0988	0.0758	0.0632	0.4391	0.1026	0.6581	0.3999	0.7991
泉州市	0.7864	0.2115	0.1731	0.3903	0.1874	0.0097	0.2280	0.1685	0.1484	0.5606	0.3377	0.6560	0.5181	1.0568
漳州市	0.9300	0.3499	0.2490	0.5096	0.0693	0.0029	0.1456	0.0720	0.0724	0.4525	0.1127	0.6571	0.4074	0.9895
宁德市	0.8677	0.0550	0.1058	0.3428	0.0324	0.0117	0.0815	0.0435	0.0423	0.4140	0.0535	0.6341	0.3672	0.7523
青岛市	0.9686	0.1747	0.4458	0.5297	0.5114	0.1151	0.4572	0.1850	0.3172	0.6108	0.3235	0.7009	0.5450	1.3919
东营市	0.5931	0.0150	0.1192	0.2424	0.1430	0.0090	0.0932	0.0354	0.0702	0.6586	0.0559	0.6470	0.4538	0.7664
烟台市	0.9473	0.1638	0.3933	0.5015	0.3130	0.0400	0.2486	0.1003	0.1755	0.5275	0.1770	0.6429	0.4491	1.1261
潍坊市	0.7862	0.0616	0.1337	0.3272	0.2138	0.0309	0.3640	0.1297	0.1846	0.2986	0.1507	0.6495	0.3663	0.8780
威海市	0.9086	0.1510	0.3099	0.4565	0.1708	0.0127	0.1221	0.0482	0.0884	0.5141	0.0734	0.6724	0.4200	0.9649
日照市	0.9080	0.0959	0.2308	0.4116	0.0993	0.0129	0.0917	0.0371	0.0602	0.3259	0.0381	0.6379	0.3340	0.8058

续表

城市名称	海洋旅游资源禀赋	海洋旅游运营业绩	海洋旅游影响程度	海洋旅游发展状态	交通运输支撑	科技支撑	医疗支撑	通信支撑	海洋旅游要素支撑	经济环境保障	社会环境保障	生态环境保障	海洋旅游环境保障	海洋旅游发展水平
滨州市	0.7531	0.0043	0.0208	0.2594	0.1152	0.0185	0.1343	0.0505	0.0796	0.3078	0.0448	0.6663	0.3397	0.6787
广州市	0.8179	0.1290	0.2436	0.3968	1.0000	0.4448	0.7101	0.6760	0.7077	0.7687	0.6027	0.9636	0.7783	1.8829
深圳市	0.8921	0.1387	0.3625	0.4644	0.5687	1.0000	0.4326	0.6139	0.6538	1.0000	0.5770	0.8432	0.8068	1.9250
珠海市	0.8834	0.1771	0.1817	0.4141	0.3461	0.0891	0.0834	0.2042	0.1807	0.8626	0.0629	0.6939	0.5398	1.1346
汕头市	0.8630	0.1603	0.1772	0.4002	0.1770	0.0115	0.1323	0.0944	0.1038	0.2343	0.1195	0.6612	0.3383	0.8423
江门市	0.6600	0.1349	0.1385	0.3111	0.1128	0.0204	0.1348	0.0754	0.0858	0.3351	0.0762	0.6649	0.3587	0.7557
湛江市	0.6344	0.2194	0.1240	0.3259	0.0697	0.0059	0.1912	0.0914	0.0895	0.2050	0.1084	0.6470	0.3201	0.7356
茂名市	0.8691	0.0517	0.0869	0.3359	0.0672	0.0060	0.1677	0.0961	0.0843	0.2512	0.0909	0.6389	0.3270	0.7472
惠州市	0.7110	0.0738	0.2641	0.3497	0.2339	0.0362	0.1498	0.1089	0.1322	0.4228	0.1214	0.6626	0.4023	0.8842
汕尾市	0.7144	0.0451	0.1510	0.3035	0.0286	0.0021	0.0585	0.0323	0.0304	0.1767	0.0279	0.5992	0.2679	0.6018
阳江市	0.8495	0.1360	0.1785	0.3880	0.0701	0.0057	0.0821	0.0354	0.0483	0.2477	0.0317	0.6520	0.3105	0.7468
东莞市	0.7516	0.0232	0.1016	0.2921	0.8017	0.0799	0.2516	0.3082	0.3604	0.5529	0.2006	0.8458	0.5331	1.1856
中山市	0.7856	0.0117	0.0311	0.2761	0.0716	0.0893	0.1185	0.1075	0.0967	0.4556	0.0969	0.6119	0.3881	0.7610
潮州市	0.6741	0.0424	0.0272	0.2479	0.0392	0.0027	0.0492	0.0388	0.0325	0.1998	0.0310	0.5661	0.2656	0.5461
揭阳市	0.8538	0.0100	0.0388	0.3008	0.0866	0.0028	0.1224	0.3204	0.1330	0.1694	0.0675	0.6638	0.3002	0.7341

续表

城市名称	海洋旅游资源禀赋	海洋旅游运营业绩	海洋旅游影响程度	海洋旅游发展状态	交通运输支撑	科技支撑	医疗支撑	通信支撑	海洋旅游要素支撑	经济环境保障	社会环境保障	生态环境保障	海洋旅游环境保障	海洋旅游发展水平
北海市	0.9601	0.3104	0.3545	0.5417	0.0663	0.0042	0.0500	0.0283	0.0372	0.3782	0.0179	0.6279	0.3413	0.9202
防城港市	0.9471	0.1415	0.0962	0.3949	0.0464	0.0005	0.0243	0.0153	0.0216	0.3595	0.0094	0.6354	0.3348	0.7513
钦州市	0.8648	0.0925	0.1221	0.3598	0.0741	0.0017	0.0808	0.0359	0.0481	0.2011	0.0253	0.6361	0.2875	0.6954
海口市	0.9320	0.0497	0.0981	0.3599	0.0930	0.0043	0.1217	0.0587	0.0694	0.3549	0.0520	0.6351	0.3473	0.7767
三亚市	1.0000	0.3179	0.3365	0.5515	0.0508	0.0260	0.0348	0.0214	0.0332	0.4281	0.0215	0.6252	0.3582	0.9430

表 H　　2019 年中国沿海城市资源环境承载力测算结果

城市名称	自然资源承载力	生态环境承载力	社会经济支撑力	资源环境承载力	城市名称	自然资源承载力	生态环境承载力	社会经济支撑力	资源环境承载力
天津市	0.0561	0.5528	0.6225	1.2315	青岛市	0.0718	0.5503	0.6896	1.3118
唐山市	0.1307	0.5218	0.4644	1.1169	东营市	0.2226	0.5518	0.5663	1.3407
秦皇岛市	0.1708	0.5190	0.5816	1.2713	烟台市	0.1205	0.5084	0.5868	1.2157
沧州市	0.1076	0.5641	0.4451	1.1168	潍坊市	0.1345	0.5699	0.4687	1.1732
大连市	0.1516	0.5737	0.5831	1.3084	威海市	0.1211	0.5956	0.5719	1.2885

城市名称	自然资源承载力	生态环境承载力	社会经济支撑力	资源环境承载力	城市名称	自然资源承载力	生态环境承载力	社会经济支撑力	资源环境承载力
丹东市	0.4975	0.3811	0.4332	1.3119	日照市	0.1195	0.5742	0.4705	1.1642
锦州市	0.2134	0.5307	0.4373	1.1814	滨州市	0.1584	0.5566	0.4585	1.1735
营口市	0.1402	0.5407	0.4280	1.1090	广州市	0.2207	0.5865	0.8363	1.6435
盘锦市	0.1648	0.5562	0.4615	1.1825	深圳市	0.0552	0.5120	0.8845	1.4517
葫芦岛市	0.2575	0.4899	0.3689	1.1163	珠海市	0.1021	0.6000	0.7711	1.4732
上海市	0.1079	0.5537	0.8454	1.5071	汕头市	0.0666	0.5765	0.4201	1.0632
南通市	0.1472	0.5836	0.6080	1.3389	江门市	0.4808	0.5738	0.4763	1.5310
连云港市	0.1362	0.5714	0.4550	1.1625	湛江市	0.2907	0.5772	0.3958	1.2638
盐城市	0.1952	0.5793	0.4945	1.2690	茂名市	0.3807	0.5852	0.4256	1.3916
杭州市	0.5061	0.5694	0.7922	1.8677	惠州市	0.4627	0.5447	0.4838	1.4911
宁波市	0.3436	0.5661	0.6589	1.5686	汕尾市	0.2859	0.6060	0.3951	1.2869
温州市	0.3953	0.5633	0.5230	1.4816	阳江市	0.5760	0.5789	0.4165	1.5714
嘉兴市	0.1357	0.5641	0.5540	1.2538	东莞市	0.0663	0.5661	0.5488	1.1812
绍兴市	0.3304	0.5745	0.5873	1.4921	中山市	0.0782	0.5273	0.5365	1.1419
舟山市	0.1470	0.6044	0.6318	1.3832	潮州市	0.1739	0.5637	0.3647	1.1023
台州市	0.4566	0.5862	0.5141	1.5569	揭阳市	0.2203	0.4840	0.4138	1.1181

续表

城市名称	自然资源承载力	生态环境承载力	社会经济支撑力	资源环境承载力	城市名称	自然资源承载力	生态环境承载力	社会经济支撑力	资源环境承载力
福州市	0.2556	0.5831	0.6353	1.4740	北海市	0.2388	0.5700	0.4468	1.2556
厦门市	0.0524	0.6081	0.7165	1.3770	防城港市	0.7964	0.5810	0.4147	1.7921
莆田市	0.1648	0.5933	0.4855	1.2436	钦州市	0.4190	0.5736	0.3913	1.3839
泉州市	0.2826	0.5751	0.5260	1.3837	海口市	0.1313	0.9600	0.6774	1.7688
漳州市	0.5908	0.5834	0.4852	1.6594	三亚市	0.1585	0.6344	0.6738	1.4667
宁德市	0.7238	0.4978	0.4341	1.6558					